태권도 교육론

태권도 교육론

저자 / **손천택, 박정호**

초판 1쇄 발행 / 2019년 2월 28일

기획 / 양원석
발행인 / 이광호
발행처 / 도서출판 대한미디어
등록번호 / 제2-4035호
전화 / (02) 2267-9731
팩스 / (02) 2271-1469
홈페이지 / www.daehanmedia.com
디자인 / 강희진

ISBN 978-89-5654-507-3 93690
정가 22,000원

※ 이 책의 저작권은 저자가 소유하며, 저작권법에 의하여 보호받는 저작물이므로 무단으로 전재하거나 복제할 수 없습니다.
※ 잘못 만들어진 책은 구입처 및 대한미디어 본사에서 교환해 드립니다.

태권도 교육론

손천택 · 박정호

머리말

　세계태권도연수원에서 '태권도 교육론' 강의를 시작한 것이 엊그제 같은데 어언 25년이란 세월이 흘렀다. 강의 시간은 늘 부족했고, 교육받는 사범들과는 아쉽게 헤어지곤 했다. '태권도 교육론'을 집필하여 그들의 교육 열망에 부응하려 하였지만 결심하는 것이 쉽지 않았다. 체육교육에 관해서는 적지 않은 저서를 출간하였지만, 태권도 교육이라는 새로운 학문 분야를 개척하는 저서를 출간하려니 선뜻 용기가 나지 않았다. 고맙게도 제게 교육받은 국내외 사범들이 만날 때마다 '태권도 교육론' 출판을 물어와 그들에게 감사하고 보답하는 마음으로 집필을 결심하였다.

　집필을 결심하였지만 선행 연구의 부족에 따른 난관에 부딪쳤다. 스포츠 교육학적 지식을 맥락 전환하고 넉넉지 않은 태권도 교육 관련 논문을 참고하여 집필할 수밖에 없었다. 태권도 교육에 관한 지식체계가 구축되면 보다 충실한 '태권도 교육론'이 발간될 것으로 믿고 집필을 진행하였다. 태권도 교육학 1세대가 더 유익한 현장 친화적 '태권도 교육론'을 출간하는데 밑거름이 되었으면 하는 바람이다. 이 책의 출간을 계기로 종주국 태권도 교육 방식이 새롭게 조명되고 관련 연구가 더욱 활성화되어 보다 충실한 '태권도 교육론'이 출간되길 희망한다. 나아가 이 책의 발간이 다른 태권도 소학문의 발전을 위한 촉매 역할을 하여 태권도학 전반이 더욱 발전하길 소망한다.

　이 책은 4부로 구성되어 있다. 제1부는 '태권도의 이해', 제2부는 '태권도 교육과정론', 제3부는 '태권도 지도론', 제4부는 '태권도 평가론'이다.

　제1부는 수련생을 가르치기에 앞서 태권도 사범으로서 갖추어야할 기본 소양, 즉 태권도는 어떤 운동인지, 태권도는 어떻게 발전해 왔는지, 태권도는 어떤 가치를 중요하게 추구하는지, 21세기 태권도 교육은 어떤 정신을 함양해야 하는지 등에 대한 이해의 지평을 넓힐 수 있도록 구성하였다.

　제2부에서는 태권도 교육이 추구하는 태권도인을 기르기 위한 교육과정의 개발 원리와 그에 따른 '태권도 표준교육과정' 개발 절차를 제시하였다. 교육과정 개발 원리를 성취목표, 교육내용의 선정, 교육내용의 조직, 교육의 효과성 등의 차원에서 파악하고 그에 따른 '태권도 표준교육과정'을 개발·제안하였다. 태권도 도장이 지역사회 교육기관으로 역할하고 있지만 어떤 태권도 교육을 할 것인지에 대한 합의가 이루어지지 않고 있다. 따라서 태권도 교육의 주요 주제인 겨루기, 품새, 격파의 수련으로 구현할 수 있는 가치 중심으로 '태권도 표준교육과정'을 개발·제안하였다.

　제3부에서는 개발된 '태권도 표준교육과정'을 어떻게 효율적으로 가르칠 것인지에

대해서 살펴보았다. 우선, 태권도 사범은 어떤 지도 신념이나 의지를 가지고 수련생을 가르쳐야 하는지 그리고 그러한 신념을 구현하기 위해 어떤 지도 기술을 습득해야 하는지 구체적으로 제안하였다. 유능한 태권도 사범은 수련생이 최대의 수련 성과를 얻을 수 있도록 수련 환경을 조성할 수 있는 사람이다. 수련생이 태권도를 즐겁게 수련하면서 기대하는 수련 성과를 얻을 수 있는 생산적인 수련 환경 조성 방법에 대해서도 살펴보았다. 더불어 태권도 교육이 추구하는 심동적 목표, 지적 목표 그리고 정의적 목표를 달성하는데 적합한 수업 방법으로서 '모형중심 태권도 수업'을 간략하게 소개하였다.

제4부는 태권도 교육이 제대로 이루어졌는지를 평가하는데 초점을 맞추었다. 태권도 교육에서 평가, 특히 승급이나 승단에 대한 평가가 객관 타당하게 이루어지지 않아 지도자와 수련생간에 갈등이 유발되고, 심한 경우 학부모의 반발로 사회적 논란까지 불러일으키고 있다. 따라서 평가 이론을 간단히 소개하고, 그에 따른 객관 타당한 태권도 평가 절차를 제안하였다. 태권도 교육의 결과를 쉽게 평가할 수 있는 '전통적인 평가 기법'과 태권도 교육의 과정을 평가하는데 적합한 '체계적 관찰 평가 기법'을 활용 가능한 형태로 제시하였다.

이 책은 현장의 태권도 사범이 자신의 태권도 교육 수행력을 높이거나 예비 태권도 사범의 지도적 자질을 향상시키는데 도움이 되도록 집필하였다. 태권도 수련 경험과 지도 사범의 지도 기법을 전수받아 태권도를 가르쳐온 사범들에게는 이 책이 다소 생소하게 느껴질 수 있다. 하지만, 더 좋은 태권도 교육에 대한 의지와 열정이 있다면 어렵지 않게 습득하여 지도 능력을 새롭게 키워나갈 수 있을 것이다. 21세기 다양성이 존중되는 시대, 다양한 수련생을 가르치며 겪게 되는 어려움을 호소하는 사범들에게 작으나마 도움이 되었으면 하는 바람이다.

끝으로 여러 가지 바쁜 일정 속에서도 겨루기 부분을 꼼꼼하게 검토해 주신 정국현 교수, 품새와 격파 부분을 검토해 주신 이종관 사범, 태권도의 이해 부분을 검토해 주신 장용규 교수, 태권도 교육과정론을 검토해 주신 한국교육과정평가원의 유창완 연구원과 고문수 교수, 태권도 평가론을 검토해 주신 박상봉 교수에게 감사의 마음을 전한다. 그리고 이 책의 출간에 선뜻 동의하고 반갑게 맡아주신 양원석 사장을 비롯한 대한미디어 관계자 여러분께 진심으로 감사드린다. 또한, '태권도 교육론'의 조기 출판을 기대하며 재촉해 주신 현장의 태권도 사범 여러분에게도 깊은 감사를 드린다.

2019년 2월
손 천 택

차례

제1부 태권도의 이해

제1장 태권도와 태권도 정신 _ 10
1. 태권도의 의미
2. 태권도 정신
3. 태권도 사관

제2장 태권도의 가치 _ 28
1. 운동 기술적 가치
2. 체력적 가치
3. 지적 가치
4. 정서적 가치
5. 심미적 가치
6. 사회·문화적 가치

제2부 태권도 교육과정론

제3장 교육과정 개발 원리 _ 40
1. 교육과정의 의미
2. 교육과정 영향 요인
3. 교육목표의 설정
4. 교육내용의 선정
5. 교육내용의 조직
6. 교육과정의 평가

제4장 태권도 교육과정 _ 64
1. 태권도 표준교육과정 개발의 필요성
2. 태권도 표준교육과정의 기본 방향
3. 태권도 표준교육과정의 목표
4. 태권도 표준교육과정 내용체계

제3부 태권도 지도론

제5장 능동적 태권도 지도 _ 92
1. 사범의 신념
2. 사범의 지도 의지
3. 사범의 지도 책무
4. 태권도 지도 관점
5. 태권도 지도기술 연습법
6. 태권도 지도 기술 향상 방법

제6장 태권도 수련 환경의 조성 _ 102
1. 생산적인 수련 환경
2. 친사회적 행동의 개발
3. 바람직한 훈육 전략
4. 바람직한 행동의 유도
5. 루틴과 규칙의 활용
6. 바람직하지 않은 행동의 감소
7. 훈육의 궁극적 목표

태권도 교육론

제7장 태권도 수업의 계획 _ 122
1. 태권도 교육과정의 설계
2. 수련내용의 발달
3. 단원의 계획
4. 수업의 계획

제8장 태권도 수업의 실행 _ 140
1. 안전한 수련 환경의 조성
2. 도전적인 수련 환경의 조성
3. 수련 과제의 효과적인 전달
4. 새로운 과제의 유도 연습
5. 숙달을 위한 개인 연습
6. 수련 행동의 적극적 관찰
7. 피드백의 제공
8. 발문의 활용
9. 수업 속도의 유지
10. 수업의 종료

제9장 모형중심 태권도 수업 _ 162
1. 직접지도 모형
2. 동료지도 모형
3. 협동학습 모형
4. 태권도교육 모형

제4부 태권도 평가론

제10장 평가 이론 _ 206
1. 평가의 목적
2. 평가의 기능
3. 평가의 양호도
4. 평정 체제
5. 평가 기준

제11장 태권도 평가의 실제 _ 220
1. 전통적 평가 기법
2. 체계적 관찰 평가 기법

- 참고문헌 _ 242
- 찾아보기 _ 257
- 저자소개 _ 260

태권도 교육론

제1부

태권도의 이해

01 태권도와 태권도 정신
02 태권도의 가치

제1장 태권도와 태권도 정신

태권도가 어떤 운동이며 어떻게 이해되고 있는지 개념적, 역사적으로 바르게 이해하고 그에 따른 교육목표와 교육과정을 개발하여 효율적으로 가르쳐야 성과를 기대할 수 있다. 한국 전통 무예인 태권도는 기술 연마 못지않게 정신 수련을 중요한 목표로 교육해 왔다. 태권도 교육은 자아를 극복하고, 타인이나 자연과 조화로운 관계 속에서, 평화롭고 복된 사회를 만들어 가는데 필요한 사람, 즉 홍익인간을 기르는 방향으로 이루어져야 한다. 한국인의 오랜 우주관이라고 할 수 있는 홍익이념은 우리의 가슴 속에 유전인자로 남아 태권도 수련에까지 영향을 미치고 있기 때문이다. 태권도 사범은 태권도가 한국인의 우주관을 담은 우리 전통 무예임을 확신하고 그에 따른 올바른 역사관과 사명감을 가지고 태권도 교육을 해야 할 것이다.

1. 태권도의 의미

태권도는 어떤 운동인가? 우리는 태권도를 한국 전통 무예 또는 무예 스포츠로 이해하고 있다. 한 때 태권도가 무도냐 스포츠냐를 두고 논쟁이 있었지만, 지금은 한국 전통 무예의 특성과 스포츠의 보편적 특성이 결합된 무예 스포츠로 받아들여지고 있다. 태권도에 대한 무예-스포츠간 논쟁이 과도기적으로 쟁점화 된 것은 그것을 어떻게 이해 또는 규정하느냐에 따라 설정하는 교육목표와 구성하는 교육과정이 크게 달라질 수 있기 때문이다. 태권도 개념에 대한 논쟁은 아직도 끝나지 않고, 태권도 학자나 전문가마다 약간씩 이해를 달리하며 논쟁을 이어가고 있다. 태권도의 스포츠화 과정에서 나타난 개념 논쟁이 어쩌면 태권도에 대한 바른 이해와 올바른 교육 방향의 설정을 위해 필요한 진통일 수도 있다.

태권도가 어떤 운동인지 그리고 무엇을 중요하게 가르치는지는 그동안 태권도 사범이나 전문가들이 그것을 어떻게 정의 내리고 교육해 왔는지를 보면 쉽게 알 수 있다. 즉, 이들이 태권도를 어떤 특성의 운동으로 정의하고, 무엇을 중요하게 추구해 왔는지를 보면 쉽게 알 수 있다는 것이다. 이는 태권도를 제대로 교육하기 위해서는 그에 앞서 태권도가 어떤 운동인지에 대한 바른 이해가 선행되어야 한다는 의미이다. 태권도에 대한 정의를 내린다는 것은 곧 태권도가 어떤 특성의 운동이며 무엇을 중요하게 추구하는지를 선언하는 일이기 때문이다.

태권도는 그것의 본질을 어떻게 규정하느냐에 따라, 추구하는 핵심 가치가 무엇이냐에 따라, 다른 무도와 차별화된 기술적 특징이 무엇이냐에 따라, 그리고 그 밖의 다른 차별적 특징이 무엇이냐에 따라 다르게 정의내릴 수 있다. 그동안 태권도 전문가나 학자들이 내린 태권도에 대한 정의를 분석해 보면 태권도의 발생학적 근거나 본질, 태권도의 수련 목적이나 의도, 태권도의 기술적 특징 등이 교집합을 이루거나 어느 한 차원이 더 강조되고 있음을 알 수 있다.

이원국(1969)은 "태권도는 적수공권^{赤手空拳}으로 신체의 모든 사용부분 특히 수족을 조직적으로 단련한 호신술이며, 전신을 상하, 전후, 좌우로 균등하고 합리적으로 움직여서 평상시 사용하지 않는 근육을 사용하므로 신체 발달에 이상적인 체육활동이다."라고 정의하였다. 이종우(1981)는 "태권도란 인간 생존의식의 육체적 표현인 동시에 정신적 욕구를 구체화하려는 체육 활동이며, 태권도의 모든 동작은 자아방위 본능을 기본으로 하여 궁극적으로는 절대적인 행동단계에 이르는 동시에 자아를 극복하고 대아의 경지에 도달하는 철학적 요소를 지닌 체육이다."라고 정의하였다. 태권도 명칭을 제정한 최홍희(1983)는 태권도를 "맨손과 맨발로 호신을 위해 뛰고 차고 찌르고 막고 피하는 등의 동작들을 움직이는 목표에 재빨리 그리고 적절히 적용하여 최대의 타격을 주는 기술에다 정신 수양을 포함한 무도이다."라고 정의하였다. 이들은 태권도는 주로 손발을 사용하여 신체를 단련하고 자신을 보호하는 운동인 동시에 그 과정을 통해서 정신을 연마하는 운동이라고 정의하고 있다.

송형석·이규형(2005)은 태권도란 "한국 무술로서, 무기를 사용하지 않고, 떨어져 겨루며, 타격방식의 발기술 위주로 이루어진 기예이다."라고 정의하였다. 손천택

(2012)은 "태권도는 손발을 사용하여 방어와 공격에 필요한 기술을 습득하고 동작의 아름다움을 체험하며 심신을 수련함으로써 인격의 완성을 추구하는 무예스포츠이다."라고 정의하였다. 현재 대한태권도협회는 "태권도는 남녀노소 어떤 사람이나 제한없이 아무런 무기를 지니지 않고, 언제, 어디서나 손과 발을 사용해 방어와 공격의 기술을 연마하여 심신의 단련을 통해 인간다운 길을 걷도록 하는 무도이자 스포츠이다."라고 정의하고 있다. 세계태권도연맹은 "태권도는 체계적이고 과학적인 한국 전통무술로서, 싸움의 기술 그 이상을 전수한다. 태권도는 마음을 수련함으로써 정신 건강과 삶의 질을 향상하는데 목적을 둔다."라고 정의하고 있다. 이들은 태권도는 우리 전통 맨손 무예로서 신체를 강건하게 하고 호신 능력을 향상시키는 가운데 인격을 완성하는 무예 스포츠라고 정의하고 있다.

〈 대표적인 태권도 정의 〉

이원국(1969)	태권도는 적수공권으로 신체의 모든 사용부분 특히 수족을 조직적으로 단련한 호신술이며 전신을 상하, 전후, 좌우로 균등하고 합리적으로 움직여서 평상시 사용하지 않는 근육을 사용하므로 신체발달에 이상적인 체육활동이다.
이종우(1981)	태권도란 인간 생존의식의 육체적 표현인 동시에 정신적 욕구를 구체화하려는 체육 활동이며, 태권도의 모든 동작은 자아방위 본능을 기본으로 하여 궁극적으로는 절대적인 행동단계에 이르는 동시에 자아를 극복하고 대아의 경지에 도달하는 철학적 요소를 지닌 체육이다.
최홍희(1983)	맨손과 맨발로 호신을 위해 뛰고 차고 찌르고 막고 피하는 등의 동작들을 움직이는 목표에 재빨리 그리고 적절히 적용하여 최대의 타격을 주는 기술에다 정신 수양을 포함한 무도이다.
송형석·이규형(2005)	한국 무술로서, 무기를 사용하지 않고, 떨어져 겨루며, 타격방식의 발기술 위주로 이루어진 기예이다.
손천택(2012)	태권도는 손발을 사용하여 방어와 공격에 필요한 기술을 습득하고 동작의 아름다움을 체험하며 심신을 수련함으로써 인격의 완성을 추구하는 무예스포츠이다.
대한태권도협회	태권도는 남녀노소 어떤 사람이나 제한 없이 아무런 무기를 지니지 않고, 언제, 어디서나 손과 발을 사용해 방어와 공격의 기술을 연마하여 심신의 단련을 통해 인간다운 길을 걷도록 하는 무도이자 스포츠이다.
세계태권도연맹	태권도는 체계적이고 과학적인 한국 전통무술로서, 싸움의 기술 그 이상을 전수한다. 태권도는 마음을 수련함으로써 정신 건강과 삶의 질을 향상하는데 목적을 둔다.

위의 몇 가지 대표적인 태권도 정의를 살펴보면 대부분의 태권도 정의는 수련 목적, 기술적 특징, 본질적 특성 등을 기술함으로써 태권도가 어떤 운동인지 규정하려 하였다는 것을 쉽게 알 수 있다. 그동안 태권도 전문가나 학자들이 내린 태권도에 대한 정의는 대개 "태권도는 ~를 위한(목적) ~를(특징)으로 하는 ~이다(본질)."로 표현되고 있다. 즉, 이들이 내린 태권도에 대한 정의는 주로 수련의 의도가 반영된 목적, 다른 무도와 차별화된 특징, 본질적 특성 등과 관련하여 태권도를 규정하고 있다.

철학사편찬위원회(2009)는 "정의란 어떤 대상의 가장 본질적인 속성을 나타내줌으로써 대상 개념의 특성을 설명한 종차와 그 대상이 속한 유사 개념을 들어 규정하는 방식이다."라고 설명하고 있다. 태권도의 본질을 적절히 포괄하는 유사 개념으로는 무예, 무도, 무술, 호신술, 체육, 스포츠, 운동, 기예 등과 같은 개념들이 있다. 그 가운데 태권도를 가장 적절히 표현한 유사개념은 '무예'와 '스포츠'가 합쳐진 '무예 스포츠'이다. '무예 스포츠'가 가장 적절한 개념으로 규정되고 있는 것은 '무예'와 '스포츠'라는 두 개념이 현재 태권도의 핵심 본질과 현상을 가장 잘 나타내고 있을 뿐만 아니라 태권도의 정체성을 가장 적절히 표현하고 있기 때문이다.

태권도는 타인과 맞서 싸우는 격투 기법으로 당연히 무예에 포함되어야 한다. '무예'라는 명칭은 우리나라에서 오랫동안 사용해 오던 용어로 영어의 'Martial Art'와도 일치되는 개념이다. 무예라고 할 때 '예'는 기술 또는 기법적 차원이 강조되고 정신 또는 심법적 차원은 소홀히 하는듯한 느낌을 배제할 수 없지만, 사실은 '기술'이나 '기예'뿐만 아니라 '정신 수양'까지 함축하므로 태권도의 본질이나 이상과도 합치되는 개념이라고 할 수 있다.

한편 태권도가 '스포츠'인 이유는 해방 후 대한체육회 가입, 세계태권도연맹 결성, 세계태권도대회 개최 등을 통한 스포츠화 과정을 거치면서 스포츠의 특성이 크게 반영된 올림픽 종목으로 발전하였기 때문이다. 이제 태권도는 권투, 레슬링, 유도 등과

〈 무용총 겨루기도 〉

함께 대표적인 무예 스포츠로 분류되어 전 세계에 널리 보급되어 많은 사람이 즐기

는 올림픽 스포츠임을 부인할 수 없다. 즉 무예 스포츠인 태권도는 스포츠라는 개념 틀 속에서 무예의 특성을 갖는 독특한 스포츠로 규정되어 사용되고 있다. 최근에는 품새 경기까지 아시안게임의 세부 종목으로 채택되어 태권도의 기예적 특성이 스포츠 개념 속에서 새롭게 정립되어 가고 있다.

태권도를 정의할 때 가장 자주 언급되는 수련 목적은 무엇일까? 기존의 태권도 정의에 포함된 태권도 수련의 중요한 목적은 "신체 단련을 통해서 심신을 강건하게 하며," "자아를 극복하고 대아의 경지에 도달하는," "정신적, 신체적 수양," "심신 수련," "인격 형성" 등과 같은 것들이었다. 태권도를 정의할 때 가장 자주 언급되는 수련 목적이 다름 아닌 신체 능력의 향상과 정신 역량의 강화, 즉 "심신 수련"이었다. 그동안 태권도 전문가나 학자들이 내린 태권도에 대한 정의를 종합적으로 분석해 보면, 태권도의 수련 목적은 "건강한 신체와 건전한 정신의 함양"이었음을 쉽게 파악할 수 있다.

태권도는 다른 무예나 스포츠와 어떤 차별적 특징이 있는가? 태권도를 다른 무예나 스포츠와 차별화할 수 있는 가장 중요한 특징은 우선, 무기를 사용하지 않는 적수공권의 격투기라는 것이다. 또한, 주먹, 발 등과 같은 신체의 강한 부위를 단련하여 급소를 타격 방식으로 공격하며, 특히 발차기 위주의 겨루기가 이루어지는 무예라는 특성이 있다. 이처럼 태권도는 수련 목적, 기술적 특징, 본질적 특성 등에 있어서 다른 무도와 차별적 특징이 있으므로 그에 따른 다른 정의를 내릴 수밖에 없다. 태권도에는 무예적 특성과 경기적 요소가 공존하므로 특정 태권도 기술이 경기 스포츠로 발전하여도 무예적 특성이나 성향이 존속하게 되며, 그래서 태권도를 무예 스포츠로 정의내릴 수 있는 것이다.

〈 태권도의 차별적 특징 〉

태권도는 발생학적으로 생존 욕구에서 출발한 무예였으나 경기화 과정에서 스포츠의 특성이 반영된 "무예 스포츠"로 "건강한 신체의 육성과 건전한 정신의 함양"을 목적으로 손과 발로 인체의 핵심 부위를 공격하는 투기 스포츠$^{combat\ sport}$이다. 그렇다면 태권도는 다음과 같이 정의내릴 수 있다.

〈 태권도의 정의 〉

> 태권도란 건강한 신체의 육성과 건전한 정신의 함양을 목적으로 손과 발, 특히 발 기술을 사용하여 상대의 급소를 타격하는 한국 전통 무예 스포츠이다.

2. 태권도 정신

태권도 정신은 태권도인이라면 반드시 갖추어야 할 신념과도 같은 것이며, 태권도 사범이 수련생에게 길러 주어야 할 인성 교육의 목표이기도 하다. 그동안 태권도 전문가나 학자들은 태권도 수련을 통해 길러야할 정신을 각기 다른 관점에서 다양하게 제시해 왔다. 문제는 이들이 제안한 태권도 정신에 통일성이 부족하고 표제와 내포 간 논리성이 결여된 자기주장을 하고 있다는 것이다. 즉 제안된 태권도 정신들 간에 공통적 특징을 찾기 어렵고, 태권도 정신과 그것을 기르기 위한 인성 요소들 간의 관계 또한 불합리하고 모순된 양상을 띠고 있다는 것이다. 따라서 그동안 제안된 태권도 정신을 분석적으로 살펴보고, 21세기에 요구되는 태권도 정신을 새롭게 정립하였다.

1) 태권도 정신의 이해

태권도는 발과 주먹 기술의 수련을 통해 삶의 올바른 길을 찾아가는 무예 스포츠이다. 태권도할 때 태^{跆}는 발로 차고 밟는다는 뜻이고, 권^{拳}은 주먹으로 지르며 부순다는 뜻이며, 도^{道}는 올바른 길, 즉 정신의 수양을 의미한다. 태권도는 명칭이 말해 주듯이 손발을 사용한 공방 기술의 발휘와 그것의 수련을 통한 정신 수양이라는 혼합된 의미를 내포하고 있다. 태권도는 단순히 격투 기술을 터득하는 것을 의미하지 않는다. 이는 태권도 수련에서 정신적 요소가 배제되면 온전한 태권도가 될 수 없다는 의미이다. 태권도의 참다운 수련은 기술과 정신을 함께 수련할 때 비로소 완성된다.

태권도 기술은 수련자의 의도나 목적에 따라 어렵지 않게 분류할 수 있지만 태권도 정신은 그 실체를 확인하는 것이 쉽지 않을 뿐만 아니라 명확하게 구분하여 제시하는 것도 쉽지 않은 특성을 갖고 있다. 그래서 누가 태권도의 어떤 정신적 가치를 중요하게 생각하느냐에 따라, 그리고 시대가 태권도의 어떤 정신을 교육에 반영하고자 하느냐에 따라 서로 다른 태권도 정신을 주장해 왔던 것이다.

그동안 태권도 전문가나 학자들이 제안한 태권도 정신은 크게 기술적 차원, 심리적 차원, 윤리적 차원으로 범주화할 수 있다(송형석, 나채만, 2011). 기술적 차원의 태권도 정신과 심리적 차원의 태권도 정신은 태권도 기술을 연마하는 과정에서 얻어지는 인내심, 의지력, 협동심 등과 같은 정신이며, 윤리적 차원의 태권도 정신은 규범적 행동의 성격을 갖는 태권도 정신을 말한다. 이들 세 가지 태권도 정신 가운데 참된 의미의 태권도 정신은 윤리적 차원의 태권도 정신에 합치되는 정신일 것이다. 왜냐하면 태권도 수련 과정에서 얻어지거나 길러지는 용기, 인내, 집중 등과 같은 태권도 정신도 바람직한 방향으로 인도될 때 태권도 정신으로서 가치가 있기 때문이다.

조벽(2016)은 그동안 태권도 전문가나 학자들이 제안한 태권도 정신을 자기 가치, 대인 관계, 사회 정의와 같은 세 차원의 인성으로 분류하고 있다. 자기 가치는 내면을 바르게 가꾸는 '자기조율'自己調律 능력으로 예의, 정직, 용기, 인내, 책임, 백절불굴, 자신감, 열정 등과 같은 정신이며, 대인관계는 타인과 더불어 살아가는데 필요한 '관계조율'關係調律 능력으로 협동, 배려, 용서, 신뢰, 우의, 용서, 존경, 공정, 리더십 등과 같은 정신이고, 사회 정의는 공동체나 자연과 더불어 살아가는 '공익조율'公益調律 능력으로 준법, 애국, 정의, 사랑, 평화, 홍익 등과 같은 정신을 말한다. 자기조율과 관계조율 능력은 송형석·나채만(2011)이 주장하는 태권도 수련을 통해서 '얻게 되거나' '얻고자 하는' 정신이 될 수 있으며, 공익조율 능력은 그가 얘기하는 윤리적 차원의 정신이라고 할 수 있다. 관계조율을 위해서는 자기조율이 전제되어야 하지만 자신만을 위한 자기조율은 불가능하므로 자기보다 더 큰 목적을 염두에 둘 때만 자기조율이 가능한 것이다. 따라서 자기조율, 관계조율, 공익조율은 따로 분리되는 것이 아니라 서로 연결되어 있다고 할 수 있다.

결국, 태권도 정신은 태권도 수련을 통해 "나를 이기고 세상을 이롭게 하는 것이다."라는 것이다(손천택, 2016). 여기서 "나를 이기는 정신"은 조벽(2016)이 말하는

⟨ 태권도 정신 ⟩

- **강덕원의 태권도 정신:** 인·의·예·지·신
- **무덕관의 태권도 정신:** 무실, 성의, 정의
- **송무관의 태권도 정신:** 예의존중, 극기겸양, 부단노력, 최웅만부最雄萬夫, 문성겸전文成兼全
- **오도관의 태권도 정신:** 예의, 염치, 인내, 극기, 백절불굴
- **정도관의 태권도 정신:** 떳떳하고 부끄럼 없는 무도인
- **지도관의 태권도 정신:** 기위己爲, 관위館爲, 국위國爲
- **창무관의 태권도 정신:** 충효, 성실, 인내
- **청도관의 태권도 정신:** 성실, 창의, 노력
- **한무관의 태권도 정신:** 정신수양, 무언실천無言實踐, 근면, 노력, 인내
- **류병관·지치환의 태권도 정신:** 도리道理, 정도正道, 실행實行
- **송형석의 태권도 정신:** 절제, 명예, 개방성, 집중, 인내, 협동
- **안용규의 태권도 정신:** 평화, 애국, 예의, 충효, 부동심, 극기, 준법, 호연지기

자기조율 능력이고, "세상을 이롭게 하는 정신"은 다른 사람과 자연을 이롭게 하는 관계조율 능력과 공익조율 능력이라고 할 수 있다. "나를 이기는 정신"은 자신을 통제할 수 있는 정신력이며, 태권도 정신으로 주장해온 인내, 근면, 성실, 겸양, 염치, 부동심, 백절불굴 등은 바로 자신을 극복하는, 즉 극기의 과정이라고 할 수 있다.

나를 이기는 극기 정신이 세상을 이롭게 하는 정신으로 작동하기 위해서는, 다른 사람과 더불어 잘 사는 관계조율 능력과 자신의 이익과 공동체의 이익을 조율해 가는 능력이 필요하다. 관계조율 능력과 관련된 태권도 정신으로는 예의, 협동심, 존경심, 리더십, 충효 등이 있으며, 이러한 태권도 정신은 '조화'의 정신으로 수렴될 수 있다. 태권도 수련에 요청되는 사회·윤리적 차원의 정신 또는 이념적 형태의 정신으로는 애국, 정의, 사랑, 평화, 홍익 등이 있다. 이들 정신은 개인의 이익보다는 전체 공동체, 나아가 세상을 이롭게 하는 정신이라고 할 수 있다. 이러한 사회·윤리적 차원의 정신은 '홍익' 또는 '홍익인간'이라는 표제 또는 대표정신으로 수렴될 수 있다.

이로써 태권도 정신은 "나를 이기고 타인과 더불어 세상을 이롭게 하는 정신"으로 설정할 수 있다. 여기서 나를 이기는 것은 자신을 제어한다는 의미의 '극기'이고, 타인을 이롭게 하는 것은 더불어 살아가는 의미의 '협동' 또는 '조화'이며, 세상을 이롭

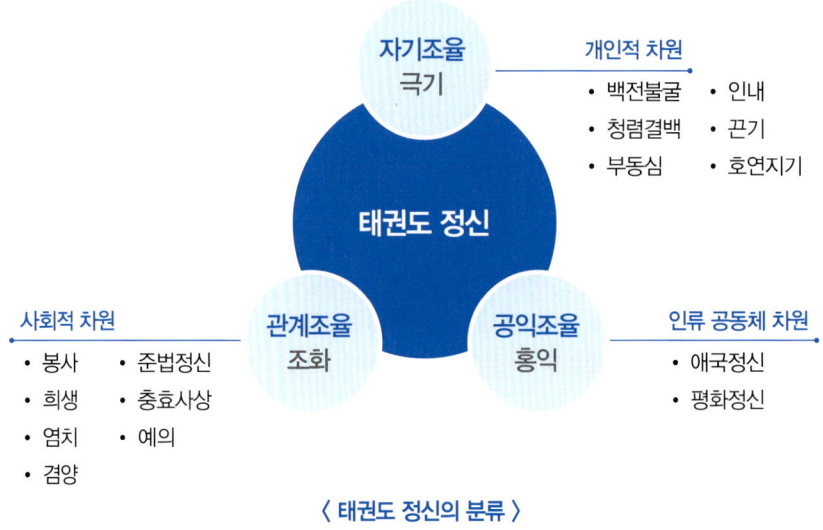

〈 태권도 정신의 분류 〉

게 하는 것은 널리 인간세계를 이롭게 한다는 의미의 '홍익' 또는 '홍익인간'이다. 따라서 그간 태권도학자나 전문가가 제안한 태권도 정신은 극기, 조화, 홍익이라는 세 가지 표제 또는 대표 정신으로 수렴될 수 있다.

2) 태권도 3대 정신

태권도 정신이 설정되어 인정받기 위해서는 역사적·시대적으로 정당화될 수 있어야 한다. 역사적으로 정당화될 수 있어야 한다는 것은 한국 전통 문화의 배경이 되어준 동양 사상으로 형성된 사회에서 무예를 수련하는 사람에게 절실히 요구되는 덕목이어야 한다는 것이며, 시대적으로 정당화되어야 한다는 것은 현대사회의 요구를 수용할 수 있는 덕목이어야 한다는 것이다. 태권도 정신의 설정 논리에 따라 도출한 태권도 정신, 즉 "극기, 조화, 홍익"이 역사적·시대적으로 정당화된다면 태권도의 대표 정신으로 공고해져 지속력을 갖게 될 것이다.

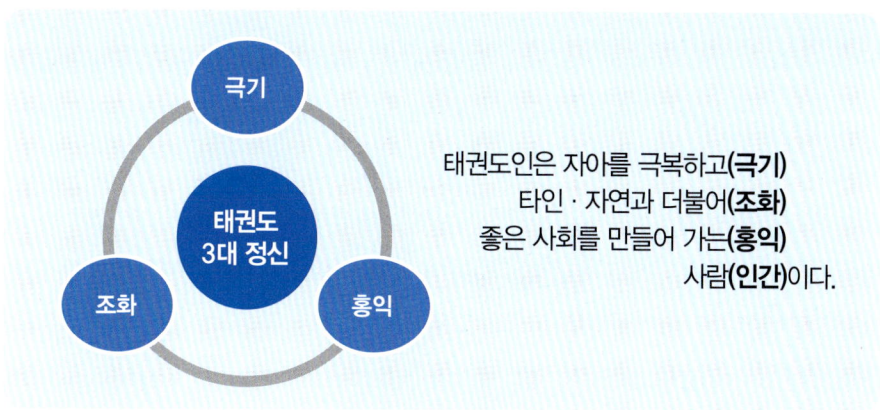

〈 태권도 3대 정신 〉

극기 克己

'극기'는 '자기 극복', '자기 통제', '자기 의지'를 뜻하며, 송무관의 태권도 정신, 안용규의 태권도 정신, 최홍희의 태권도 5대 정신에서 발견할 수 있는 태권도 정신이기도 하다. 그동안 태권도 정신으로 설정되었던 인내, 근면, 성실, 극기겸양, 염치, 부동심, 백절불굴 등은 '극기'라는 대표 정신에 포함될 수 있다. '극기'는 태권도인에게 요구되는 중요한 정신적 덕목이었으며, 논어의 안연편顔淵篇 에도 '극기 정신'이 강조되고 있다. 정조 임금 또한 '극기'로 스스로를 극복할 때 만족을 얻을 수 있다고 하였다.

우리는 온갖 풍요를 누리며 첨단 과학 문명의 시대를 살아가고 있지만 인성은 거칠고 모질어졌다. 자제력을 잃고 끼어들기를 하고, 보복 운전을 하거나 급정거로 추돌 사고를 유발하며, 트럭이 승용차를 가로막아 사망 사고를 유발하는 경우를 어렵지 않게 목격할 수 있다. 이 모든 것이 절제를 상실한 암울한 현실을 보여주고 있다. '극기'를 다하여 평화로운 사회를 만들어 가는 것이 절실한 현실이다. 극기는 극한 상황에서 자신을 이기는 힘이다. 태권도는 극한 상황에서 자신을 이겨내는 수련을 통해 '극기'의 힘을 기를 수 있는 우리의 전통 무예 스포츠이다.

태권도는 발생학적으로 투쟁 본능에서 출발한 투기 운동으로서 적을 상대하여 제압할 수 있는 힘과 능력을 기르는데서 출발하였다. 따라서 자신이 연마한 기술이 개인이나 사회에 이익이 되도록 사용하길 희망하지만, 때로는 병기로 사용될 수도 있으므로 고도의 자기 절제와 조율이 필요함을 전제하고 있다. 태권도 수련을 통해서 익힌 각종 공방 기술과 그것을 익히는 과정을 통해서 향상된 기능의 발달은 자기 조율이라는 내면적 성장을 동반할 때 문화사회의 의미 있는 운동으로 인정받을 수 있다.

수련생에게 왜 태권도를 배우느냐고 물으면 "태권도를 통해 '예의'와 '극기'를 배울 수 있기 때문이다"라고 대답하는 사람이 적지 않다. 단급의 고하를 막론한 많은 태권도인이 '극기'를 태권도 수련으로 길러야할 중요한 정신으로 생각하고 있다는 것이다. 태권도 수련을 통해 나약한 자기를 극복하고 타인과 공존 공생하며 인류 사회에 도움이 되는 태권도인이 되는 것이 중요한 목표가 되어야 한다.

조화 調和

우리는 나와 다른 사람을 이해하고 그들과 조화를 이루며 살아가야 한다. 자기만의 생각이나 신념만으로는 21세기 소통의 시대를 살아갈 수 없다. 태권도는 개인 운동이므로 혼자 수련하면서 자기 조율 능력을 향상시키고, 극기하는 힘을 기를 수 있다. 그러나 겨루기 등에서와 같이 다른 수련생과 함께 수련하면 협력이나 조화와 같은 더 큰 인성적 효과를 기대할 수 있다. 태권도 수련은 각종 과제를 다른 수련생과 함께 해결하는 과정을 통해서 서로 이해하고, 배려하며, 협동하는 정신, 즉 타인과 조화롭게 살아가는데 필요한 덕목을 기를 수 있어야 한다.

그동안 태권도 정신으로 설정되었던 예의, 협동심, 존경심, 리더십, 충효 등과 같은 태권도 정신은 '조화'라는 대표 정신으로 수렴될 수 있다. 예나 지금이나 인간은 혼자 살아갈 수 없으며 다른 사람과 관계를 맺고 서로 상부상조하며 살아간다. 가족과 이웃, 직장 동료와 동호회 회원, 지역사회와 국가에 소속되어 다른 사람과의 관계 속에서 서로 도우며 살아간다. 태권도 도장 또한 하나의 작은 공동체로서, 동료 수련생, 선후배 수련생, 사범과의 관계 속에서 서로 도와 수련하는 가운데 다른 사람과 더불어 조화롭게 살아가는데 필요한 능력을 배양할 수 있는 사회교육 공간이다.

우리 한민족에게는 조화와 협동을 사랑하는 오랜 전통이 있다. 음양의 조화를 강조하고, 그것을 국기에 그려 넣을 만큼 조화를 중시하였다. 음양오행은 한민족의 우주관으로 우리 삶의 곳곳에 배어 있다. 삼강오륜도 음양오행에 맞춰 정리된 인간관계의 지침이라고 할 수 있다. 개인으로 살아가는 지침이 아니라 다른 사람과의 관계

속에서 서로 도와 가며 조화를 이루고 살아가는 지침이다. '두레'를 보면 한민족이 함께 협동하며 더불어 살아가는 정신을 얼마나 중요하게 생각하였는지 알 수 있다. 우리는 논밭에서 흙일을 할 때에도 한 사람은 가래를 잡고 두 사람은 가래에 달린 끈을 리듬에 맞춰 잡아당기며 서로 도와 일을 하였다.

　기술이 크게 발달하지 않은 산업화 이전에는 모든 일을 인력으로 해결해야 하므로 서로 협력하며 조화롭게 살아야 했다. 하지만 20세기 산업화를 거쳐 21세기 정보화 시대로 발전하면서 협동이나 조화보다는 이기와 부조화나 갈등이 우선하는 사회로 빠르게 변모하고 있다. 또한, 도시화가 가속화되고 핵가족화가 빠르게 진행되면서 대가족 집단에서 배려하고 협력하는 법을 배울 기회마저도 점차 사라지고 있다. 게다가 저출산으로 한 자녀 가정이 늘어나면서 상대를 존중하고 배려하는 공동체 의식이 부재하고, 자기 이익을 우선시 하는 사람들이 크게 늘어나고 있다.

　그러나 시대는 상호 이해와 협력을 필요로 하는 사회, 그렇게 살아야 생존 가능한 사회로 바뀌고 있다. 정보기술의 발달로 인하여, 자연 재앙이나 천재지변이 일어나면 전 세계가 공동의 관심을 가지고 서로 협력하며 함께 지혜를 발휘해 해결하려고 노력하고 있다. 이제 서로 협력하며 조화롭게 살아가는 삶의 태도는 개인의 이익은 물론 인류 공동체의 공존에도 절대적으로 필요한 능력이 되고 있다. 현대사회는 복잡한 사회구조로 인해 예상치 못한 어려운 상황을 수시로 맞이할 수 있다. 그러한 상황을 즉각 극복하고, 평온한 삶을 유지하기 위해서는 과거 못지않은, 어쩌면 과거보다 더 큰 협력이 필요한 시대를 살아가고 있는 것이다.

　태권도는 맞부딪치며 함께 수련하는 과정을 통해서 서로에 대한 신뢰를 구축하고, 태권도 도장이라는 공동체 안에서 심리적으로 안정된 집단 경험을 하게 됨으로써 공존 공생의 소중한 가치를 경험할 수 있는 기회를 제공한다. 태권도는 발생학적으로 격투 기술에서 발전한 운동이므로, 항상 상대와 관계 짓거나 상대와 함께 기술의 향상이나 인격의 함양이라는 목표를 위해 노력하는 과정에서 소통 능력이나 친근감 또는 협동하고 배려하는 능력을 자연스럽게 기를 수 있다. 태권도 수련을 통해 나약한 자신을 극복하고, 갈등과 대립을 넘어 공동의 번영을 이루는 것이 태권도 교육의 중요한 목표가 되어야 한다.

홍익 弘益

'홍익' 또는 '홍익인간'은 "공동의 이익을 생각하며," "널리 인간 세계를 이롭게 한다."는 뜻으로 [삼국유사]의 단군신화에 나오는 말이다. '홍익' 이념은 한국의 정치, 경제, 사회, 문화의 최고 이념으로, 윤리의식과 사상적 전통을 이루고 있는 우리의 민족정신이기도 하다. 그동안 태권도 정신으로 설정되었던 준법, 애국, 정의, 명예, 국위, 평화 등과 같은 태권도 정신은 '홍익인간' 또는 '홍익' 정신으로 수렴될 수 있다. 장기적으로 성공하고 행복한 사람은 자신이 추구하는 일에 그보다 더 큰 의미를 부여한다. 추구하는 일에 자신보다 더 큰 의미를 둔다는 것은 곧 자신을 초월하여 세상을 이롭게 하는데 뜻을 두고 산다는 의미이다. '홍익인간'은 우리에게 그저 익숙한 개념일 뿐만 아니라 기독교의 박애정신, 유교의 인, 불교의 자비심과도 상통되는 전 인류의 이상으로 대한민국교육법 제1조에 명시되어 있는 교육의 목적이기도 하다. 태권도인이 추구해야 할 궁극적인 정신은 자신을 극복하고 타인과의 조화로운 관계 속에서 자기완성 또는 도덕적 완성을 이루는 것이다. 즉, 태권도인은 태권도 수련을 통해 자신은 물론 다른 사람과 더불어 세상을 이롭게 하는 사람이 되어야 한다.

한국이 지향하는 '홍익인간'의 사상적 전통은 중국의 유교적 가치인 인仁의 본질과 맞닿아 있다. 역사적으로 중국과 한국의 중심 가치는 동이東夷라는 집단 속에 배태되어 있다. 동이문화는 한국이나 중국, 일본의 역사적 경험을 넘어서는 동북아 문화의 요람으로, 동북아의 종교, 철학, 언어, 예술 등의 산파 역할을 해 왔다. 특히 동이의 정신문화는 동북아 고대 종교의 뿌리로서 뿐만 아니라, 도덕과 철학의 근간이 되면서, 이 지역 윤리사상을 키워 왔다. '홍익인간'과 '인'은 한 뿌리에서 뻗은 서로 다른 가지라고 할 수 있다. '홍익인간'과 '인'의 가치 속에는 경계 없는 휴머니즘이 숨 쉬고 있다.

그러한 휴머니즘이 [단군신화]로 이어지고 그 속에 한국인의 원초적인 우주관과 윤리관이 담겨져, 고조선은 멸망하였지만 그 속에 담긴 우주관과 윤리관은 수천 년간 한국인의 가슴 속에 유전 인자로 남아 현재로 이어지고 있다. '홍익인간'은 모든 인간을 똑같이 사랑하고 도와주자는 인간 공동체 정신을 담고 있다. 이 정신은 한국인의 특이한 공동체 문화를 실현하는 정신적인 바탕이 되었고, 그래서 한국인은 '나'라는 표현보다 여러 사람을 감싸고 있는 울타리의 의미인 '우리'라는 말을 더 존중한다.

현대 사회에서는 인간이 수단화되고, 인간의 고유한 가치가 스스럼없이 경시되고 있다. '홍익'사상은 그러한 인간 경시 풍조를 극복하는데 중요한 역할을 할 수 있다. '홍익'사상은 나 혼자만의 욕심이 아닌, 여러 사람의 이익을 존중하고 보호하며, 나아가 다른 사람을 이롭게 하는 이타주의 사상이 깔려있다. 현대 사회는 자유주의와 개인주의를 바탕으로 개인의 욕구를 충족시키는 일이 더없이 중요하며, 그러한 욕구를 충족시키기 위해 다른 사람의 이익을 거스르는 행동이 아무렇지 않게 자행되고 있다. 우리는 태권도 수련을 통해 '홍익'사상을 길러줌으로써 각박한 이기심을 버리고 인간적인 풍요로움, 평화로운 인류 공동체를 만들어가야 한다.

　태권도인은 태권도를 수련함으로써 나약하고 부당한 자아를 극복하고 타인과 더불어 좋은 사회를 만들어 가겠다는 굳은 의지와 원대한 목표를 실현하는 방향으로 살아가야 한다. 태권도 수련은 자신을 극복할 수 있는 자기 조율 능력, 다른 사람과 더불어 살아가는데 필요한 관계 조율 능력, 개인의 이익보다 공동체의 이익을 우선시 하는 공익 조율 능력을 길러 세상을 이롭게 하는 태권도인을 교육하는 방향으로 이루어져야 한다. 이는 태권도 교육이 자신감을 기르되 자만에 빠지지 않고 지역사회나 국가, 나아가 세계 평화를 중시하는 평화롭고 행복한 세상을 만들어 가는데 기여하는 태권도인을 기르는 방향으로 이루어져야 함을 시사하고 있다.

3. 태권도 사관

　태권도가 고대로부터 전승된 한국 전통 무예라는 실증적 사료는 삼국시대에 와서 그 근거를 찾을 수 있다. 삼국시대의 태권도가 고려시대 수박을 거쳐 조선시대 택견으로 이어지다가 해방 후 중국 무술과 일본 무도의 직간접적 영향을 받은 발기술 중심의 무예로 발전하여 오늘에 이르고 있다. 우리 전통 무예인 태권도가 어떻게 탄생하

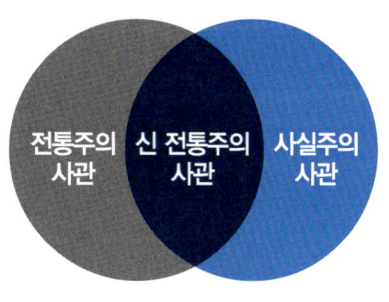

〈 태권도의 주요 사관 〉

여 세계적인 스포츠로 발전하였는지에 대한 해석이 달라 혼란을 야기하고 있다. 태권도 사범은 태권도 발전사를 올바로 이해하고 수련생을 지도해야 한다. 태권도의 주요 사관은 전통주의 사관, 사실주의 사관, 신전통주의 사관으로 구분된다. 각 사관

은 다음과 같은 특징을 갖고 있다.

1) 전통주의 사관

태권도의 기원에 대한 전통주의 사관에 따르면, 고구려 '무용총'벽화나 '금강역사상'과 같은 삼국시대의 유물에서 우리 전통 무예의 근거를 찾고, 그것이 고려시대의 수박으로 전승되어 조선시대 택견으로 이어졌으며, 해방 후 경기화와 세계화의 과정을 거쳐 현재의 태권도로 발전하였다는 입장을 취하고 있다. 일본의 통치하에서 한국의 많은 민족문화가 유실되거나 변질되었으며 그 과정에서 태권도 또한 일본 가라테의 영향을 전혀 받지 않았다고는 할 수는 없지만, 그 과정에서도 한국 전통 무예의 본질이 상당부분 보전되어 오다가 해방 후 발 기술 중심의 경기 태권도로 발전하였다는 주장이다.

〈 금강 역사상 〉

일본의 통치 하에 수많은 민족 문화가 유실되는 가운데에서도 택견은 민속 문화 형태로 전승되어 왔으며, 광복 후 태권도가 택견과 같은 발차기 위주의 수련 체계로 발전하는데 직간접적으로 영향을 미쳤다는 것이다. 즉 택견은 뚜렷한 인적 계보 없이 민속 문화 형태로 일본의 문화 말살 정책에도 불구하고 주변의 친지, 가족, 형제의 지도를 받으며 전승되어 오늘날의 태권도를 탄생시켰으며, 경기화의 과정을 거쳐 세계적인 무예 스포츠로 발전하였다는 주장이다.

2) 사실주의 사관

태권도의 기원에 대한 사실주의 사관 또는 수정주의 사관은 해방을 전후하여 일본 가라테의 영향으로 '태권도'라는 신생 무술이 탄생하였다는 주장이다. 태권도에 대한 사실주의 사관은 1980년대에 일부 학자에 의해 제기되기 시작하였다. 이들은 전통주의 사관이 사실성이 부족하고, 역사적 의미를 찾기 어려운데다 제한된 자료를 바탕으로 태권도가 우리 것이라는 무리한 주장을 하고 있다고 비판하고 있다. 즉 태권도가 택견에서 전승된 우리 전통 무예라는 사실적 근거를 제시하지 못하고, 제한된 자료나 근거로 태권도는 우리의 것이라는 무리한 주장을 하고 있다는 것이다.

사실주의 사관을 견지하는 학자들은 태권도는 일제 강점기 일본에서 유학하며 가라테를 배웠던 초기 사범이 가라테를 수정하여 발전시킨 것이지 택견에 뿌리를 둔 것이 아니라는 주장을 하고 있다. 그래서 사실주의 사관을 수정주의 사관이라고도 한다. 태권도와 택견에서 발차기가 강조되는 유사성은 발견할 수 있지만 그것은 단지 태권도가 경기화의 과정을 거치면서 발기술이 강조되는 경기규칙을 제정하여 나타난 우연적 결과일 뿐이라는 것이다.

사실주의 사관을 주창하는 학자에 따르면, 해방을 전후하여 태권도 모체관을 개관한 5명의 초기 사범 중 무덕관의 황기 사범을 제외한 4명의 사범 모두가 일본에서 가라테를 배운 사람들이며, 이들이 광복 전후로 귀국하여 그 가라테를 가르치기 시작하면서 탄생한 무도가 태권도라는 것이다. 무엇보다 초기 사범들이 가르친 태권도에서 택견의 기술체계를 거의 찾아볼 수 없으며, 가라테와 기술적으로 큰 차이가 없을 뿐만 아니라 품새는 가라테와 거의 일치를 이루고 있다는 것이다.

〈 태권도 주요 사관 〉

전통주의 사관	고구려 '무용총' 벽화나 '금강역사상'과 같은 삼국시대의 유물에서 우리 전통 무예의 근거를 찾고, 그것이 고려시대의 수박으로 전승되어 조선시대 택견으로 이어졌으며, 해방 후 경기화와 세계화의 과정을 거쳐 현재의 태권도로 발전하였다.
사실주의 사관	해방을 전후하여 일본 가라테의 영향으로 '태권도'라는 신생 무술이 탄생하였다.
신전통주의 사관	태권도는 우리 전통 무예인 택견을 바탕으로 일본 가라테의 자극적 영향을 받아 발차기 위주의 스포츠로 새롭게 창조된 우리 전통 무예 스포츠이다.

해방 직후의 태권도는 일본에서 유학한 초기 사범들에 의해 가라테의 기술체계를 따랐으며, 대한체육회의 가입을 전후하여 경기화의 과정을 거치면서 손기술 위주의 태권도가 발기술 위주로 바뀌고, 그 후 가라테의 기술체계와 다른 독자적 기술체계를 구축하였으므로 결국 태권도는 가라테에서 유래된 것이라는 것이 가라테 유입설을 주장하는 학자들의 생각이다. 태권도 발차기와 택견 발차기가 일치를 이루는 것은 태권도 경기화 과정에서 나타난 우연적 결과이므로 태권도를 우리 전통무예라고 주장하는 것은 견강부회라는 것이다.

3) 신전통주의 사관

태권도에 대한 신전통주의 사관을 주장하는 학자들은 태권도에 대한 사실주의 사관은 역사의 거시적 흐름을 망각하고 한정된 시대의 기술적 변화만으로 태권도 사관을 정립하려는 모순을 보이고 있다고 비판하고 있다. 신전통주의 사관을 주장하는 학자들은 초기 사범들이 일본에서 유학하면서 가라테를 배웠다는 사실만으로 태권도의 가라테 유입설을 주장하는 것이 오히려 견강부회라는 비판을 하고 있다. 당시 태권도 5대관 중에서 창무관과 무덕관은 중국 무술의 영향도 적잖이 받았기 때문이다(허인욱, 2004).

태권도는 삼국시대부터 생겨나 고려시대의 수박으로 발전하고, 조선시대에는 택견으로 전승되어 왔다고 택견 연구자들이 주장하고 있으며, 삼국시대-고려시대-조선시대로 이어지는 무예들 간에 연관성이 없다는 증거가 제시되지 않고 있어 전통주의 사관을 무조건 부정할 수도 없다는 것이다. 이는 삼국시대 무예, 고려시대 수박, 조선시대 택견이 한반도라는 동일 문화권에서 한민족이라는 동일 주체에 의해 수련된 무예이고, 각각의 무예가 서로 다른 기원을 가지고 있다는 증거가 명확하지 않다면 각 무예가 서로 영향을 주고받았을 것이라는 주장이 가능하며, 나아가 이들 무예는 서로 역사적 연관성을 가지고 발전해 왔을 것이라는 합리적 가정을 할 수 있다는 의미가 된다.

사실주의 사관론자가 가라테 유입설을 주장하는 중요한 근거는 태권도의 품새와 가라테의 '형'이 일치하는데서 찾을 수 있다. 그러나 태권도의 품새는 가라테의 영향뿐만 아니라 우슈의 '투로' 영향도 받았으며, 설사 태권도가 가라테의 영향을 받았다고 하더라도 일찍 체계화된 가라테의 형태를 빌어 태권도의 품새를 개발한 것을 두고 태권도가 일본의 가라테에서 발전한 무도라고 주장하는 것은 지나친 비약이다. 태권도를 체계적으로 발전시키는데 가라테, 특히 가라테의 형이 일종의 자극제 역할을 했을 수는 있지만 그것이 태권도의 정체성을 결정지을 정도로 크게 영향을 미치지는 못하였기 때문이다.

문화상대주의적 관점에서 한·중·일은 지리적으로 인접한 한자 문화권 국가로 많은 부분에서 서로 영향을 주고받으면서 비슷하지만 각기 다른 문화적 특성을 이룩하며 살아왔다. 태권도의 경우도 하나의 문화 활동으로서 중국이나 일본과 서로 영향을 주고받으면서 발전해 왔다고 보아야 한다. 어쩌면 태권도가 중국의 우슈나 일본의 가라테의 영향을 받았든 받지 않았든 한국의 토양과 환경에 맞게 창조적으로 수정, 보완하여 오랫동안 수련하면서 우리 문화에 뿌리 내렸다면 우리 전통 무예라고 주장하지 못할 이유가 없다. 사실, 우리는 태권도를 가라테나 우슈와 차별화된 기술 체계로 구축하여 반세기 이상 한국화와 세계화를 성공적으로 추진, 세계적인 무예 스포츠로 발전시켰다.

결론적으로 태권도는 우리 전통 무예인 택견을 바탕으로 일본 가라테의 자극적 영향을 받아 발차기 위주의 스포츠로 새롭게 창조된 우리 전통 무예 스포츠이다.

제2장 태권도의 가치

교육을 인간 행동의 계획적인 변화라고 할 때, 교육의 목적 속에는 가치의 문제가 대두되기 마련이다. 교육에서 다루는 인간 행동은 특정 문화 속에 존재하는 다양한 가치 가운데 중요하게 생각하는 가치를 여과의 과정을 통해 선택하기 때문이다. 태권도 교육에서 무엇을 가치 있다고 보느냐 하는 것은 특정 시대에 한 사회가 갖고 있는 가치 규범으로부터 연역되어야 한다. 결국, 태권도 교육이란 특정 사회가 태권도에 대해서 요구하는 중요한 가치를 교육하는 것이므로, 태권도의 가치 문제는 태권도 교육의 목표를 설정하는 단계에서부터 교육의 효과를 평가하는 단계에 이르기까지 태권도 사범이 부단히 던져야 하는 질문인 것이다.

〈 태권도의 주요 추구 가치 〉

1. 운동 기술적 가치

태권도 수련의 핵심 가치는 바로 운동 기술적 $^{運動\ 技能的}$ 가치이다. 태권도 수련은 태권도 기술을 배우고 익히며, 나아가 새로운 기술에 도전하여 탁월성^{excellence}에 도달하는 과정이라고 할 수 있다. 태권도 수련은 신체의 다양한 기능機能을 촉진하며, 특히 근신경계의 발달로 운동 능력의 향상을 가져와 일상생활의 편의를 제공하는 동시에 생활체육 잠재능력과 운동에 대한 자신감을 갖게 하는 효과를 가져 오기도 한다. 수련생이 태권도를 통해서 직접 얻고자 하는 운동 기술적 가치로는 호신적 가치, 경기 기술적 가치, 여가 활동적 가치 등과 같은 것들이 있다.

태권도는 발생학적으로 격투기술에서 발전한 무예 스포츠이므로 수련을 계속하면 자연스럽게 호신능력을 기를 수 있게 된다. 차고, 지르고, 막고, 피하는 등의 기본 동작과 품새, 겨루기, 격파 등에 필요한 기술을 숙달하거나 호신 기술을 직접 습득함으로써 폭력, 성폭력 등으로부터 자신을 지키고 보호할 수 있게 된다. 특히, 폭력이나 범죄의 표적이 되기 쉬운 여성이 태권도를 수련하면 호신 능력을 갖추어 자신 있게 사회생활을 할 수 있게 된다.

태권도가 올림픽 핵심 종목으로 선정되어 세계적인 스포츠로 발전하면서 태권도를 통해서 자신의 운동 재능을 키워가는 사람들이 늘어나고 있다. 최근 품새 경연이 2018년 아시안게임에서 세부 종목으로 채택되면서 기예적技藝的 재능을 향상시키기 위해 태권도를 수련하는 사람도 크게 늘어나고 있다. 태권도 경기에 참가하는 선수는 승리의 기쁨과 성취감을 맛보기도 하지만 경기 결과에 따라 실질적인 혜택이나 보상을 받기도 한다. 또한, 이들은 품새나 겨루기 경기에 출전하여 탁월성을 발휘함으로써 새로운 태권도 기술을 개발, 보급하는 역할을 하기도 한다.

과학기술과 의학의 발달로 인간은 과거에 비해 훨씬 더 오래 살 수 있게 되었다. 과학 기술의 발달은 노동 시간을 크게 단축시키고 여가 시간의 엄청난 확대를 가져왔다. 이제 여가는 단순히 쉬는 시간이 아니라 삶의 질 향상 차원에서 중요하게 인식되고 있다. 태권도 수련은 그 자체로 활기찬 생활을 영위하게 할 뿐만 아니라, 신체의 기능적機能的 발달로 운동 잠재력을 향상시켜 행복한 삶을 누릴 수 있게 해주는 여가 스포츠로서의 의미도 갖는다.

2. 체력적 가치

태권도는 차고, 지르고, 막는 등의 기술을 연마하는 과정을 통해서 운동 능력은 물론 체력을 증진하고 각종 질병에 대한 저항력을 길러 건강한 삶을 영위하게 한다. 태권도는 전신 운동으로서 신체의 모든 부위를 고루 사용하여 운동하므로 생활에 필요한 건강체력은 물론 각종 스포츠 활동에 필요한 전문체력을 향상시키는 역할을 하기도 한다. 즉, 태권도는 사지를 격렬하게 움직이는 운동이므로 생활에 필요한 기초체력에서부터 스포츠 활동에 필요한 전문체력까지 다양한 체력을 향상시킬 수 있다.

누가 어떤 목적으로 어떤 태권도 기술을 집중적으로 수련하느냐에 따라 길러지는 체력이 약간씩 다를 수 있지만 대개 태권도를 수련하면 체력이 전반적으로 크게 향상된다(김상근 외, 2006). 태권도 수련은 지르고, 찌르고, 차고, 치고, 뛰는 등 몸의 중심을 이동하며 신체의 모든 부위를 사용하므로 근력, 유연성, 심폐지구력 등과 같은 건강체력은 물론, 민첩성, 순발력, 평형성 등과 같은 전문체력까지 향상시킬 수 있다.

태권도는 운동의 특성상 상대와 맞서 겨루는 맨손 격투 기술이므로 수련을 통해 심신의 강인성(強靭性)을 배양할 수 있다. 태권도 수련은 강인성 또는 강력한 힘을 증진시키는데 중점을 두게 된다. 특히, 겨루기와 격파의 수련은 접촉 부위를 단련해 강력한 힘을 효율적으로 발휘할 수 있는 능력을 갖추게 함으로써 신체의 강인함은 물론 자신감의 터득으로 심리적 강인함까지 배양할 수 있게 한다. 특히, 품새나 겨루기 시합을 준비하는 선수들은 끊임없이 체력을 보강하고 기술을 연마해야 경기에서 승리할 수 있으므로 그 과정을 통해 자연스럽게 강인한 체력과 정신력을 기를 수 있게 된다.

태권도 수련은 유산소 운동과 무산소 운동을 병행하게 되므로 체내 노폐물을 배출하고 신진대사를 촉진하여 건강을 증진시킨다. 태권도는 지르고, 뻗고, 차는 등의 운동이 주를 이루고 있어 규칙적으로 반복하면 체지방을 줄여 비만을 예방하고 건강하고 아름다운 몸매를 유지할 수 있다(손천택, 2011). 태권 체조나 태권 에어로빅 등과 같은 유산소 운동으로 리드미컬하게 태권도를 수련하면 비만 해소나 체중 관리 등 건강관리에도 효과적이다.

태권도 수련은 특히 성장기 어린이와 청소년의 발육 발달에 필요한 성장 호르몬의 분비를 촉진한다. 태권도 수련은 성장 호르몬의 분비를 촉진할 뿐만 아니라, 영양 과다와 운동 부족으로 오는 비만과 심혈관 질환을 예방하여 성장기 어린이의 바른 신체 구성과 발달을 가져오는 효과가 있다. 태권도를 수련하는 어린이는 그렇지 않은 어린이보다 키가 더 큰다는 연구 결과가 제시되고 있다(김석력, 1993). 또한, 태권도 수련은 성장기 어린이의 **뼈**를 튼튼하게 하며, 노년기에 태권도를 수련하면 골밀도의 저하, 근육 양 감소 등으로 인한 각종 노인성 질환을 예방하는 데에도 효과가 있다는 사실이 밝혀지고 있다(성상철, 1989).

3. 지적 가치

운동은 인간의 인지능력에 영향을 미치며, 건강한 사람의 인지능력은 그렇지 않은 사람의 인지능력을 능가한다. 운동이 뇌 성장세포[BDNF: Brain Drived Neuro Factor]를 만들고 그것의 성장을 도와 인지능력을 향상시키기 때문이다. 요가, 체조, 필라테스, 가라테, 태권도 등과 같은 복잡한 근육의 움직임을 필요로 하는 운동을 하면 뇌의 인지기능을 담당하는 부위도 함께 운동을 하게 되면서 인지능력이 향상되기 때문이다(레이티·헤이거만, 2009). 즉 운동과 인지기능은 같은 뇌세포로 이루어진 회로를 사용하여 신호를 전달하기 때문에 운동을 하면 그로 인해 인지능력 또한 향상된다는 것이다. 특히, 태권도의 겨루기와 같이 쉽게 예측할 수 없는 공방 상황에서 순발력 있게 대응해야 하는 운동은 뇌의 가소성을 높여 창의성을 크게 향상시킬 수 있다.

태권도와 같은 복잡한 운동 기술을 학습하기 위해서는 뇌가 어느 정도 관여할 수밖에 없다. 왜냐하면 태권도 기술의 연마는 그것에 대한 이해, 느낌, 실행의 단계를 거쳐 이루어지기 때문이다. 새로운 기술을 수련하면 처음에는 서툴고 거친 움직임이 일어나지만, 소뇌와 기저핵과 전전두엽 피질을 연결하는 회로가 기술 학습에 관여하기 시작하면서 점차 동작을 정확하게 수행할 수 있게 된다. 즉 품새를 익히거나 겨루기 패턴을 익히는 과정을 통해서 새로운 품새를 창안하거나 다양한 겨루기 패턴을 개발할 수 있게 된다는 것이다. 태권도를 수련하면 가상의 적을 대상으로 품새를 익히거나 불 예측의 공격에 대비하기 위해 집중력, 지적 순발력, 정확성 등과 같은 지력이 동원될 수밖에 없으며, 그 결과 복잡한 상황에 대응하는 능력이 향상된다는 것이다.

뇌의 발달을 촉진하여 지적 능력을 보다 효과적으로 향상시키기 위해서는 유산소 운동과 복잡한 운동을 함께 해야 한다. 유산소 운동과 기술 습득을 병행하는 것이 효과적이라는 말이다. 유산소 운동은 신경전달물질의 생성을 촉진하고 복잡한 운동은 신경전달물질의 이동을 돕는 네트워크를 강화하고 확장하기 때문이다. 태권도처럼 구성이 복잡한 운동을 하면 신경접합부^{synapse} 간의 연결이 복잡해지고, 그렇게 만들어진 신경회로는 다른 활동, 즉 지적 활동 등을 하는 데에도 유용하게 사용된다. 그래서 운동을 하면 공부도 더 잘하게 된다는 것이다. 전전두엽 피질이 복잡한 운동 기술을 습득하며 향상시킨 뇌의 능력에서 정신적인 부분을 인출하여 주지교과의 학습과 같은 다른 상황에 적용시키기 때문이다. 이처럼 운동을 하면 지적 능력뿐만 아니라 주지교과 학습 잠재력까지 향상시킬 수 있다.

또한, 운동을 하면 인지력의 유연성이 향상된다. 인지력의 유연성이란 창조적인 아이디어나 해결방안을 제시할 수 있는 능력과 사고를 전환할 수 있는 능력으로서 최고의 인지기능을 말한다. 이와 같은 인지능력은 어떤 일을 얼마나 능률적으로 수행할 수 있느냐와 밀접한 관계가 있다. 해결해야 할 중요한 과제나 학습해야 할 중요한 과제가 있을 때, 그 직전에 적정 강도로 운동을 하면 문제 해결이나 학습에 도움이 된다는 것이다. 태권도인들이 지적 순발력이 높다는 평가를 받고 있는 것은 어쩌면 이런 이유 때문일지 모른다. 태권도 겨루기는 상대의 움직임을 즉시 파악하고 신속한 대응을 해야 하므로 그 과정에서 상황을 신속하게 파악하고 즉각적인 해결 방안을 찾는 빠른 판단력이 향상될 수 있다는 것이다.

4. 정서적 가치

무한 경쟁시대를 살아가는 현대인들은 불가피하게 스트레스를 받게 된다. 이들이 받게 되는 스트레스가 적당할 경우에는 '예방접종'의 기능을 하며 그것에 대처할 수 있는 능력을 길러주지만, 과도한 스트레스는 피로, 불안, 두려움, 뇌 활동 위축 등과 같은 부정적인 결과를 가져오기도 한다. 그래서 사람들은 스트레스를 해소하기 위해 운동을 하며, 운동을 통한 스트레스 해소는 수백 년 동안 진화해온 인간의 스트레스 대처방법이다. 운동이 스트레스를 해소하고 정서적 안정을 꾀하는데 도움이 되는 것은 운동이 세포 복구 기전을 강화하여 스트레스 상황에 적응하는 능력을 향상시켜 주기 때문이다.

운동을 하면 스트레스를 견디는 능력, 즉 '스트레스 한계점'이 높아지게 되므로 웬만한 스트레스에도 불안이나 초조감을 느끼지 않고 정서적 안정을 취할 수 있게 된다. 즉 스트레스 상황을 담대하게 대처할 수 있게 된다는 것이다. 우리는 과거에 비해 생존은 훨씬 쉬워졌지만 스트레스는 더 많이 받으며 살아가고 있다. 우리가 선조들보다 신체활동 양이 적다는 사실이 이런 상황을 더욱 악화시키고 있다. 이는 스트레스를 많이 받을수록 더 많은 운동을 해야 하며, 그래야 정서적 안정을 유지하며 행복한 삶을 영위할 수 있다는 말이다.

적절한 신체활동이 생활에 활력을 불어넣고, 정서를 함양하여 불안, 스트레스 등을 감소시키고 정서적 안정을 가져오는데 도움이 된다는 임상실험 결과들이 수없이 발표되고 있다. 태권도 또한 정서 발달에 긍정적인 영향을 미치는 것으로 밝혀지고 있다. 태권도는 일반 스포츠와 달리 수련을 통해 자신의 내적 감정을 조절해야 하는 상황을 자주 직면하게 되므로 더 큰 정서적 발달을 가져올 것으로 추정하고 있다.

태권도 수련은 정서적 안정감을 높여주며, 수련기간이 길수록 더 큰 심리적 안정감을 느끼게 하며, 더불어 삶에 대해서도 더 큰 행복감을 느끼게 한다. 운동을 오랫동안 지속하면 신체에 대한 자기 지각이 긍정적으로 변화되며, 그로 인해 자아개념이 긍정적으로 형성되어 심리적 안정을 취할 수 있게 된다는 것이다. 태권도 수련을 지속하면 자신의 몸과 신체에 대해 긍정적인 자아 인식을 갖게 되고, 그로 인해 심리적 안정을 가져오게 된다는 것이다. 태권도 수련을 통해 얻게 되는 정서적 안정감은 최근 부각되고 있는 인성 함양의 기초가 된다.

글로벌 창조시대를 살아가는데 필요한 중요한 역량으로 소통, 창의, 인성이 자주 언급되고 있으며, 21세기 문화 복지 시대를 살아가는데 필요한 최고의 실력으로 인성을 꼽기도 한다. 태권도를 수련하는 궁극적인 목적도 사회가 요구하는 바람직한 인간을 길러내는 데 있다. 태권도 수련은 고도의 자기 절제력도 필요하지만 상호 맞대결 상황에서 서로 존중하고, 배려하며, 관용하는 태도가 필요하다. 태권도를 수련함으로써 그와 같은 자기 조절 능력과 서로 협동하고 배려하는 역량을 자연스럽게 터득하게 되는 것이다.

태권도는 운동의 특성상 기술 향상 못지않게 정신 수양을 중요하게 생각해 왔으며, 수련 결과 못지않게 심신 연마의 과정을 중시해 왔다. 태권도 수련을 통해서 태권도 인으로서 또한 생활인으로서 갖추어야할 인성 덕목을 기르는 것을 중요한 목표로 삼는 도장이 늘어나고 있으며 더욱 늘어날 것으로 전망되고 있다. 태권도는 손과 발을 주요 수단으로 신체를 단련하고 인격을 완성하는 운동으로 발전해 왔으므로 인성 교육을 중요한 목표로 삼는 것이 새삼스러운 일도 아니다.

5. 심미적 가치

　태권도는 운동수행의 결과를 겨루는 기능적^{機能的} 특성과 동작의 아름다움을 경쟁하는 형태적^{形態的} 특성이 결합된 한국 전통 무예 스포츠이다. 즉, 태권도는 신체적 발달, 건강의 증진과 같은 기능적 발달을 목표로 수련하기도 하지만 동작의 질적 향상을 꾀할 목적으로 수련하기도 한다. 동작의 아름다움을 겨루는 품새 경연대회가 활발하게 이루어지고 태권도 시범이 공연으로 발전하는 가운데 품새가 아시안게임의 정식 종목으로 채택되면서 태권도의 심미적 가치에 대한 관심이 더욱 높아지고 있다. 태권도, 특히 태권도 품새는 신체적인 묘를 심미적 공간과 시간을 통해 조화롭게 표현하는 활동이라고 할 수 있다. 태권도를 처음 수련할 때에는 모방을 통해 태권도 동작을 아름답게 표현하는 방법을 배우게 되지만, 수련이 거듭되면서 태권도의 기예적 요소를 창조적으로 표현하거나 품새, 겨루기, 공연 등의 심미적 특성을 감상하는 방법을 터득하게 된다.

　태권도 수련의 성과는 제3자의 시각으로 관찰하여 판단하기도 하지만 그러한 시각으로 감지하기 힘든 일차적 관점에서의 경험에 관심을 가지고 주의를 집중해야 그것에 내재된 심미적 가치를 충분히 맛볼 수 있다. 수련생은 한편으로 태권도 기술의 전형을 숙달하여 효율적으로 발휘하는데 집중하면서 다른 한편으로 동작수행에 대한 주관적인 느낌을 불러일으켜 근육을 변화시키고 그에 따른 기술 습득을 촉진한다. 즉 수련생은 태권도를 수련하는 자기 신체의 상태에 주의를 집중하고 동작의 수행 순간을 세밀하게 알아차리는 능력을 발전시키는 가운데 심미적 감각을 발전시켜 나가게 된다는 것이다. 그렇게 태권도를 수련해야 동작의 전형을 익히려는 고정관념에서 벗어나 개인성이 강조되는 특별한 주관적 체험을 할 수 있게 된다.

　태권도 수련에서 심미적 체험은 기술을 배우는 것보다 기술을 배우는 자신을 느끼게 함으로써 가능하게 할 수 있다. 태권도를 그렇게 수련하면 각 수련생이 성취하는 기술적 수준은 비슷하지만 각자가 느끼는 미적 체험의 내용은 전혀 다를 수 있다. 태권도 기술을 향상시키는 것도 중요하지만, 태권도를 수련하는 자신을 알아차리는 것도 그에 못지않게 중요하다. 그렇게 태권도를 수련하면 의식의 알아차림이 극대화되고 이를 통해 보다 창조적인 삶을 살아갈 수 있게 된다.

　태권도는 일반 스포츠와 달리 수련의 결과 못지않게 수련의 과정을 통해 내면적 성장을 꾀하는 프로세스를 중요하게 생각하며 수련하는 특성을 갖고 있다. 사범의 기대를 만족시키기 위한 결과 중심의 태권도 수련을 강요받게 되면 태권도 기술에 내재된 미적 가치를 주체적으로 경험하고 창의적으로 표현하는 능력이 제한을 받게 된다. 따라서 태권도를 수련할 때에는 기술의 향상이라는 결과에 지나치게 집착하여 심신의 감각을 기르는 일에 소홀하지 않도록 해야 한다. 즉 수련 현상이 일어나는 과정에 머무르며 미적 가치를 체험할 수 있도록 해야 한다. 사범이나 다른 수련생이 어떻게 생각하든 관심두지 말고, 자신이 어떻게 느끼는지를 중요하게 생각하는 태도를 가져야 태권도의 미적 가치를 깊이 체험할 수 있다.

6. 사회·문화적 가치

태권도는 생존 본능에서 출발하였으나 특정 사회 문화와 결합하여 형식을 갖추게 되면서 수련 행위의 근저에 그 사회 문화가 추구해온 사상적 근거와 문화적 특성을 갖게 되었다. 〈단군신화〉는 고조선의 건국사실을 알려주고 있을 뿐만 아니라 한국인의 우주관과 윤리관을 함께 담고 있다. 그래서 고조선의 건국 사실보다 건국 이념이 더 중요한 것이다. 고조선의 역사는 끝났지만 그 속에 담긴 우주관과 윤리관은 수 천 년동안 한국인의 가슴속에 유전적인 문화 인자로 남아 있다. 우리의 단군신화에 담긴 우주관은 다름 아닌 홍익인간이다. 홍익인간^{弘益人間}은 '인간에게 골고루 이익을 주자는 것'이며, 인간 공동체의 정신을 담고 있다. 한국 사람들은 '나'라는 말보다는 '우리'라는 말을 즐겨 쓰고 있으며, 그러한 표현은 곧 홍익인간에 바탕 한 공동체문화의 다른 표현이라고 할 수 있다.

한국인은 정^{情}을 매우 중요하게 생각하며, 정은 곧 나눔이다. 공동체는 서로 나누는데서 유지되고, 공동체가 안정되면 개인의 행복도 보장된다. 우리는 음식상을 차릴 때에도 찌개를 가운데 놓고 모든 가족이 함께 떠먹는 공동체적 음식문화를 가지고 있다. 또한 우리는 계^{契}를 만들어 어려움에 처한 사람을 도와주고 노동력을 나누는 '품앗이'로 공동체적인 사회복지를 실현하며 살아왔다. 게다가 한국은 중국이 동방예의지국이라고 칭송할 만큼 예의가 바르고 공동체문화가 발달하여 공자가 군자국이라는 호칭을 붙여준 나라이기도 하다.

〈단군신화〉에서는 천지인^{天地人}을 하나로 보며, 그것은 하늘, 땅, 사람 모두가 생명

체라는 생명존중 사상이 뿌리내리고 있기 때문이다. 하늘과 땅이 왜 생명체인지는 음양오행사상에서 찾을 수 있다. 하늘과 땅은 양과 음이고, 해와 달도 양과 음이며, 별은 큰 별 다섯 개 오행^{木火木金土}으로 본 것이다. 우주만물은 음양으로 구성되어 있고, 음양에서 만물이 탄생하며, 음양을 합치면 하나의 동그란 태극이 된다는 사상이 바로 태극사상이다. 그런데 이 태극사상은 중국철학으로 해석하긴 하지만 그 뿌리는 한국인의 조상인 아사달 족에 있었다. 태권도의 태극 품새는 태극사상과 관련된 팔괘^{八卦}의 사상을 쫓아 개발하였을 가능성을 배제할 수 없다. 그래서 우리는 태권도 품새를 가르치면서 우리 민족의 생명존중사상, 홍익인간, 공동체문화 등을 함께 가르치며 전수하고 있는 것이다.

한국인은 음양오행을 이론으로 받아들였다기보다 음양오행을 품고 살아왔다고 할 수 있으며, 그것은 오방$^{(다섯개의 방위)}$, 오절$^{(다섯개의 계절)}$, 오색$^{(다섯개의 색깔)}$ 등에서 잘 나타나 있다. 그 가운데 오방색문화는 태권도의 띠에 적용되어 태권도 문화에 깊숙이 침투 해 있다. 오방을 상징하는 검은색, 붉은색, 푸른색, 황색, 백색이 그것이다. 일반음식에도 오방색을 따른 것이 많으며, 특히 비빔밥은 전형적인 오방색 음식이라고 할 수 있다. 이처럼 한국인의 사상과 더불어 발전해온 태권도가 한국사회는 물론 인류의 역사와 문화에 중요한 부분을 차지한다면 우리는 그것을 다음 세대로 전승, 발전시켜야한다. 따라서 태권도 교육은 단순히 호신 기능을 익히거나 신체의 기능을 강화하는 차원을 넘어 그 안에 배태된 한국의 전통 문화를 세계인의 기대에 호응하는 문화로 계승, 발전시키는 방향으로 이루어져야 한다.

태권도는 한민족이 오랫동안 수련해 온 중요한 문화 콘텐츠라고 할 수 있다. 이는 태권도를 수련하면 그 속에 담긴 한국인의 오랜 전통, 사상, 문화 등을 자연스럽게 배우고 습득하게 된다는 의미이다. 태권도는 올림픽 핵심 종목으로 205여 개국에서 1억 여명이 수련하고 있는 한국 전통 무예 스포츠이다. 우리는 태권도의 수련을 통해 체력의 증진이나 운동 능력의 향상과 같은 생활 혜택을 분명히 받고 있다. 그러나 그에 못지않게 중요한 것은 태권도를 통해 한국인이 오랫동안 지키며 다듬어온 생명존중 사상, 홍익인간 이념, 공동체 의식 등과 같은 정신문화적 유산을 함께 배울 수 있다는 것이다.

태권도 교육론

제2부

태권도 교육과정론

03 교육과정 개발 원리
04 태권도 교육과정

제3장 교육과정 개발 원리

타일러$^{\text{Ralph Tyler}}$는 교육과정 개발에 보편적으로 적용할 수 있는 방법적 원리를 네 단계로 제시하였다. "성취해야할 목표는 무엇인가? 목표 달성에 유용한 교육내용은 어떻게 선정하는가? 선정한 교육내용은 어떻게 조직하는가? 교육의 효과성은 어떻게 평가하는가?"가 그것이다. 태권도 교육은 목표 지향적 활동이어야 하며, 기대하는 목표를 성취하기 위해서는 그에 적합한 교육내용을 선정·조직하여 효율적으로 가르치고 평가해야 한다.

1. 교육과정의 의미

교육과정^{curriculum} 이란 용어는 경주로$^{\text{race course}}$를 의미하는 라틴어에서 유래되었다. 학습자가 어떤 목표를 향해 나아가는 '경로'라는 뜻으로 해석할 수 있다. 목표를 향해 나아가는 과정에는 내용이 수반되기 마련이며, 그것을 목표와 관련하여 선정하고 조직해 놓은 것을 교육과정이라고 한다. 그러나 교육과정 이라는 용어는 다양한 의미로 사용되고 있어 어느 한 가지 관점으로 설명하기는 쉽지 않다. 교육 전문가들 사이에서도 각자의 관점에서 서로 다른 의미로 사용하고 있어 소통에 어려움을 겪는 경우도 있다. 그러나 대부분의 교육학자들은 교육과정을 목표에 도달하기 위해 이수해야 하는 [표준화된 교육내용]으로 이해하고 있다.

교육과정은 그것을 바라보는 기준에 따라 다르게 분류할 수 있다. 우선, 어떤 의도를 가지고 교육과정을 바라보느냐에 따라 표면적 교육과정, 잠재적 교육과정 그리고

영 교육과정으로 분류할 수 있다. 표면적 교육과정은 목표에 따라 분명하게 계획하여 선포한 공식적인 교육과정을 의미한다. 국기원이 의도하는 태권도인을 기르기 위해 표준 교육과정을 개발하여 공포하였다면 그것은 일종의 표면적 교육과정이라고 할 수 있다. 잠재적 교육과정은 표면적 교육과정이 의도하지 않았지만 배우게 되는 가치, 태도, 행동 등을 말한다. 태권도 기술을 가르치는 과정을 통해서 의도하지 않게 인내심을 기르게 되거나 신체관리 능력이 향상된 경우이다. 영 교육과정은 어떤 표면적 교육과정을 선택함으로 인해 교육내용으로 선택되지 않거나 배제되는 교육과정이다. 예를 들면, 안전사고의 발생을 우려하여 격파를 가르치지 않거나 상해에 대한 두려움 때문에 겨루기를 가르치지 않으면 도전의식이나 자신감 등을 기를 수 있는 기회를 상실하게 되는 경우이다.

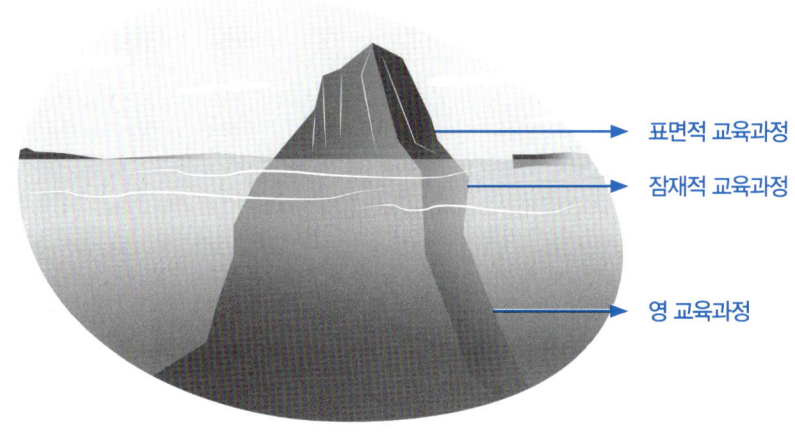

〈 공식화 정도에 따른 교육과정의 구분 〉

교육과정은 개발자나 경험의 주체가 누구냐에 따라 계획적 교육과정, 실천적 교육과정 그리고 경험적 교육과정으로 분류할 수 있다. 계획적 교육과정은 교육목표를 달성하기 위해 당초 의도하고 개발한 교육과정을 말한다. 목표를 달성하는데 적합한 교육과정이지만 특정 상황에 적합한 교육과정이 아닐 수 있다. 국기원이 유능한 태권도 사범을 양성할 목적으로 개발한 교육과정은 일종의 계획적 교육과정이라고 할 수 있다. 실천적 교육과정은 수련생이나 수련 여건 등을 고려하였을 때 실제로 적용 가능한 교육과정을 말한다. 태권도 사범이 수련생, 도장 여건 등을 고려하여 실천 가능한 수준의 교육과정을 개발하는 것을 말한다. 경험적 교육과정은 학습자나 수련생이 실제로 배우고 성과로 나타나는 교육과정을 말한다.

교육과정은 의사 결정 수준에 따라 국가 수준, 지역 수준, 단위 기관 수준, 수업 주체 수준으로 분류할 수 있다. 학교의 경우 국가 교육과정, 지역 교육과정, 학교 교육과정, 교실 교육과정으로 구분할 수 있다. 태권도를 이런 기준으로 구분한다면 국기원 등 여러 국가에서 활용되는 교육과정, 지역 수준의 협회 교육과정, 도장 수준의 교육과정으로 구분할 수 있다. 현재 전 세계 태권도를 대표하여 공포할 만한 표준 교육과정은 부재한 실정이다. 먼저, 국기원 수준의 태권도 표준교육과정이 공포된다면, 그에 따라 각 도장별 실천적 교육과정의 질적 수준도 향상될 것이다.

2. 교육과정 영향 요인

교육과정 개발에는 3가지 요인, 즉 교육내용, 학습자, 사회적 기대가 중요하게 영향을 미친다. 이 3가지 요인은 교육과정을 개발할 때뿐만 아니라 교육목표를 설정하거나 평가 방법을 결정할 때에도 중요하게 고려해야 한다. 이들 3가지 요인이 교육과정을 결정하는데 중요하게 영향을 미치지만 어떤 요인이 어느 정도 영향을 미치는지에 대해서는 아직 구체적으로 밝혀지지 않고 있다. 각 요인이 교육과정에 미치는 영향은 시대적 요구에 따라 그 정도를 달리해 왔기 때문이다. 어떤 시대에는 교육내용이, 어떤 시대는 학습자가, 또 어떤 시대에는 사회적 요구나 기대가 더 중요하게 영향을 미쳐왔다. 결국 시대적 요구에 따라 한 가지 요인이 우선하는 가운데 세 요인이 복합적으로 작용하여 교육과정은 결정된다.

1) 교육내용

교육 내용은 무엇을 중요하게 가르칠 것인지의 문제이며, 교육과정 개발의 핵심 요인이다. 좀 더 구체적으로 "어떤 내용으로 교육하는 것이 가장 적합한가?"의 문제이다. 체육의 경우 오래 전에는 신체단련이 강조되었으며, 한 동안은 운동기능의 습득이 체육 교육의 중요한 부분을 차지하였지만, 최근에는 건강을 증진시키는 신체활동이 체육 교육의 중요한 내용으로 인식되고 있다. 태권도 교육의 경우 품새, 겨루기, 격파, 호신술, 태권도 이론 그리고 태권도 인성 등이 중요한 부분을 차지하고 있다. 이들 태권도 교육내용 가운데 어떤 주제를 중심으로 태권도 교육과정을 구성할 것인지는 태권도 전문가마다 다른 의견을 제시할 수 있다. 오랜 기간 품새가 태권도 교육의 핵심 내용이었지만, 최근에는 건강체력과 인성교육에 대한 사회적 요구가 높아지고, 자신을 보호하는 능력을 기르는 동시에 삶에 대한 자신감을 키우고 싶어 하는 사람들도 크게 늘어나면서 태권도 교육 내용도 점차 변화하고 있다.

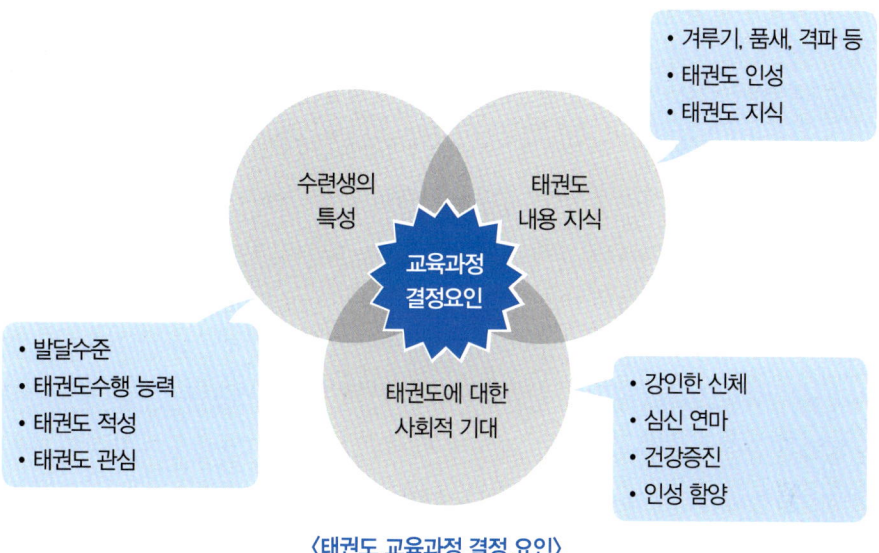

⟨태권도 교육과정 결정 요인⟩

2) 학습자 특성

교육과정을 결정하는데 중요한 영향을 미치는 또 다른 요인은 그것을 배우는 학습자이다. 많은 교육 전문가들은 교육과정을 계획된 학습경험으로 생각하고 있다. 즉 교육과정은 학습자가 학습할 내용 또는 가르칠 목록이다. 학교든 지역사회 교육 기관인 태권도 도장이든 교육과정은 그 책임 하에 있는 학습자나 수련생을 교육하기 위해 필요하다. 이러한 관점에서 교육과정은 일종의 교육 청사진으로 학습자가 성취해야할 계획된 학습 경험이라고 할 수 있다. 사범이 보는 수련생은 서로 비슷해 보이지만, 각자의 능력, 적성, 지능, 소질, 관심, 욕구, 체력 그리고 운동 능력 등은 매우 다를 수 있으므로 교육과정을 개발할 때에는 각 수련생의 신체적, 지적, 정서적 발달을 고려하고 태권도에 대한 그의 기대나 요구 또는 흥미 등을 수렴하여 수련생에게 의미 있는 교육과정을 개발해야 한다.

3) 사회적 요구

각종 교육기관은 그 사회의 문화적 유산을 보존·전승하기 위해 사회적 집단에 의해 설립된다. 이 때문에 한 사회의 요구나 기대가 각 교육기관의 교육과정에 영향을 미칠 수밖에 없다. 무엇이 중요하고 중요하지 않은지에 대한 전통적인 가치, 관념 등이 교육과정의 목표, 내용, 방법 등에 영향을 주게 된다. 즉 시대적, 사회적 변화에 따라 가장 필요하고 유용한 지식과 기능이 무엇인지에 대한 사람들의 인식과 신념은 바뀔 수밖에 없으며, 이 때문에 교육과정을 개발할 때 현재와 미래를 살아가는데 필요한 지식, 자질, 능력, 소양 등을 반영하지 않을 수 없다. 최근 생활수준의 향상, 평균수명의 연장 등으로 건강 운동에 대한 관심이 증가하면서 스포츠 여가, 스포츠 문화, 스포츠 인성 등과 같은 다양한 사회적 요구들이 생겨나고 있다. 이러한 사회적 요구들은 태권도 교육과정에도 영향을 미치고 있다. 태권도는 전통적으로 심신 수련을 중요한 목표로 교육해 왔지만 최근 들어 태권도 인성교육, 태권도 창의성 교육, 태권도 공연예술 등에 대한 사회적 요구가 커지고 있다.

3. 교육목표의 설정

모든 교육활동은 교육목표로부터 출발한다. 교육목표는 교육과정을 개발하는 지침이 될 뿐만 아니라 평가의 중요한 기준이 되고 있다. 교육목적은 추구하는 중요한 가치정향으로부터 설정되며, 어떤 교육이 지향하는 방향을 제시하는 궁극적이고 보편적인 이상이라고 할 수 있다. 교육목표는 교육목적보다 다소 세부적이며 교육활동이 계획되는 구체적인 방향을 제시한다. 교육목표는 보통 학습자의 특성, 시대와 사회적 요구, 학문적 지식 또는 내용지식 등을 고려하여 설정하며, 개념의 수준에 따라 일반적인 목표와 구체적인 목표로 구분된다. 일반적인 목표는 구체적인 목표를 규제하며, 목표를 달성하는데 장기간의 시간이 요구되는 특징을 가지고 있다. 그에 반해 구체적인 목표는 일반적인 목표의 범위 안에서 측정 가능하고 관찰 가능한 상세 목표를 의미한다.

교육목표는 교수자가 학습자에게 무엇을 어떤 방법으로 가르치고 어떤 기준으로 학습자를 평가할 것인지를 결정하는 근거가 되며, 명료성, 일관성, 실현가능성, 포괄성, 타당성, 적합성 등과 같은 준거를 사용하여 설정한다. 즉 목표는 모든 사람에게 동일한 의미로 이해되도록 명료하게 진술해야 하며, 방향이 일정하고 논리적 정합성을 유지해야 한다. 학습자 개인의 능력에 맞게 실현 가능하고, 교육활동이 추구하는 행동의 변화 모두를 포괄해야 한다. 학습자의 현재의 삶뿐만 아니라 미래의 삶에 가치 있는 내용을 반영해야 하고, 학습자의 학습 욕구나 기대를 충족시킬 뿐만 아니라 사회적 요구나 기대도 중시해야 한다.

태권도 교육의 목적은 태권도 교육이 지향하는 궁극적이고 보편적인 이상이라고 할 수 있다. 태권도 정신으로 제시한 "나를 이기고 타인과 더불어 세상을 이롭게 하는 태권도인을 기른다"는 것이 아마 태권도 교육의 궁극적인 목적 또는 비전 가이드 guiding vision가 될 것이다. 이와 같은 태권도 교육의 목적을 수립하였다면 태권도 교육의 세 가지 목표는 '운동 능력 및 체력 향상', '지적 능력 및 지적 잠재력 향상' 그리고 '정서적 안정 및 인성 함양 등으로 설정할 수 있다. 이러한 세 가지 목표를 달성하는 과정을 통해서 태권도 교육이 추구하는 궁극적인 목적인 '극기·조화·홍익'에 도달할 수 있다.

1) 일반 교육목표

교육목표는 그것을 어떻게 세분화하고 분류할 것인지에 대해 다양한 입장이 존재한다. 교육목표를 분류학적 체계에 근거하여 세분화하는 Bloom의 분류학적 접근, Mager의 조작주의적 접근, Gagne의 과제분석 접근, Bruner와 Taba의 인지과정적 접근 등이 교육목표를 세분화하는 대표적인 이론들이다. 이들 접근 가운데 전통적으로 많이 활용되었던 교육목표 분류 방법은 Bloom이 제안한 교육목표 세분화이다. Bloom은 학교에서 측정할 수 있는 목표를 추출한 다음 그것을 분석하여 세 가지 영역, 즉 인지 영역, 정의 영역, 심동 영역으로 분류하였다. 인간 행동은 어느 한 영역의 기능만으로 결정될 수 없으며, 세 영역이 복합적으로 결합되어 나타나는 특징이 있다. 따라서 이 세 영역을 명확히 분리 또는 구분하는 것이 쉽지 않을 뿐만 아니라 어쩌면 불가능할지 모른다. 그럼에도 불구하고 세 영역을 구체적인 목표로 분리하여 진술하는 것은 추구하는 목표를 분명히 하여 교육의 질을 높이고자 함이다.

▶ **지적 목표**

지적 목표는 합리적이고 지적인 사고와 관련이 있다. Bloom은 지적 기능을 인지작용의 복잡성에 따라 가장 단순한 지식에서 평가에 이르기까지 여섯 가지 기능으로 세분하여 위계적으로 조직하였다. 즉 지적 교육목표를 지식, 이해, 적용, 분석, 종합, 평가 등 여섯 가지 기능으로 분류하고, 각각의 지적 기능을 다시 두 가지 이상의 하위 기능으로 세분화하였다.

'지식'은 정보를 인지하고 기억하는 심리적인 과정으로 이후의 지적 기능이 작용하기 위한 토대가 된다. '이해'는 지식과 더불어 가장 기초적인 지적 기능으로 의사소통의 형식을 통해 새로운 정보를 이해하는 넓은 범위의 지적 능력을 말한다. '적용'은 이미 학습한 내용을 새로운 상황에 사용하는 능력을 말한다. '분석'은 새로운 문제를 하위 요소로 분해하여 그러한 요소와 전체와의 관계를 찾아내는 능력을 말한다. '종합'은 요소와 부분을 결합하여 새로운 산출물을 창안하는 능력으로 창의력과 유사한 능력이다. '평가'는 어떤 목적을 가지고 특정 사태를 판단하는 능력이다.

⟨ Bloom의 목표 분류 ⟩

▶ **정의적 목표**

대부분의 교육목표 분류학은 지적 목표에 중점을 두고 개발되었으며, 이는 모든 평가가 지적 영역을 중심으로 이루어졌던 것과 무관하지 않다. 그러나 21세기 정보

사회로의 급속한 발전으로 인지능력만으로는 해결할 수 없는 문제들이 생겨나면서 정의적 목표와 심동적 목표의 중요성이 부각되고 있다. 정의적 목표의 핵심적 특징은 내면화이다. '내면화'는 습득하길 바라는 가치나 태도를 처음에는 불완전하게, 잠정적으로 받아들이다가 시간이 지나면서 보다 철저히 수용하거나 채택하는 것을 말한다. 이러한 내면화는 가장 하위 수준의 '감수'에서부터 완전한 내면화라는 가장 높은 수준의 '인격화'까지 위계적으로 조직할 수 있다. 즉 정의적 목표를 감수, 반응, 가치화, 조직화, 인격화 등 다섯 단계로 분류할 수 있다.

'감수'는 어떤 자극에 주의나 관심을 기울이는 경향이며, 정의적 행동의 가장 기초 단계이다. '반응'은 어떤 자극이나 대상에 수동적으로 반응하는 차원을 넘어 적극적인 관심이나 흥미를 보이는 것을 말한다. '가치화'는 어떤 행위나 행동을 해야 할지를 판단할 수 있을 정도로 가치들 간의 위계가 확립되어 있는 상태를 말한다. '조직화'는 자신이 가치 있다고 선택한 가치를 개념화하여 판단의 기초로 사용하는 수준을 가리킨다. '인격화'는 해당되는 가치가 개인의 인격과 동일시된 상태를 말한다.

▶ **심동적 목표**

심동적 목표는 스포츠 지도내용의 본질로써 스포츠의 중요한 목표를 규정한다. 인간 행동 중 심동적 영역에 대한 교육목표 분류는 아직 초보 단계에 있었다. 하지만, Jwett과 Mullan(1977)이 목표-과정중심 교육과정 개념 틀에서 심동 영역의 목표를 '지각'에서부터 '즉흥'까지 여섯 가지로 세분하여 제시함으로써 더욱 상세화 하였다. 이 목표 분류 체계는 학습자의 운동학습은 교육과정의 통합된 일부분으로 이루어져야 한다는 것이다. 이는 교육과정 개발자가 학습자의 운동능력이 어떻게 촉진, 확대되는 것을 알고 교육과정을 개발, 적용해야 운동수행의 질을 크게 향상시킬 수 있다는 의미이다. 심동목표를 분류하기 위한 다양한 시도가 있었지만 Jwett과 Mullan(1977)이 제안한 분류체계가 운동학습 목표를 진술하는데 가장 적합한 것으로 평가되고 있다.

'지각화'는 각 신체부위와의 상호관계와 운동하는 자신을 의식하는 것을 말한다. '유형화'는 어떤 운동 패턴이나 기능을 학습하기 위해 자기 신체를 조화롭게 사용할 수 있는 것을 말한다. '적응력'은 학습한 운동패턴이나 기능을 부과된 새로운 과제를 해결하기 위해 변용할 수 있는 것을 말한다. '세련화'는 시공간 관계를 숙달하여 운동패턴이나 기능을 부드럽고 효율적으로 수행할 수 있게 되는 것을 말한다. '다양화'는 자기만의 독특한 방법으로 운동을 수행할 수 있게 되는 것을 말한다. '즉흥성'은 자기 고유의 움직임이나 운동 패턴을 즉각적으로 구안할 수 있는 능력을 말한다. '구성력'은 학습한 운동패턴으로 자기만의 독특한 운동계획을 수립하거나 전혀 새로운 운동패턴을 발견하는 것을 말한다.

2) 수업 목표

Bloom의 목표분류학이 교육목표를 명세화하고 분류하는데 효과적이라면, Mager(1962)의 조작주의적 접근은 교육목표에 기반을 둔 수업 목표를 진술하는데 적합하다. Mager는 교육목표를 행동적 수준에서 제시할 것을 제안하였다. 행동적 수준의 목표 제시는 일반 목표 영역 안에서 의도하는 특정한 수행 조건에서 성취해야할 기준을 기술한다. 그는 수업 목표를 진술할 때 종착 행동을 구체적으로 제시하기 위해 행위 동사를 사용할 것, 행동이 발생하는 조건을 제시할 것, 목표의 달성 여부를 판단할 수 있는 준거를 제시할 것을 제안하였다. 그래야 목표의 달성 여부를 쉽게 확인할 수 있기 때문이다.

▶ **종착 행동**

종착 행동은 목표가 도달되었을 때 학습자에게 기대되는 행동을 말하며 보통 행위 동사로 진술한다. 수업을 통해서 도달해야할 목표가 달성되었는지를 확인하기 위해서는 기대되는 학습 결과를 구체적이고 명백한 행위 동사로 기술할 필요가 있다. 일반 교육목표를 진술할 때 사용하는 "이해한다," "파악한다," "감상한다" 등과 같은 표현은 직접적인 관찰이나 측정으로 확인하기 힘들뿐만 아니라 어떤 증거로 변화된 행동이 나타났는지를 확인하는 것도 쉽지 않다. 그래서 수업목표를 진술할 때에는 "구별한다.", "보여준다.", "짝을 짓는다." 등과 같은 관찰 가능한 행위 동사로 진술하고 있다.

▶ **조건 제시**

학습 과제가 동일하고 성취 기준이 동일하다해도 목표로 제시되는 조건이 바뀌면 과제를 더욱 어렵거나 쉽게 만들 수 있다. 목표의 진술에서 조건 제시는 종착 행동이 나타나는 상황 또는 조건을 진술하는 것을 말한다. 동일한 행동이라도 주어진 조건에 따라 다른 능력이 길러질 수 있다. 따라서 수업 목표를 진술할 때에는 어떤 상황에서 기대하는 행동이 일어나길 바라는지 그 조건을 제시하는 것이 필요하다. 예를 들어, "상대 선수와 엇서기 자세에서 뒤돌아 옆차기로 명치를 정확하게 가격할 수 있다."와 같이 "엇서기 자세"라는 조건과 "명치를 정확하게 가격할 수 있다."는 종착 행동을 진술할 수 있다.

▶ 준거 제시

준거는 학습자가 성취한 증거 또는 기준을 지칭한다. 즉 준거의 제시는 수업이 종료되었을 때 학습자가 어느 수준까지 성공적으로 달성하였는지의 기준이 된다. 목표 진술에서 준거는 수업 활동의 기준이 될 뿐만 아니라 평가의 기준으로도 중요한 역할을 한다. 준거를 제시하는 방법으로는 시간제한을 명시하는 방법, 정확한 답의 수나 양을 제시하는 방법, 답이나 작품의 성질을 명시하는 방법 등이 있다. "조건+준거+종착 행동"의 세 가지 요건이 갖추어진 형태로 수업목표를 진술하면 다음과 같다. 60cm 떨어진 1.5m 높이의 미트를 10초 동안 20회 연속해서 찰 수 있다."

4. 교육내용의 선정

교육내용을 선정하는데 있어서 학습자의 특성, 교과내용, 사회적 요구가 중요하게 영향을 미친다. 따라서 이들의 영향 요인을 적극적으로 검토하여 무엇을 중요하게 가르칠 것인지에 따라 교육과정을 개발해야 한다. 설정한 목표를 달성할 수 있는 최적의 교육과정을 개발하기 위해서는 시수에 적합한 가장 가치 있는 지식, 기능, 인성 요소 등을 잘 선별하여 교육과정에 담아야 한다. 문제는 가장 가치 있는 지식, 기능, 인성 요소 등을 선별하는 일이 쉽지 않다는 것이다. 그것은 시대에 따라 가치 있는 지식, 기능, 인성에 대한 인식이나 평가가 다를 수 있기 때문이다. 한편 교육내용의 선정 기준으로 교육내용의 중요성, 교육의 타당성, 교육의 유용성, 선정한 교육의 학습 가능성, 선정한 교육의 실행 가능성 등이 자주 활용되고 있다.

1) 교육내용의 중요성

교육목표를 달성하는데 교육내용이 얼마나 필수적인가에 따라 그 중요성은 달라진다. 태권도 교육에서 추구하는 세 가지 목표 영역 중 어느 부분을 더 중요하게 가르칠 것인지, 각 목표 영역 내에서 어느 부분을 더 강조하여 교육할 것인지를 결정하는 기준은 중요하다. 태권도 교육에서 신체 능력을 향상시키는 심동적 목표, 지적 능력을 높이는 인지적 목표, 심리적 안정을 가져오고 인성을 함양하는 정의적 목표 중 어느 목표를 더 중요하게 추구할 것인지, 심동적 목표에서 체력 향상과 운동 능력 향상 중 어느 부분을 더 강조하여 가르칠 것인지, 운동 능력을 향상시키기 위해 품새, 겨루기, 격파 중 어느 영역을 중요하게 가르칠 것인지 등을 결정하는 것이 결코 쉬운 일은 아니다. 또한, 수련생의 관심이나 흥미와 태권도 교육의 당위적 목표가 서로 충돌할 때 그것들을 어떻게 합리적으로 조정하여 교육과정에 포함시킬 것인지도 쉽지 않은 결정이다.

2) 교육내용의 타당성

교육내용의 타당성은 선정하는 교육내용이 목표를 달성하는데 적합하느냐의 문제이다. 선정한 교육내용이 목표와 무관하면 목적 없는 교육이 되기 쉽다. 다양한 목표를 설정해 놓고 목표와 동떨어진 내용을 선정하여 교육하고 있다면 그것은 타당한 교육으로 보기 어렵다. 태권도 교육의 현실을 들여다보면, 목표를 타당하게 반영하지 않은 교육과정을 어렵지 않게 발견할 수 있다. 공교육에서의 인성교육이 실효를 거두지 못하고 태권도에 거는 기대가 커지면서 저마다 태권도 교육에서 인성 함양을 중요한 목표로 제시하고 있다. 그러나 태권도 수련과정에 구체적으로 반영되지 않고 있으며, 태권도 수련을 통해 창의성과 문제해결 능력을 기른다고 하지만 자기 주도적 학습 대신 사범 주도의 직접 교수법이 주를 이루고 있다. 태권도 교육내용은 목표와 관련하여 타당하게 선정해야 하며, 선정한 내용으로 수련하면 설정한 태권도 교육목표가 달성된다는 믿음을 줄 수 있어야 한다.

3) 교육내용의 학습 가능성 및 유용성

　　교육내용의 학습 가능성은 선택한 교육내용이 학습자의 능력 범위 안에 있느냐의 문제이며, 교육내용의 유용성은 대부분의 학습자가 절실히 필요로 하는 내용이냐의 문제이다. 선정한 교육내용은 학습자들이 절실히 필요로 하여 그들의 관심을 끌기에 충분하며, 그들의 능력 범위 안에 있어야 한다. 이 부분은 선정한 교육내용의 적절한 배치와도 관계가 있다. 즉 선정한 교육내용을 계열성 있게 잘 조직, 배치하는 문제와 관련이 있다. 이는 교육내용을 선정할 때 학습자의 관심, 흥미, 호기심, 학습능력 등을 신중히 고려하여 교육내용을 결정해야 한다는 의미이다. 태권도의 경우, 태권도 도장을 찾는 수련생들의 교육적 요구가 각기 다를 뿐만 아니라 갖고 있는 체력이나 운동 능력에 있어서도 큰 차이가 있다. 이들의 다양한 필요와 요구, 체력과 운동 능력 등을 고려한 태권도 교육내용을 선정해야 기대하는 교육 효과를 얻을 수 있다.

4) 교육내용의 실행 가능성

　　교육내용의 실행가능성은 선정한 교육과정을 실행할 여건이 갖추어졌는지, 사범 등 교육수행 주체가 선정한 교육내용을 가르칠 준비가 되어 있는지 등을 고려하여 교육과정을 개발하는 것을 말한다. 선정한 교육내용은 가르칠 시간이 충분하고, 교구·교재가 준비되고, 실행자의 전문성이 갖추어져야 실질적인 지도와 그에 따른 효과를 기대할 수 있다. 선정된 교육내용은 현재의 교육 여건에서 실행 가능해야 하며 특히, 교육수행 주체가 효과적으로 가르칠 수 있어야 한다. 선정한 교육내용은 다른 교육 기관에서 달성 가능한 내용이 아니라 해당 기관에서 교육하는데 적합한 내용이어야 한다. 예를 들어, 태권도 교육내용으로 선정된 교육과정은 일반 태권도 사범이 일반 도장에서 충분히 가르칠 수 있는 내용이어야 한다. 즉 지도적 자질을 잘 갖춘 특별한 사범이 특수한 여건에서 가르칠 수 있는 내용이 아니라 일반 사범이 일반 도장에서 가르쳐 기대하는 교육 효과를 얻을 수 있는 교육내용을 선정해야 한다.

5. 교육내용의 조직

교육내용이 목표 달성에 얼마나 필요하고 적합한지, 학습자의 능력 범위 안에 있는지, 실현 가능한지 등을 고려하여 선정되면 그 다음은 그것을 어떻게 조직할 것인가의 문제이다. 교육내용의 조직은 학습할 내용의 범위와 순서를 정하는 문제이다. 그밖에 교육내용을 조직하는데 있어서 중요하게 고려해야할 사항은 관련 교육내용을 단위로 묶는 통합성, 학습의 전후 내용을 연결 짓는 연계성이다.

1) 교육내용의 범위

교육내용의 범위^{scope}는 교육과정의 특정 시점에서 학습자가 배우게 되는 내용의 폭과 깊이를 말한다. 즉 범위는 어떤 시점에 무엇을 얼마나 깊이 학습할 것이냐를 결정한다. 무엇을 배울 것이냐는 학교의 경우 학교 급별과 학년에 따라 달라지며 태권도의 경우 급·단에 따라 달라진다. 얼마나 깊이 학습할 것이냐는 주로 배정 시수에 의해 결정되며, 태권도의 경우 일주일에 몇 회, 하루에 몇 분 수련하느냐에 의해 결정된다. 학교의 경우 학습할 내용의 범위와 깊이가 체계적으로 잘 정리되어 있는데 반해, 태권도는 각 띠별로 어떤 내용을 얼마나 깊이 있게 가르칠 것인지에 대한 합의나 체계화가 부족한 실정이다. 교육내용의 구체적인 범위는 초·중·고에서 배워야할 내용과 수준, 학년별로 배워야 할 내용과 수준, 단원이나 주제에서 학습해야 할 내용과 수준을 정하는 일이다. 태권도의 경우 각 띠별로 어떤 내용을 얼마나 깊이 있게 수련 하도록 내용을 조직할 것인지 등을 결정하는 일이다. 예를 들어, 흰 띠 수준에서는 기초 기술만 가르치고 겨루기는 파란 띠에서 가르칠 것인지, 흰 띠 수준에서 기초 기술과 겨루기 전술을 함께 가르칠 것인지, 흰 띠 수준에서 겨루기를 가르친다면 어떤 내용을 얼마나 깊이 있게 가르칠 것인지 등을 결정하는 일이다.

2) 교육내용의 계열성

교육내용의 계열성^{sequence}은 선정한 교육내용을 어떤 순서나 단계에 따라 배우도록 할 것이냐의 문제이다. 즉 어떤 내용을 먼저 또는 나중에 배우도록 할 것이냐를 결정하는 일이다. 계열성은 내용의 복잡성, 전체-부분의 관계, 논리성, 추상적 수준, 발달 단계 등을 고려하여 결정한다. 복잡성은 간단하고 기초적인 내용을 학습한 다음 복잡하고 어려운 내용을 학습하도록 하는 것이다. 예를 들어, 앞서기를 수련한 다음 앞굽이를 수련하도록 하거나 예절을 가르친 다음 인내심이나 자신감을 가르치도록 수련 순서를 결정하는 일이다. 전체-부분은 전체에 대한 이해가 부분에 대한 이해와 수행에 우선하는 것을 말한다. 태권도 동작을 익힐 때 전체적인 모습을 이해하고 세부 동작을 배우는 것이 더 효과적이다. 논리성은 어떤 내용을 다른 내용보다 먼저 학습하는 것이 합리적이고 효율적인지를 따져 학습의 순서를 정하는 것을 말한다. 어떤 내용을 학습하기 전에 반드시 선행적으로 학습해야 할 내용이 있을 때 이 기준을 적용한다. 추상성은 덜 추상적인 내용을 학습한 다음 더 추상적인 내용을 학습하도록 순서를 정하는 것을 말한다. 일반적으로 구체적이고 익숙한 내용을 먼저 학습한 다음 추상적이고 새로운 내용으로 발전한다. 발달 단계는 학습자의 신체적, 지적, 정서적 발달 단계를 고려하여 학습 내용의 순서를 정하는 것을 말한다. 유소년과 성인은 태권도를 배우는 의도가 다를 뿐만 아니라 각종 능력에 있어서도 뚜렷한 차이가 있으므로 그 점을 고려하여 수련 순서를 결정해야 한다.

3) 교육내용의 연계성

교육내용의 연계성^{articulation}은 두 대상을 서로 연결시켜 이를 일정한 관계를 맺고 있는 하나의 구성처럼 작용하게 하는 것이다. 예를 들어, 1학년과 2학년 사이의 학습 내용상의 관련성을 찾는 학년 간 연계성이나, 초등학교와 중학교 사이의 관련성을 찾는 학교 급 간의 연계성 등에서 교육내용의 연계성을 발견할 수 있다. 연계성은 이격^{離隔}되어 있는 교육의 다양한 내용을 연결시켜 교육의도의 본질을 밝히는 역할을 한다. 예를 들어, 품새, 겨루기, 격파 등 각기 독립된 영역으로 분절되어 있는 태권도 교육내용을 단일체로서 통합하는 것을 말한다.

태권도 교육이 제대로 이루어지기 위해서는 태권도 본연의 모습을 찾아 그것을 바탕으로 태권도 교육을 실행해야 한다. 그러나 현재 태권도 교육의 모습은 각 영역이 고립 또는 독립되어 하나의 모습이 아닌 겨루기, 품새, 격파, 호신술, 인성 함양, 태권도 이론 등 여러 개의 다른 모습으로 자리 잡고 있다. 태권도 교육이 목표를 분명히 하고 그에 따른 교육내용을 상세화하기 위해 영역을 구분할 수밖에 없다고는 하나 분화를 최소화하는 방향으로 태권도 교육내용을 선정하고 조직해야 한다. 즉 태권도 교육내용을 아래 그림과 같이 '분절된 모습(위)'에서 '분화된 모습(아래)'모습으로 조직할 필요가 있다. 또한, 기술 간의 연결을 통해 유기적 관계를 강화하여 수련의 지속적인 흐름이 유지될 수 있도록 해야 한다.

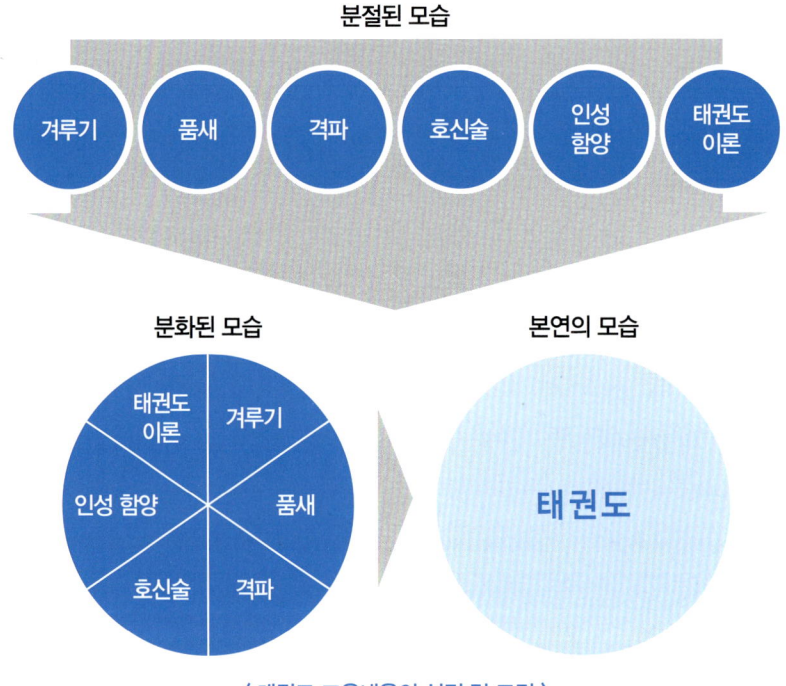

〈 태권도 교육내용의 선정 및 조직 〉

4) 교육내용의 통합성

교육내용의 통합성^{integration}은 교육내용의 영역 간, 영역 내의 학습 요소를 연관시켜 하나의 통일체가 되도록 조직하는 것을 말한다. 교육내용의 통합성은 교육경험을 연관시켜 조직함으로써 교육에 부가적인 효과를 가져다준다. 예를 들어, 파란 띠 과정에서 태극 4장에 출현하는 동작과 기본 동작을 연관시키거나 기본 발차기 기술을 실제 겨루기와 연관시켜 수련할 수 있도록 교육내용을 통합적으로 조직하면 두 태권도 교육 영역을 서로 강화시켜 통일된 기술 습득이 이루어지도록 할 수 있다. 반면 통합성이 유지되지 않으면 교육내용 간 충돌로 학습 효과를 감퇴시킬 수 있다. 대개 교육과정에서는 교육내용을 선명하고 상세하게 제시하기 위해 필요에 따라 몇 개의 영역으로 나누어 제시하지만, 교수·학습과정에서는 이를 통합해야 한다. 예를 들어, 태권도 교육내용을 기본동작, 품새, 겨루기, 격파, 인성, 이론 등으로 분류하여 제시하지만, 실제 수련에서는 이들을 통합하여 가르쳐야 한다.

5) 교육내용의 균형성

교육내용의 균형성은 특정 교육내용이 편중되어 왜곡 현상이 일어나지 않도록 하는 것이다. 교육내용의 선정이나 조직에서 특정 관점이 지나치게 반영되거나 수업에서 특정 이론이 지나치게 강조되면 그에 따른 다른 중요한 내용이 배제되어 교육과정이 합리적으로 결정되지 않을 수 있다. 교육내용의 균형성에 관한 문제는 그 밖에 여러 가지 측면에서 제기될 수 있다. 교육내용을 중시하는 입장, 학습자의 개인적 요구나 관심을 중시하는 입장, 사회적 요구나 기대를 중시하는 입장 등에 따라 반영되는 교육내용의 폭과 깊이가 달라질 수 있다. 또한, 심동적 목표, 지적 목표, 정의적 목표 중 어느 목표를 중요하게 생각하느냐에 따라 교육내용의 반영 비율이 달라질 수 있다. 교육내용의 균형성은 교육과정의 계획과 관련된 모든 측면이 균형 있게 반영되어야 한다는 의미이지만, 현실적으로 교육내용을 균형 있게 선정, 조직하는 것이 그렇게 쉬운 일은 아니다. 태권도 교육을 기술 중심으로 구성할 것인지, 기술 중심으로 하되 호신술 중심으로 구성할 것인지, 겨루기 중심으로 구성할 것인지, 품새 위주로 구성할 것인지 등에 따라 구성 내용이 달라질 수 있다. 따라서 태권도 교육과정 개발자와 현장 사범은 균형 잡힌 태권도 교육과정을 개발하고 운영하기 위해 계속적인 점검과 조정의 노력을 기울여야 한다.

6. 교육과정의 평가

교육평가는 교육과정의 운영 효과에 관한 의사결정을 하기 위해 학습자의 행동변화와 학습과정에 관한 정보를 수집하여 교육적 의사결정을 내리는 과정이다. 즉 교육평가는 의도한 학습 목표를 달성하기 위해 필요한 내용을 선정, 조직하여 가르친

다음 성취의 정도를 파악하는 활동이다. 교육평가는 무엇보다 교수과정과 학습과정에 도움이 되는 방향으로 이루어져야 한다. 즉 학습과정과 결과에 관한 정보를 수집하여 학습자의 학습효과를 극대화 하는 방향으로 이루어져야 한다. 교육평가는 다양한 관점에서 이루어질 수 있다. 교육과정 수준에 따라, 교육 참여 대상에 따라, 평가의 목적에 따라 그에 적합한 평가를 할 수 있다.

1) 교육과정 수준에 따른 평가

교육과정 개발 활동은 국가, 지역, 학교, 교사 등 다양한 수준에서 이루어진다. 그 중에서 국가는 교육과정의 기본 틀을 제시하고, 시·도 교육청은 국가 교육과정의 기본 틀 내에서 지역적 특성을 반영한 교육과정 운영 지침을 개발하며, 학교는 국가, 시·도교육청 지침에 따라 학교 교육과정을 만들도록 되어 있다. 이와 같은 교육과정 개발 체제는 지나친 세분화와 기능의 중복으로 인한 비효율성을 초래하고 있다. 따라서 교육과정의 개발 체제를 국가와 학교 수준으로 이원화할 필요가 있다는 주장이 끊임없이 제기되고 있다. 이는 태권도 교육과정 개발에 큰 시사점을 준다. 국기원이 하루 속히 일선 도장이 근거로 삼을 수 있는 '표준 태권도 교육과정'을 개발하여 제시할 필요성을 제기하고 있다. 국기원이 '표준 태권도 교육과정'을 개발, 공포하면 국·내외 일선 사범은 그에 준한 도장별 교육과정을 자율적으로 개발·운영함으로써 태권도 교육의 통일성을 유지할 수 있다.

▶ 국가수준 교육과정

국가수준 교육과정은 국가가 교육에 대한 의지를 문서로 담아 공포하는 것을 말한다. 우리나라의 경우 교육부 장관이 국가 교육과정을 결정하여 고시하며, 각 학교 급별에서 편성, 운영해야 할 교육과정의 목표, 내용, 방법, 평가 등에 관한 기본을 담고 있다. 즉 교육부 장관이 결정, 고시한 국가 교육과정에 전국 공통의 교육과정 기준이 담기게 되며, 법적 구속력을 가지게 된다. 국기원이 태권도 표준 교육과정을 개발, 고시하면 세계 공통의 기준을 담아 구속력을 가질 수 있다는 의미이다.

▶ **지역수준 교육과정**

  지역수준 교육과정은 국가 수준의 교육과정을 지역 교육청의 필요나 요구를 반영하여 지침의 형태로 개발하며, 학교 수준의 교육과정과 연결하는 역할을 한다. 시·도 교육청은 각 급 학교 교육과정 편성·운영 지침을 개발하고, 지역 교육청은 시·도 교육청이 개발한 교육과정 지침을 바탕으로 실천중심 장학자료를 개발하여 학교에 제시한다. 국기원 '태권도 표준교육과정'의 경우 시·도 협회를 거쳐 도장에 전달하면 위계와 기능의 중복으로 비효율성이 초래될 가능성 높다. 따라서 시·도 협회의 역할을 최소화하고 국기원과 현장 도장 수준으로 이원화할 필요가 있다. 그렇게 되면 국기원과 현장 도장이 협력하여 현장 친화적 태권도 교육과정을 개발할 수 있게 되어 국기원 단독의 태권도 교육과정 개발에 따른 문제점과 현장 태권도 사범의 임의 개발에 따른 문제점을 해소하며 실효성 있는 태권도 교육과정을 개발할 수 있게 된다.

▶ **학교/교사 수준 교육과정**

  학교/교사 수준 교육과정은 학부모의 요구와 학생의 특성을 고려하여 학교의 의도를 담은 문서 내용과 그 체제 내에서 교사가 개발하는 실천 교육과정을 말한다. 단위 학교는 국가와 지역 교육청이 제시한 교육과정을 바탕으로 학교의 특성이나 상황에 맞는 교육과정을 편성·운영하게 된다. 단위 학교 내에서 교사가 개발하는 교육과정은 국가 수준, 지역 수준, 학교 수준의 교육과정을 근간으로 학생을 가르치기 위해서 개발하는 교육과정이라고 할 수 있다. 교사 수준의 교육과정은 차시 수업계획에서부터 단원계획과 연간계획에 이르는 종합적인 교육계획서이다. 이 수준의 태권도 교육과정은 학교와 달리 단위 교육기관의 교육과정과 사범 수준의 교육과정이 동일하다고 할 수 있다. 이 수준의 교육과정은 도장 또는 사범 수준의 교육과정이며, 국기원이 개발 공포한 '표준 태권도 교육과정'을 근간으로 사범이 단위 태권도 도장에 적용하기 위해 개발하는 교육과정이다.

2) 대상에 따른 평가

  교육과정을 평가하는 중요한 목표는 그것을 개선하여 교육적 효과를 높이는데 있다. 평가에 따른 교육과정의 개선은 교육과정의 계획에 대한 평가뿐만 아니라 계획된 교육과정을 실행하는데 동원된 수업 전략에 대한 평가도 이루어져야 한다. 이는 지도를 한 사범과 수련생에 대한 평가가 동시에 이루어져야 태권도 교육과정의 개선에 대한 올바른 판단을 할 수 있다는 의미이다. 태권도 교육과정이 의도한 수련 효과를 얻고 있는지 평가하고 개선하기 위해서는 최소한 수련생, 사범, 태권도 교육과정의 세 차원에 대한 평가가 반드시 이루어져야 한다.

▶ **수련생에 대한 평가**

태권도 교육과정의 효율성을 평가하기 위해서는 제시한 목표를 수련생이 얼마나 달성하였는지에 대한 자료가 반드시 필요하다. 평가는 전체 교육과정의 통합된 일부분이므로 수련성과를 측정하여 태권도 교육과정의 효율성을 평가하는 것이 타당하다. 그러나 측정 가능한 자료만으로 태권도 교육과정의 효율성을 평가할 수는 없다. 수련생의 행동 변화, 지도의 효율성 등을 함께 평가해야 완전한 평가가 될 수 있다. 수련생의 진척 상황과 수련 성과는 획득한 태권도에 관한 지식, 태권도 수행 능력, 인성 함양의 정도 등에 관한 자료를 수집하면 어렵지 않게 평가할 수 있다.

수련생을 사정하여 교육과정의 효율성을 평가하는데 자주 사용되는 두 가지 평가 방법은 형성평가와 총괄평가이다. 형성평가는 수련이 진행되는 동안 수련생의 수행 능력을 사정하여 수업 목표나 전략을 조정하기 위한 평가이다. 총괄평가는 지도가 종결되었을 때 수련생이 얻은 모든 성과를 사정하는 평가이다. 일반적으로 형성평가는 준거지향평가 또는 절대평가에 의존하고, 총괄평가는 규준지향평가 또는 상대평가에 의존하는 경향이 있지만, 태권도 승급·단 심사처럼 총괄평가에서 절대평가가 도입되는 경우도 자주 볼 수 있다. 어떤 평가방법을 채택할 것인지는 어떤 목표를 중요하게 추구하느냐와 밀접한 관련이 있다. 따라서 무엇을 중요하게 평가할 것인지를 먼저 결정한 다음 적합한 평가 방법을 찾아야 한다. 평가의 중요한 목적이 수련생의 동기를 유발하고 수련 활동을 촉진하는데 있다면 준거지향 형성평가가 규준지향 총괄평가보다 더 적합할 수 있다.

▶ **사범에 대한 평가**

사범에 대한 평가는 그가 태권도 교육과정의 실행 및 개선에 얼마나 도움 되었는지의 관점에서 이루어져야 한다. 즉 사범에 대한 평가는 사범으로서의 자질 향상과 전문 교육자로서의 계속적인 성장에 도움이 되는 방향으로 이루어져야 한다. 사범은 동료 사범, 학생, 외부 전문가의 도움을 받아 자신의 지도활동에 대한 평가를 받을 수 있지만, 자기-평가$^{self-evaluation}$도 게을리 하지 말아야 한다. 사범에 대한 평가는 태권도 교육과정의 개선과 관련하여 두 가지 이유에서 중요한 의미를 갖는다. 우선, 계획된 태권도 교육과정으로 가르칠 수 있을 정도로 충분히 준비된 사범인지 판단할 수 있다. 또한, 계획된 태권도 교육과정을 실행할 능력을 갖추고 있는지 평가하여 사범의 계속적인 성장을 유도할 수 있다.

사범에 대한 평가는 대개 과정평가와 결과평가 중 한 가지를 선택하게 된다. 결과평가는 전통적인 평가 방법으로 수련생의 수련성과나 수련과정에 대한 관찰 자료에 근거하여 지도의 효율성을 평가하는 방법이다. 가장 전형적인 예는 표준화 검사지로 수련생의 향상 정도를 평가하여 사범을 평가하는 방법이다. 이것은 태권도 교육과정을 적용하기 전에 실시한 검사결과와 단원이나 연간 계획이 종료되었을 때 얻은 검사 결과를 비교하여 사범의 교육과정 실행 능력을 평가하는 방법이다. 즉 태권도를 수련하기 전의 실력과 8급 승급 심사를 통과하였을 때의 실력을 비교하여 사범의 지도 능력을 평가하는 것을 말한다.

사범에 대한 평가는 수련생의 실력 향상으로 평가할 수도 있지만 사범의 지도 활동 자체에 관한 자료를 수집하여 평가할 수도 있다. 사범에 대한 과정평가는 보통 관찰기술을 사용하게 된다. 사범의 지도능력에 대한 평가는 과제 전달능력, 시범 능력, 피드백 제공능력, 사범의 열정, 수련생 관리 능력 등에 관한 자료를 수집하여 할 수 있다. 최근 체계적 관찰 방법이 발달하면서 사범의 지도활동에 대한 자료를 쉽게 수집할 수 있게 되었다(11장 참고).

▶ 태권도 교육과정에 대한 평가

태권도 교육과정에 대한 평가는 그것의 개선 방향에 대한 판단을 하는데 일차적 관심을 가지고 이루어진다. 태권도 교육과정에 대한 평가는 수련생에 대한 평가도 포함해야 한다. 하지만 수련생 개인보다는 같은 태권도 교육과정으로 수련한 모든 수련생의 평균에 더 큰 관심이 있다. 사범에 대한 평가도 사범 개인의 전문성 향상보다는 특정 태권도 교육과정을 운영할 수 있는 전략이나 능력을 갖추고 있는지에 더 큰 관심이 있다. 이처럼 태권도 교육과정에 대한 평가는 수련생이나 사범에 대한 평가와 비교하여 광범위하게 이루어지는 평가라고 할 수 있다.

태권도 교육과정에 대한 평가는 목표와 수단을 강화할 목적으로 사용되어야 한다. 다시 말해 수련생이 주어진 교육과정으로 충족시키지 못한 수련 욕구를 철저히 파악할 수 있는 방향으로 이루어져야 한다. 그래야 충족시키지 못한 수련 욕구를 새로운 목표로 설정하여 가르칠 수 있기 때문이다. 태권도 교육과정에 대한 평가를 하면 생활 속에서 실천할 수 있을 정도로 태권도 인성 교육이 잘 되고 있는지 점검할 수 있을 뿐만 아니라 특정 태권도 주제에 너무 많은 시간을 배정하여 수련생들이 지루함을 느끼지 않는지 등도 확인할 수 있다. 또한, 주어진 태권도 교육과정을 운영하는데 필요한 교구·교재나 공간 등이 부족하지 않은지도 확인할 수 있다. 뿐만 아니라 의도하지 않은 교육적 효과가 나타나는지도 점검할 있다.

3) 목적에 따른 평가

태권도 교육과정을 평가하는 목적은 태권도 교육과정이 수련성과와 수련생의 성장을 가져오는데 얼마나 그리고 어떻게 기여하는지를 밝혀 수련생의 변화 또는 성장을 이끌어내기 위함이다. 태권도 교육과정 평가의 주요 대상을 수련생이라고 할 때 평가는 주로 수련 성과와 관련하여 이루어지게 된다. 즉 태권도 수련에 따른 수련생의 변화에 관련된 투입 변인, 과정 변인, 산출 변인을 고려한 평가가 이루어져야 한다. 평가는 그것이 어떤 목적에 따라 이루어지는지에 따라 진단평가, 형성평가, 총괄평가로 구분할 수 있다. 이 세 가지 평가 방법은 그것이 이루어지는 시점과 관련되므로 시점에 따른 분류로 볼 수도 있다. 대개 진단 평가는 수업이 이루어지기 전에, 형성평가는 수업이 진행되는 도중에 그리고 총괄평가는 수업이나 교육과정의 운영이 종료된 후에 이루어진다.

▶ **진단평가**

진단평가는 지도 활동을 시작하기 전에 수련생이 가지고 있는 지적, 신체적 능력이나 동기, 흥미 등과 같은 특성을 파악하여 교육목표의 설정과 지도 활동의 계획 그리고 평가 계획의 수립 등에 활용하는 것을 말한다. 지도 활동 이전에 수련생이 지니고 있는 능력이나 특성을 파악하면 그가 겪을 수 있는 수련상의 어려움을 해결하거나 필요한 지도 활동을 계획하는데 도움이 된다. 예를 들어, 태권도 5급 승급 심사를 하였다면 그것은 5급 자격을 평가하는 것이기도 하지만, 3급을 취득하면서 겪게 되는 어려움을 예상하고, 보충학습으로 보완할 의도가 있다면 그것은 진단평가 활동이라고 할 수 있다.

출발점 행동을 밝히는 진단평가는 대개 세 가지 형태로 이루어진다. 첫째, 계획된 수련 목표를 달성하는데 필요한 지적, 신체적 능력을 갖추고 정서적으로 준비되어 있는지를 알아본다. 둘째, 수련생이 계획한 교육내용을 이미 습득하거나 숙달하였는지를 확인한다. 셋째, 수련생이 지도받은 태권도 교육과정을 소화하는데 필요한 적성, 기초 기능, 흥미, 동기 등을 가지고 있는지 파악한다. 진단평가를 하는 또 다른 중요한 이유는 그것을 통해 실패의 외적 원인을 파악할 수 있기 때문이다. 진단평가는 지도 활동과 직접적인 관련성이 없으면서도 학습 실패의 원인이 되고 있는 신체적, 정서적, 환경적 장애요인을 밝히는 기능을 한다.

▶ 형성평가

형성평가는 사범이 지도 활동을 하는 동안 실시하는 평가로 수업 내용에 대한 수련생의 이해 또는 실행 정도를 확인하여 교육 효과를 극대화하기 위해 실시한다. 형성평가를 실시하는 목적은 사범과 수련생 사이의 의사소통은 잘 이루어지고 있는지, 수련생이 사범의 설명을 잘 이해하고 있는지 등을 즉각 확인하여 지도 활동에 반영함으로써 수련 목표를 효과적으로 달성하는데 있다. 즉 형성평가는 수련생의 수련 활동을 촉진하고 사범의 태권도 수업 개선에 필요한 정보를 얻을 목적으로 실시한다. 형성평가를 통해 얻은 정보는 수련생의 바람직한 행동을 강화하거나 바람직하지 않은 행동을 수정하는데 유용하게 사용할 수 있다.

형성평가는 수련생과 사범에게 다르게 기능하므로 두 입장을 분리하여 생각할 필요가 있다. 우선 형성평가는 수련생에게 무엇을 성취하거나 성취하지 못했는지 알려줌으로써 수련상의 문제를 스스로 해결하도록 기능을 한다. 또한, 수련생의 수련 진전 상황을 점검하게 함으로써 수련 속도를 조절하여 최종 목표에 도달하도록 한다. 형성평가는 수련생뿐만 아니라 사범에게도 수업 개선과 관련하여 중요한 기능을 한다. 형성평가는 사범이 수업 내용이나 방법을 반성하고 개선점을 모색하도록 하는 기능을 한다.

▶ **총괄평가**

총괄평가는 장기간에 걸쳐 배운 단원이나 교육과정이 종료된 후 목표의 달성 여부를 종합적으로 판정하는 평가이다. 총괄평가의 주된 목적은 기대되는 학습 목표를 어느 정도 달성하였는지를 판단하는데 있다. 태권도에서 총괄평가는 승급·단 등을 결정하는 자료로 활용하므로 다른 평가에 비교되는 형식적인 평가라고 할 수 있다.

총괄평가는 다양한 기능을 하며, 무엇보다 지도의 결과로 무엇을 어느 정도 달성하였는지를 판단할 수 있도록 한다. 뿐만 아니라 총괄평가의 결과는 교육과정을 이수한 학습자에게 자격이나 능력을 인정하는 자료로 활용할 수 있다. 예를 들어, 태권도 초단 심사를 받는 수련생이 품새 수행능력, 겨루기 수행능력, 격파 수행능력, 태권도 정신의 함양, 태권도 역사 및 과학 등에서 초단에 합당한 지식과 능력을 갖추었는지 판단하는 자료로 활용할 수 있다. 총괄평가는 장기간 학습한 전체 내용에 대해서 종합적으로 평가한다. 위의 초단 심사의 예에서 품새, 겨루기, 격파, 태권도 인성, 태권도 역사 등의 전 영역을 고루 평가한 결과로 초단의 승단 여부를 종합적으로 판단하는 것이 총괄평가이다.

제4장 태권도 교육과정

1. 태권도 표준교육과정 개발의 필요성

태권도 도장은 지역사회 교육기관으로서 시민의 건강과 인성 교육에 일익을 담당하고 있다. 하지만 각 도장이 뚜렷한 교육 목표를 가지고 그에 따른 교육 내용을 구성하여 가르치고 있는지는 의문이다. 즉 어떤 교육 목표와 내용으로 가르칠 것인지에 대한 합의가 이루어지지 않고 있으며, 그로 인해 태권도 교육의 질이 나라마다, 지역마다, 또한 가르치는 사범마다 다르게 나타나고 있다. 태권도 도장이 지역사회 교육기관으로서 제 역할을 다하기 위해서는 수련생에게 어떤 교육을 할 것인지에 대한 합의된 내용이 있어야 한다. 즉 각 수준별로 어떤 목표를 성취하기 위해 어떤 내용으로 교육하겠다는 공포된 '표준교육과정'이 있어야 한다. 각 수준별로 반드시 가르쳐야할 교육 내용이 합의 된다면 그에 따른 각 도장의 교육이 더욱 효율적으로 이루어질 수 있다.

보통 표준교육과정이라고 하면 국가에서 국민에게 제공해야할 교육의 목적, 내용, 방법 등을 의미하는 것으로 교육 대상의 성장과 발달을 위해 제공하는 경험의 총체 또는 교육의 내용과 과정을 의미한다. 태권도 도장이 지역사회 교육장으로서 역할을 다하기 위해서는 태권도 교육의 최소 기준이라고 할 수 있는 '표준교육과정'의 개발이 필요하다. 표준화된 교육과정이 있어야 각 사범이 자신의 태권도 교육을 반성적으로 평가하며 교육과정을 창의적으로 개발해 나갈 수 있다. 그런데, 태권도 교육 현실을 보면 합의된 '표준교육과정'이 공포되지 않은 가운데 각 사범이 임의로 태권도 교육 과정을 개발하여 가르치고 있다. 그래서 각 도장이 책무성 있는 태권도 교육을 하고 있는지 확인 또는 점검하는 것이 쉽지 않다.

태권도 도장이 지역사회 교육기관으로서 교육적 책무를 다하기 위해서는 수련생이 어디에서 태권도 수련을 하든지 동일한 교육적 기회를 제공받을 수 있어야 한다. 현재 태권도 교육의 가장 큰 문제는 도장이나 사범에 따라 가르치는 내용과 중요하게 다루는 내용이 다르다는 것이다. 태권도 사범의 수련 및 지도 경험에 따라 가르치는 내용과 방법이 조금씩 다를 수는 있다. 그러나 도장이나 사범에 따라 가르치는 필수 교육 내용마저 달라지면 태권도 교육 전반에 대한 신뢰가 떨어질 우려가 있다. 태권도 교육을 받는 수련생의 입장에서 보면 어디에서 누구에게 태권도를 배우든지 태권도 교육의 핵심 내용을 똑같이 배우고 평가받을 수 있어야 한다.

그동안 국가가 표준교육과정을 개발하여 의도하는 인간을 기르기 위해 책무를 다하였듯이 태권도 교육의 본산인 국기원 또한 태권도 교육을 통해서 기르고자 하는 인간을 길러내기 위한 책무를 다해야 한다. 그러나 국기원은 예비 태권도 사범교육과 유단자 관리만을 주로 담당하고 있어 태권도 교육의 질적 향상을 꾀하는 데는 제 역할을 못하고 있다. 국기원이 태권도 4단 이상을 대상으로 사범교육을 실시하고 있지만 기본동작과 품새 교육에 치중하고 있고, 겨루기는 일반화된 지식체계를 갖추지 못하고 있으며, 격파 교육은 시도조차 하지 않고 있는 상황이다. 예비 사범 교육이 주요 주제를 포괄하는 균형 있는 교육과정을 운영하지 않고 있는데다 '표준교육과정'마저 개발되지 않고 있어 대부분의 사범들은 자신의 수련경험과 개인적인 지도 경험에 의존하여 태권도를 가르치고 있다.

다행스러운 것은 일부 태권도 사범이 태권도학을 전공한 경험으로 각 도장에 필요한 태권도 교육과정을 스스로 개발하여 운영하거나 지역 협의체를 구성하여 개발한 태권도 교육과정을 자기 도장의 사정에 맞게 조정하여 가르치고 있다. 이러한 태권도 교육과정은 사범 개인이나 개별 연구회의 철학이나 가치정향에 따른 태권도 교육과정이므로 개별 '표준교육과정'으로 볼 수 있다. 그러나 포괄적 수준의 '표준교육과정'으로 일반화되기 위해서는 국기원과 같은 권위 있는 기관의 인정을 받거나 그 기관이 개발한 '표준교육과정'과 일치를 이룰 수 있어야 한다. 현장의 사범들이 각 도장의 사정에 맞게 개발한 맞춤형 교육과정이 태권도 교육의 의도와 얼마나 일치하는지 반성적으로 평가할 수 있는 '태권도 표준교육과정'의 개발이 절실하다.

2. 태권도 표준교육과정의 기본 방향

　최근 스포츠에 대한 사회적 기대가 크게 변화하면서 태권도 교육에 대한 수련생과 학부모의 기대 또한 크게 달라지고 있다. 현재 일어나고 있는 체육교육과정 변화의 가장 큰 특징은 '스포츠 기능이나 게임'중심에서 '건강 운동'과 그에 따른 행복한 삶을 이루는 방향으로 옮겨가고 있다는 것이다. 21세기 문화·복지 시대의 지향에 따른 삶의 질적 향상이 중요하게 인식되면서 운동을 향한 개인이나 사회적 요구가 급격히 변화하고 있다. 태권도 교육의 경우도 건강 운동을 중요하게 생각하지 않았던 것은 아니다. 다만, 태권도 기술을 수련하면서 그 과정을 통해 체력이 자연적으로 향상되고, 그에 따른 건강이 증진된다는 생각으로 태권도를 가르쳐 왔을 뿐이다. 마찬가지로 올바른 인성이나 바람직한 정신도 태권도를 수련하면 그 과정을 통해 자연스레 길러진다는 생각으로 가르쳐 왔다.

　하지만, 태권도를 열심히 수련하면 태권도라는 운동 자체의 특성 때문에 건강이 좋아지거나 인성이 저절로 길러진다는 주장은 설득력을 잃어가고 있다. 태권도 기술을 익히면 그로 인해 태권도가 좋아지고 흥미를 느끼게 되어 태권도를 계속하게 되는 동인이 될 수는 있다. 그러나 건강한 삶은 위생적인 생활, 균형 있는 식사, 여가 선용 등과 같은 다른 차원을 동시에 종합적으로 교육해야 한다. 인성 교육 또한 목표를 세우고 그에 적합한 수업 전략이나 수업 모형을 적용하여 효율적으로 가르쳐야 올바른 태권도 인성을 기를 수 있다. 태권도 교육을 통해 21세기 문화·복지 시대가 바라는 태권도인을 기르기 위해서는 그에 적합한 교육 목표를 설정하고, 교육과정을 개발하여 효율적으로 가르치고 평가해야 한다.

　현재 대부분의 태권도 도장은 태권도의 기초 기술을 습득하거나 품새를 숙달하는 것을 수련의 중요한 목표로 삼고 있다. 즉 태권도 교육에서 중요하게 가르치는 내용은 태권도의 기초 기술 습득과 품새의 숙달이 되고 있으며, 그에 따른 지적, 정의적 발달은 그 과정을 통해 자연히 길러지는 것으로 인식하고 있다. 하지만, 태권도 교육의 효과에 대한 이러한 인식은 태권도 교육을 지식이나 인성 교육과 무관한 활동으로 오해하는 결과를 초래할 수 있다. 또한, 태권도는 주로 기술을 가르치거나 힘을 기르는 운동이라는 편향된 인식을 불러올 수 있다.

　21세기는 인성을 제대로 갖추고 소통할 줄 아는 창조적인 인간을 필요로 하며, 그러한 인간을 길러내기 위해서는 적절한 교육이 뒷받침되어야 한다. 태권도 교육 또한 그러한 방향으로 이루어져야 한다. 이제 태권도 교육은 21세기를 살아가는데 필요한 중요한 가치를 교육하는 지역사회 교육기관으로서의 역할을 새롭게 정립해야 한다. 태권도 교육이 태권도 기술을 가르치는데 만족하지 않고 태권도에 내재된 소중한 가치를 구현하는 방향으로 변화되어야 한다. 태권도 교육이 다양한 가치를 구현하는 방향으로 바뀌어야 한다는 것은 곧 수련생이 태권도를 수련하면서 기술의 습득이나 품새의 숙달은 물론 자기 조절, 도전 의식, 공존 공생 등과 같은 삶의 중요한 가치를 깨치며 성장할 수 있어야 한다는 의미이다.

따라서 '태권도 표준교육과정'에서는 태권도 교육이 전통적으로 지향해 왔던 인지, 정의, 심동과 같은 수련 영역 중심의 목표 체제를 지양하고 태권도의 주요 가치에 따른 목표 체제를 도입하였다. 즉 겨루기 수련을 통한 경쟁 가치, 품새 수련을 통한 연마 가치, 격파 훈련을 통한 도전 가치라는 세 지향 가치를 중심으로 태권도 교육과정을 개발하였다. 태권도의 중요한 수련 주제와 관련하여 제시한 태권도 수련 가치는 사범 개인의 철학이나 가치정향 또는 관점에 따라 세 가치 이상으로 다양하게 제시할 수 있으며, 한 가지 태권도 기술의 수련을 통해 두 가지 이상의 가치를 구현할 수도 있다. 그리고 '태권도 표준교육과정'은 체육교육에서 보편적으로 인식되고 있는 가치와 태권도 교육의 핵심 주제로 인식되고 있는 세 가지 수련 주제와 관련된 핵심 가치를 포함하였다.

교육 내용은 역사적으로 공유된 지식으로, 한 분야 내에서 현 시대까지 이어져 합의의 과정을 통해 축적된 지식이며, 시대가 변화함에 따라 바뀔 수 있다. 따라서 태권도 교육도 그동안의 연구를 통해서 축적된 이론적 지식과 다양한 수련 경험을 통해 획득한 실천적 지식에 근거하여 태권도의 교육 내용을 시대에 맞게 새롭게 선정, 조직할 필요가 있다. 즉 태권도의 교육 내용을 태권도 지식으로 재 개념화 할 필요가 있다. 여기서 태권도 지식의 재 개념화란 태권도에 관한 명제적 지식 또는 개념적 지식과 실천적 지식 또는 절차적 지식을 포함한다. 태권도에 관한 명제적 지식이란 태권도에 관련된 이론적 지식 또는 태권도 자체에 관한 지식을 말하며, 태권도에 관한 실천적 지식은 태권도 수련과 관련된 실제적 지식 또는 태권도를 실제로 수련함으로서 얻게 되는 지식을 의미한다.

앞으로의 태권도 교육은 태권도 이론에 관한 교육은 물론 태권도 이론이 수련에 통합되어 그 활동이 더욱 의미 있는 체험이 되는 방향으로 이루어져야 한다. 다만, 제안하는 '태권도 표준교육과정'은 태권도 수업 차원에서 다루어지는 활동 내용과는 달리 '대강화'^{Simplification}하여 핵심 내용만 제시하게 된다. '태권도 표준교육과정'을 도장 현실에 맞게 '상세화'^{Specification}하거나 세밀하게 재구성하는 것은 사범의 몫으로 남게 된다. 즉, '태권도 표준교육과정'과 사범 수준의 교육과정은 서로 다른 역할과 책무를 가지게 되므로 동일하게 인식할 수는 없다. '태권도 표준교육과정'은 1개이고, 사범 수준의 태권도 교육과정은 태권도 사범의 숫자만큼 존재할 수 있다. 따라서 '태권도 표준교육과정'은 국내·외 모든 태권도 사범이 운영하는 교육 내용을 포괄하는 역할과 책무를 가진다고 할 수 있다.

'태권도 표준교육과정'은 태권도 수업보다는 광범위하고 높은 수준의 내용으로 설정되며, 태권도 사범을 위한 교육내용의 선정지표나 안내 역할을 하게 된다. 즉 '태권도 표준교육과정'은 다양한 태권도 기술에 공통적으로 나타나는 포괄적이고 광범위한 현상을 태권도 교육 내용의 기준으로 제시하고 있다. 이런 의미에서 '태권도 내용 체계표'의 겨루기(경쟁 가치), 품새(연마 가치), 격파(도전 가치) 칸에 제시한 내려막기, 몸통 지르기, 앞차기, 돌려차기 등과 같은 기술 요소는 수준별로 필수적으로 수련해야할 최소한의 교육 내용이라고 할 수 있다.

3. 태권도 표준교육과정의 목표

태권도 교육의 궁극적인 목적이 무엇인가에 따라서 목표 설정은 달라질 수 있다. 태권도 교육의 궁극적인 목적이란 실현 가능한 목표라기보다 태권도 교육이 지향해야할 이상이라고 할 수 있다. 태권도 교육의 궁극적인 목적은 "나를 이기고 타인과 더불어 세상을 이롭게 하는 태권도인"을 육성하는 것이므로 그러한 인간을 기르기 위한 목표 설정이 이루어져야 한다. 그동안 태권도 교육에서는 태권도 교육의 궁극적인 목적은 세 가지 하위 목표인 심동적 목표, 지적 목표, 정의적 목표를 달성함으로써 성취될 수 있다고 생각하고 그렇게 하위 목표를 분류해 왔다. 즉 태권도가 추구해온 중요한 가치를 Bloom(1956)의 목표분류 방식에 따라 심동 목표, 인지 목표, 정의 목표로 분류하여 제시해 왔다.

그러나 '태권도 표준교육과정'에서는 태권도의 교육 목표를 Bloom의 목표 분류

체계에 따른 심동 목표, 인지 목표, 정의 목표로 제시하는 대신, 태권도에서 중요하게 추구하는 가치를 중심으로 제시하였다. 왜냐하면 태권도 교육은 심동적, 지적, 정의적 영역의 학습이 독립적으로 이루어지는 것이 아니라 이들 세 영역에 대한 교육이 통합적으로 이루어지기 때문이다. 수련생은 태권도를 '수련'하면서 태권도에 관한 지식을 습득하고, '태권도의 수련'은 곧 태권도에 관한 지식을 표현하는 행위이기 때문이다. 태권도 수련생은 겨루기를 하면서 겨루기 기술뿐만 아니라 겨루기에 내재된 중요한 가치, 즉 경쟁 가치를 획득하고, 품새를 수련하면서 품새의 숙달은 물론 연마의 가치를 획득하며, 격파를 하면서 힘과 기량을 기를 뿐만 아니라 도전 가치를 획득하게 된다.

물론 수련생이 겨루기 기술을 배우면서 경쟁 가치뿐만 아니라 도전 가치나 연마 가치를 체험할 수도 있고, 수련의 목표를 어디에 두느냐에 따라 품새를 수련하면서도 도전 가치를 체험할 수도 있다. 하지만, 겨루기, 품새, 격파를 수련하면서 특히 중요하게 추구해야 할 가치를 구체적으로 제시하여 수련 주제별 주요 추구 가치 또는 목표를 명확히 하였다. 뿐만 아니라 각 수준별로 반드시 숙지해야 할 이론적 지식과 지적 능력 및 함양해야 할 인성을 겨루기, 품새, 격파 주제별로 제시함으로써 심동 영역, 인지 영역, 정의 영역에 대한 균형 있는 교육과 그에 따른 평가가 이루어 질 수 있도록 하였다.

'태권도 표준교육과정'이 추구하는 목표는 크게 일반 목표와 주제별 하위 목표로 구분할 수 있다. 일반 목표는 태권도 교육이 추구하는 궁극적인 목표로 태권도 교육의 지향목표라고 할 수 있다. 그리고 주제별 하위 목표는 일반 목표를 달성하기 위해 겨루기, 품새, 격파 영역에서 추구해야할 중간 목표라고 할 수 있다. 일반 목표를 달성하기 위한 겨루기, 품새, 격파의 중간 목표는 다시 유급자 목표와 유단자 목표로 분류하고, 유급자는 다시 초급자, 중급자, 상급자로 나누었으며, 유단자는 다시 저단자, 중단자, 고단자로 세분하여 상세 목표로 제시하였다. '표준교육과정'의 '대강화' 원리에 따라 추구하는 목표는 '띠'나 '단'별로 상세히 제시하는 대신 3개의 '급'과 '단'으로 묶어 '군'별로 제시하였다. 유급자는 무급~7급을 초급자로, 6~4급은 중급자로, 3~1급은 상급자로 묶고, 유단자는 1~3단은 저단자, 4~6단은 중단자, 7~9단은 고단자로 묶어 '군'을 설정하고, 그에 따른 '군'별 상세 목표를 제시하였다.

1) 태권도 교육의 일반 목표

> 태권도 교육은 태권도 가치의 내면화와 실천을 통해 자아를 극복하고 타인과 더불어 건강한 사회를 만들어 가는 홍익인간을 목표로 한다. 즉 태권도 교육은 절제된 삶을 살아가는데 필요한 극기 능력, 더불어 살아가는데 필요한 조화 능력, 자신과 공동체의 이익을 함께 추구하는 공생 능력을 개발하여 인류에 유익한 인간을 기르는 것을 목표로 한다.

태권도 교육의 '일반 목표'는 태권도의 가치를 내면화하고 실천함으로써 자신을 조절하고, 다른 사람과 조화롭게 생활하는 가운데 인류 모두에게 이익이 되는 홍익인간적인 삶을 추구하는 것이다. '태권도 표준교육과정'에서 태권도 교육은 겨루기, 품새, 격파의 수련을 통해 서로 화합하며 공동의 목표를 이루는 '경쟁 가치', 몸과 마음을 닦아 화평을 이루는 '연마 가치', 자신의 능력을 인정하고 새롭게 나아가는 '도전 가치'를 체험적으로 획득하여 생활 속에서 실천하는 것을 중요한 목표로 한다. 즉 태권도 교육은 지적 요소, 정의적 요소, 심동적 요소가 종합적으로 작용하는 가운데 그것에 내재된 경쟁 가치, 연마 가치, 도전 가치와 다양한 부가 가치를 체험적으로 획득함으로써 절제력 있고 조화로운 사람을 기르는 것을 목표로 한다. 이와 같은 태권도 교육의 일반 목표를 효과적으로 달성하기 위해 다음과 같은 세 가지 하위 목표를 설정하였다.

(1) 겨루기 수련 목표

태권도 수련생은 겨루기 수련을 통해 경기 기술을 습득하고 그것을 다양한 상황에 활용할 수 있는 능력, 실생활에 사용할 수 있는 능력, 위급 상황에 대처할 수 있는 능력 등을 기른다. 또한, 다른 수련생과 서로 협력하며 경쟁하는 가운데 예의, 협동, 겸양, 존중, 공감, 준법 등과 같은 인성을 기른다.

(2) 품새 수련 목표

태권도 수련생은 태권도 정신과 공방 기술의 정수를 담은 품새를 수련하면서 겨루기 수행 능력, 격파 및 호신 발휘 능력, 태권도의 기예적 수월성에 도전하는 능력 등을 기른다. 또한, 전형적인 공격 및 방어 기술을 반복적으로 수련, 연마하는 과정을 통해서 인내, 성실, 끈기, 부동심, 평정, 평화 등과 같은 인성을 기른다.

(3) 격파 수련 목표

태권도 수련생은 격파 수련을 통해 힘과 기술을 효율적으로 발휘하는 능력, 자신의 능력을 인정하고 한계에 도전하는 능력, 다양한 격파물을 창의적으로 격파할 수 있는 능력 등을 기른다. 또한, 단련한 힘과 닦은 기량으로 다양한 격파물을 깨트리는 수련 과정을 통해서 용기, 자신감, 집중력, 적극성, 불굴, 정의 등의 인성을 기른다.

2) 태권도 교육의 세부 목표

'세부 목표'는 '일반 목표'의 세 가지 하위 목표를 달성하기 위한 각 수준별 성취 목표를 구체적으로 제시하고 있다. 태권도 교육의 '일반 목표'는 교육 대상별 교육 목표의 바탕이 되어야 한다. 즉 '일반 목표'와 하위 목표를 효과적으로 달성하기 위해서는 각 수준의 수련생이 성취해야 할 목표를 단급별로 구체적으로 제시해야 한다. '태권도 표준교육과정'에서는 교육 목표를 크게 유급자 과정과 유단자 과정으로 구분하고, 그에 따른 세 가지 하위 목표를 제시하였다.

(1) 유급자 수련 목표

> 유급자 과정의 태권도 수련생은 태권도 가치의 내면화와 실천을 통해 자아를 극복하고 타인과 더불어 건강하고 행복한 사회를 만들어 가는데 필요한 '기본'역량과 태도를 기른다. 유급자 과정의 태권도 수련생은 절제하며 타인과 더불어 조화롭게 살아가는데 기반이 되는 경쟁 가치, 연마 가치, 도전 가치를 획득하여 생활 속에서 실천한다.

'태권도 표준교육과정'에서는 세부 목표를 일반 목표와 동일하게 '경쟁 가치' 목표, '연마 가치' 목표, '도전 가치' 목표로 세분하고, 수준에 따라 '초급자 목표', '중급자 목표', '상급자 목표'로 나누어 제시하였다. 즉 유급자의 '경쟁 가치'목표를 제시한 다음 그에 대한 하위 목표로 '초급자 목표', '중급자 목표', '상급자 목표'로 세분하여 제시하였다. 유급자 '연마 가치'목표와 유급자 '도전 가치'목표 또한 '경쟁 가치'목표와 같이 '초급자 목표', '중급자 목표', '상급자 목표'로 구분하여 제시하였다. 유급자는 기초 수련기에 해당하므로 수련 목표를 태권도의 기초 기술이나 전술 및 이론, 극기와 조화관련 인성을 기를 수 있도록 설정하였다.

① **유급자 겨루기 수련 목표**

> 유급자 과정의 수련생은 겨루기를 이해하고 겨루기에 필요한 기본 기술과 전술을 익혀 실제 겨루기에 활용할 수 있는 능력과 태도를 기른다.

 유급자 과정에서는 겨루기에 필요한 기초 기술을 익혀 경기에 활용하는 능력을 기르는 것을 목표로 한다. 유급자 과정의 수련생은 겨루기 기술을 과학적으로 수련하며 선의로 경쟁하고 협력하는 태도를 기른다. 즉 유급자 과정의 태권도 수련생은 겨루기 기술을 익히는 과정을 통해서 기본 운동 능력을 기르고, 서로 협력하는 마음과 겸손한 생활 태도를 기른다.

- **초급자 겨루기 수련 목표**
 초급자 과정에서는 겨루기에 필요한 기초적인 공격 및 방어 기술과 전술을 익혀 초보 수준의 겨루기를 할 수 있는 능력을 기른다. 특히, 중심을 효율적으로 이동하며 공격하고 상대를 주시하며 적절히 방어하는 능력을 기르며 '예의'를 실천한다.

- **중급자 겨루기 수련 목표**
 중급자 과정에서는 겨루기에 필요한 기초적인 공격 및 방어 기술을 세련되게 발전시켜 다양한 경기 상황에 적합하게 사용할 수 있는 능력을 기른다. 특히, 정확한 타이밍을 포착하여 목표에 적중하는 능력과 다양한 선제공격 전술을 익혀 활용하는 능력을 기르며, '협력'을 실천한다.

- **상급자 겨루기 수련 목표**

    상급자 과정에서는 기초적인 공격 및 방어 기술을 충분히 숙달하여 상대의 공격 및 방어에 순발력 있게 대응하는 능력을 기른다. 특히, 상대의 공격 및 방어 패턴을 파악한 다음 적절한 거리를 유지하여 공격하고 방어하는 능력과 선제공격을 방어하고 공격하는 전술을 익혀 활용하는 능력을 기르며, '겸양'을 실천한다.

② **유급자 품새 수련 목표**

> 유급자 과정의 수련생은 태극 품새의 사상적 의미를 이해하고 구성 기술을 익혀 실천하는 능력과 태도를 기른다.

 유급자 과정에서는 태극 품새의 핵심 구성 기술을 익혀 세련되게 수행할 수 있는 능력을 기르는 것을 목표로 한다. 유급자 과정의 수련생은 태극 품새에 포함된 기술과 품새에 포함되지 않았지만 그 시기에 익혀야 하는 기본 동작을 품새 수행 원리에 따라 능숙하게 실천하는 능력을 기른다. 유급자 과정의 수련생은 태극 품새를 반복적으로 수련하면서 기초 체력이나 운동 능력 등을 향상시키고, 인내심을 기른다.

- **초급자 품새 수련 목표**

    초급자 과정에서는 태극 품새 수련에 필요한 기초적인 공격 및 방어 기술을 품새선을 따라 적절히 표현할 수 있는 능력을 기른다. 특히, 팔괘의 사상적 의미를 파악하고 그에 따라 정확하게 표현하는 능력을 기르며, '인내'를 실천한다.

- **중급자 품새 수련 목표**

    중급자 과정에서는 숙달한 동작을 팔괘의 사상적 의도에 맞게 표현하는 능력을 기른다. 특히, 각 동작을 핵심 요소 중심으로 연마하여 유연하게 표현하는 능력을 기르며, '성실'을 실천한다.

- **상급자 품새 수련 목표**

  상급자 과정에서는 고난도의 태극 품새를 팔괘의 사상적 의도에 맞게 완숙하게 표현할 수 있는 능력을 기른다. 특히, 힘의 강약을 잘 조절해 유연하게 표현하는 능력을 기르며, '끈기'를 실천한다.

③ 유급자 격파 수련 목표

> 유급자 과정의 수련생은 격파의 원리를 이해하고 사용 부위를 단단하게 단련하여 각종 격파물을 아름답고 효율적으로 격파할 수 있는 능력과 태도를 기른다.

유급자 과정에서는 격파에 필요한 다양한 기본 기술을 익혀 준비된 격파물을 격파 원리에 따라 효율적으로 깨트릴 수 있는 능력을 기르는 것을 목표로 한다. 유급자 과정의 수련생은 격파 수련을 통해 신체의 강인함을 기르고, 자신의 운동 잠재력을 계발하는 동시에 새로운 기술에 끊임없이 도전하는 능력과 태도를 기른다.

- **초급자 격파 수련 목표**

  초급자 과정에서는 격파에 필요한 기본 기술을 익혀 초보 수준의 기본 격파를 수행할 수 있는 능력을 기른다. 특히, 신체 사용부위를 단련하는 법과 격파물의 파지법을 정확하게 익혀 안전하게 격파하는 능력을 기르며, '용기'를 실천한다.

- **중급자 격파 수련 목표**

  중급자 과정에서는 격파에 필요한 기본 기술을 익혀 타격점을 정확하게 포착해 격파물을 깨트릴 수 있는 능력을 기른다. 특히, 격파물을 작용-반작용 원리에 따라 상해를 입지하고 깨트리는 능력을 기르며, '자신감'을 실천한다.

- **상급자 격파 수련 목표**

  상급자 과정에서는 고난도 기본 격파 기술과 저난도 응용 격파 기술을 숙달하여 다양한 격파물을 성공적으로 깨트릴 수 있는 능력을 기른다. 특히, 격파물에 닿은 접촉면을 최소화하고 충격량을 크게 하여 효율적으로 격파하는 능력을 기르며, '집중'을 실천한다.

(2) 유단자 수련 목표

> 유단자 과정의 태권도 수련생은 태권도 가치의 내면화와 실천을 통해 자아를 극복하고 타인과 더불어 건강하고 행복한 사회를 만들어 가는데 필요한 심화된 역량과 태도를 기른다. 즉 유단자 과정의 태권도 수련생은 절제하며 타인과 더불어 조화롭게 살아가는데 필요한 다양한 경쟁 가치, 연마 가치, 도전 가치를 획득하여 생활 속에서 실천한다.

'태권도 표준교육과정'에서는 세부 목표를 일반 목표와 동일하게 세 가지 '가치 목표 영역'별로 제시하되 단의 수준에 적합한 심화 역량과 태도를 기를 수 있도록 목표를 설정하였다. 유단자 과정은 태권도 수련의 심화 학습기에 해당하므로 유급자 과정에서 익힌 기술이나 전략을 고난도 기술과 연계, 발전시키는 동시에 태권도 지도자에게 요구되는 능력을 함께 기를 수 있도록 목표를 설정하였다. 특히, 경쟁 가치, 연마 가치, 도전 가치와 관련된 다양한 가치를 획득하여 실천하는 가운데 타인이나 자연과 조화를 이루며 평화롭게 살아가는데 필요한 능력과 태도를 기를 수 있도록 목표를 설정하였다.

① 유단자 겨루기 수련 목표

> 유단자 과정의 수련생은 겨루기의 가치를 이해하고, 서로 협력하며 선의로 경쟁하는 능력과 겨루기 경기를 감상할 수 있는 능력 및 태도를 기른다.

유단자 과정에서는 유급과 과정에서 숙달한 겨루기 기술과 전술을 고난도 기술과 전술에 연계하여 능숙하게 활용할 수 있는 능력을 기르는 것을 목표로 한다. 유단자 과정의 수련생은 고난도 겨루기 기술과 전술을 체계적이고 종합적으로 활용하는 능력을 기르되 상대를 존중하고 배려하며 함께 겨루기 능력을 향상시키는 태권도맨십을 길러 생활 속에서 실천하는 태도를 기른다.

- **저단자 겨루기 수련 목표**

    저단자 과정에서는 유급자 과정에서 익힌 기본 겨루기 기술과 전술을 저난도 겨루기 기술 및 전술과 연계하여 능숙하게 발휘할 수 있는 능력을 기른다. 특히, 상대가 자주 사용하는 핵심 기술을 파악하고 상대의 약점을 간파하여 적절히 공격 및 방어할 수 있는 능력을 기르며, '존중'을 실천한다.

- **중단자 겨루기 수련 목표**

    중단자 과정에서는 저단자 과정에서 익힌 다양한 겨루기 기술을 중난도 겨루기 기술과 연계하여 탁월하게 발휘할 수 있는 능력을 기른다. 특히, 상대의 의도를 신속하게 포착하여 그에 적합한 기술이나 전술로 대응하는 능력을 기르며, '공감'을 실천한다.

- **고단자 겨루기 수련 목표**

    고단자 과정에서는 중단자 과정에서 익힌 다양한 겨루기 기술을 고난도 겨루기 기술과 연계하여 완숙하게 발휘할 수 있는 능력을 기른다. 특히, 상대의 의도를 미리 예측하고 즉각 대응할 수 있는 코트 운영 전략을 익혀 활용할 수 있는 능력을 기르며, '준법'정신을 실천한다.

② **유단자 품새 수련 목표**

> 유단자 과정의 수련생은 각 품새에 내재된 사상과 품새선의 의도를 충실히 이해하고, 구성 기술을 유기적으로 파악하여 능숙하게 수행할 수 있는 능력과 품새 경연을 감상할 수 있는 능력과 태도를 기른다.

유단자 과정에서는 난이도가 높은 기술로 구성된 각종 품새를 능숙하게 표현할 수 있는 능력을 기르는 것을 목표로 한다. 유단자 과정의 수련생은 품새에 포함된 기술과 그 시기에 수련해야할 그 밖의 고난도 기초 기술을 힘과 속도를 조절해 유연하게 시연할 수 있는 능력을 기른다. 유단자 과정의 수련생은 다양한 유단자 품새를 반복적으로 수련하면서 전문체력, 일반 운동 능력, 품새의 미적 우수성을 감상하는 능력 등을 기르고, 마음을 갈고 닦아 '평온'을 실천하는 능력과 태도를 기른다.

- **저단자 품새 수련 목표**

  저단자 과정에서는 유급자 과정에서 익힌 품새 시연 능력을 저단자 품새의 수련에 창의적으로 활용하여 능숙하게 표현할 수 있는 능력을 기른다. 특히, 속도의 완급과 힘의 강약을 조절하여 품새를 유연하게 시연할 수 있는 능력을 기르며, '부동심'을 실천한다.

- **중단자 품새 수련 목표**

  중단자 과정에서는 저단자 과정에서 익힌 다양한 품새 수행 능력을 중난도 기술로 구성된 품새의 수련에 창의적으로 활용하여 탁월하게 수행할 수 있는 능력을 기른다. 특히, 진퇴의 조화와 회전과 균형의 묘를 잘 발휘하여 유연하게 표현하는 능력을 기르며, '평정'을 실천한다.

- **고단자 품새 수련 목표**

  고단자 과정에서는 중단자 과정에서 익힌 다양한 품새 수행 능력을 고난도 품새를 수련하는데 창의적으로 활용하여 새로운 품새를 완숙하게 표현할 수 있는 능력을 기른다. 특히, 우주의 신기를 모아 조화롭게 표현하는 능력을 기르며, '평화'의 정신을 실천한다.

③ 유단자 격파 수련 목표

유단자 과정의 수련생은 격파의 가치를 이해하고 끊임없는 도전 의식으로 다양한

> 격파물을 능숙하게 깨트릴 수 있는 능력과 고난도 태권도 기술에 성공적으로 도전할 수 있는 능력과 태도를 기른다.

유단자 과정에서는 다양한 중·고난도의 격파에 도전하여 능숙하게 깨트릴 수 있는 능력을 기르는 것을 목표로 한다. 즉 유단자 과정에서는 유급자 과정에서 숙달한 격파 능력을 역학적 원리와 미적 의도로 능숙하게 깨트릴 수 있는 능력을 기르는 것을 목표로 한다. 유단자 과정의 수련생은 다양한 격파에 도전하여 힘과 기량을 향상시키고, 자신의 운동 잠재력을 자각하고 새롭게 도전하여 성취할 수 있는 능력과 태도를 기른다.

- **저단자 격파 수련 목표**

    저단자 과정에서는 유급자 과정에서 익힌 기본 격파 능력을 저단자 응용 격파 기술에 창의적으로 활용하여 저난도 수준의 격파물을 능숙하게 깨트릴 수 있는 능력을 기른다. 특히, 힘이 격파물에 효율적으로 전달되도록 하는 능력을 기르며, '적극성'을 실천한다.

- **중단자 격파 수련 목표**

    중단자 과정에서는 저단자 과정에서 익힌 다양한 격파 기술을 중난도 응용 격파 기술과 연계하여 탁월하게 활용할 수 있는 능력을 기른다. 특히, 장애물을 활용할 수 있는 능력과 회전운동의 원리를 활용하여 도약 격파 후 안전하게 균형을 유지하는 능력을 기르며, '불굴'의 정신을 실천한다.

- **고단자 격파 수련 목표**

    고단자 과정에서는 중단자 과정에서 익힌 다양한 격파 기술을 고난도 응용 격파 기술과 연계시켜 다양한 격파물을 자유자재로 완숙하게 깨트리는 능력과 격파 기술을 호신술에 활용하는 능력을 기른다. 특히, 다양한 격파물을 호흡과 동작의 일치로 아름답게 깨뜨릴 수 있는 능력을 기르며, '정의'를 실천한다.

4. 태권도 표준교육과정 내용체계

　교육목표를 달성하기 위해서는 교육내용을 효과적으로 선정하고 조직해야 한다. 교육내용의 선정 기준은 학자마다 약간씩 차이가 있지만 앞의 '교육과정 개발 원리'에서 살펴보았듯이 일반적으로 '학문적 지식', '사회적 필요', '학습자 요구'등을 고려하여 선정한다. '태권도 표준 교육과정'도 그와 같은 요인들을 종합적으로 고려하여 교육내용을 선정하였다. 교육과정은 가르쳐야할 모든 내용을 포함하되 각 수준에서 반드시 가르쳐야 할 핵심 내용을 구분 짓는 내용체계를 갖추어야 한다. 따라서 '태권도 표준교육과정'은 각 수준별로 길러야할 핵심 능력, 지식, 태도를 파악하고 그러한 역량과 태도를 기를 수 있도록 수련 내용을 선정하였다.

　'태권도 표준교육과정'은 그동안 간과하거나 소극적으로 다루어 왔던 이론적 지식과 인성 교육을 강화하는 방향으로 수련 내용을 선정하였다. 즉 태권도인으로서 갖추어야 할 소양을 포함한 다양한 이론적 지식과 각종 태권도 기술을 수련하는데 요구되는 과학적 지식을 중요하게 다루었다. 이와 함께 인성을 수련 기술과 함께 수준별로 제시함으로써 보다 온전한 태권도 교육이 이루어질 수 있도록 하였다. 즉 인지, 정의, 심동 영역이 통합된 교육과정 체계를 구축하였다. 바람직한 태권도 수업은 태권도를 가르치면서 태권도에 관한 이론과 인성을 함께 교육할 수 있어야 한다.

　지금까지의 '태권도 이론'은 태권도 기술이나 전술을 익히는데 실제로 도움이 되지 않는 것으로 인식되어 왔으며, 그로 인해 태권도 기술의 수련을 통해서 획득할 수 있는 실제적 지식은 중요한 태권도 지식이 아닌 것으로 간주되었다. 사실, 그동안 태권도 교육에서 지적 교육은 기술 교육과 비교하여 양적으로 현저한 차이를 보였다. 따라서 '태권도 표준교육과정'은 '내용 체계'에 심동 영역뿐만 아니라, 인지 영역과 정의 영역을 함께 제시하여 온전한 태권도 교육이 이루어지도록 하였다. 그동안 태권도 교육에서 소홀하게 다루었던 인지 영역 관련 수련 내용과 인성 교육 관련 수련 내용을 심동 영역의 실기와 함께 제시함으로써 태권도 교육이 균형 있게 이루어질 수 있도록 하였다.

　'태권도 표준교육과정'의 내용 체계는 크게 이론과 실기로 구분하여 제시하였으며, 실기는 다시 실기 자체, 실기를 수행하는데 필요한 지적 능력, 실기의 수련을 통해서 기를 수 있는 인성으로 구분하여 제시하였다. 이론적 지식은 태권도에 관한 기초 이론인 동시에 태권도인으로서 갖추어야할 교양 지식이며, 겨루기, 품새, 격파 등 실기부분에 제시한 인지 영역의 지식은 각 과정의 기술을 익히는데 필요하거나 그 과정을 통해서 기를 수 있는 지적 능력이다. 즉 태권도 약사, 기본 동작의 역학적 이해 등과 같은 이론적 지식은 태권도 수련에 직간접적으로 필요한 교양적 지식이며, 실기의 인지 영역에 제시한 거리 조절, 공격 및 방어 타이밍 등과 같은 지식은 각 과정의 실기를 수련하는데 필요하거나 실기 수련을 통해서 습득하게 되는 실제적 이론 지식이다. 또한, 정의 영역에 예의, 협력, 겸양 등과 같은 길러야 할 인성 요소를 구체적으로 제시하였다. 태권도 인성은 태권도 수련을 통해 자연스럽게 또는 저절로 길러지는 특성이 아니라 의도적으로 가르쳐야 기를 수 있는 특성임을 강조하였다.

실기는 각 수준별로 수련해야 할 필수 수련 내용을 세 가지 주요 '수련 주제' 또는 '가치 목표 영역'인 겨루기, 품새, 격파로 구분하여 최저 급부터 최고 단에 이르기까지 위계를 고려하여 제시하였다. 태권도에 승급과 승단 체계가 존재하는 한 꾸준한 수련을 통해 수련 능력을 향상시키고 그 과정을 통해 태권도에 관한 지식이 확장되며 태권도 인성을 계속적으로 함양해 나가야 한다. 이외 태권도 지도 방법에 관한 지식 또는 지도자의 품격이나 소양에 관한 교육은 별도의 과정으로 이수해야 하며, 승단에 관한한 지속적인 수련이 전제되어야 한다. 승급이나 승단에 필요한 내용을 수련하고 그에 합당한 급이나 단을 부여받아야 '태권도 표준교육과정'이 지향하는 바람직한 태권도인으로 성장할 수 있다.

1) 유급자 과정 내용 체계

태권도 교육의 '일반 목표'는 태권도의 다양한 가치를 내면화하고 실천함으로써 자신을 조절하고, 다른 사람과 조화롭게 생활하는 가운데 인류사회에 공헌하는 홍익인간을 기르는 것이다. 태권도의 가치를 내면화하기 위해서는 태권도를 종합적으로 체험할 수 있어야 한다. '태권도 표준교육과정'은 태권도 교육이 추구하는 중요한 가치이며 주제라고 할 수 있는 '겨루기', '품새', '격파' 등을 수련하면서 지적, 정의적, 심동적 발달을 통합적으로 체험할 수 있도록 '유급자 과정'의 수련 내용을 구성하였다. 0~7급을 초급자 과정, 6~4급을 중급자 과정, 3~1급을 상급자 과정으로 묶어 각 과정별로 경쟁 가치, 숙련 가치, 도전 가치에 중점을 두되 다른 가치를 함께 추구할 수 있도록 교육과정을 개발하였다. 유급자는 기초 학습기에 해당하므로 태권도의 기초 기술이나 전술, 기초 이론, '극기'와 '조화' 관련 인성을 기를 수 있도록 '초급자 과정', '중급자 과정', '상급자 과정'으로 구분하여 수련 내용을 제시하였다. 각 과정을 '띠'나 '급' 등을 고려하여 얼마나 더 상세화 할 것인지는 '태권도 표준교육과정' 범위 내에서 각 사범들이 탄력적으로 결정할 수 있도록 자율권을 부여하였다.

예 들면, '초급자 과정'의 수련 내용은 세 가지 주제 또는 가치로 설정한 겨루기, 품새, 격파로 구분하여 필수 수련 내용을 심동 영역, 인지 영역, 정의 영역 세 차원에서 구체적으로 제시하였다. 즉 '초급자 과정'에서 가르쳐야 할 필수 수련 내용을 주제와 수준별로 2차원적으로 제시함으로써 '초급자 과정'에서 어떤 기술, 이론, 인성 등을 교육해야 하는지 쉽게 파악할 수 있도록 하였다. '초급자 과정'의 '겨루기'에서는 왼·오른 겨룸새, 제자리 딛기, 몸통·얼굴 돌려차기, 뒷주먹 지르기, 내려막기 등을 수련 내용으로 선정하고, '품새'에서는 태극 1~2장과 품새의 기술 요소로 포함되지 않은 나란히 서기, 바깥막기, 아래 지르기 등을 수련 내용으로 그리고 '격파'에서는 '겨루기'와 '품새'에서 수련한 기술과 그 시기에 특별히 수련해야할 지르기, 내려 지르기, 앞차기, 돌려차기, 옆차기 등과 같은 필수 격파 기술을 수련 내용으로 선정하였다.

심동 영역은 수련 내용을 간략하게 제시하기 위해 같은 기술로 다른 표적을 공격하거나, 사용 부위만 다른 같은 기술이거나, 이동 방향이 반대인 경우 중간점을 사용하여 함께 제시하였다. 예를 들어 몸통 앞차기와 얼굴 앞차기는 몸통·얼굴 앞차기로 안막기와 바깥 막기는 안·바깥 막기 등으로 간략하게 표기하였다. 인지 영역과 정의 영역은 심동 영역의 기술을 수련하는데 필요하거나 수련을 통해서 터득할 수 있는 '거리 조절', '공방 타이밍' 등과 같은 지적 능력과 '예의'와 같은 인성을 제시하였다.

▶ **초급자 과정**

'초급자 과정'의 겨루기에서는 제자리 딛기, 돌려차기, 뒷주먹 지르기, 안·올려 막기 등과 같은 기초 공격 및 방어 기술을 익혀 초보 수준의 겨루기 수행 능력을, 품새에서는 품새선을 따라 기본 동작을 정확하게 표현할 수 있는 능력을, 격파에서는 지르기, 차기 등의 기술로 단순격파를 할 수 있는 능력을 기를 수 있도록 하였다. 그리고 '초급자 과정'의 겨루기에서는 상대를 주시하며 효과적인 중심 이동으로 공격 및 방어를 할 수 있는 지적 능력을, 품새에서는 태극사상을 이해하고 완급을 조절하며 수행할 수 있는 지적 능력, 격파에서는 신체의 사용 부위를 잘 단련하여 안전하게 격파할 수 있는 지적 능력을 기를 수 있도록 수련 내용을 구성하였다. 또한 겨루기를 수련하면서 서로 존중하고 배려하는 '예의'를, 품새를 반복 연습하면서 참고 견디는 '인내'를, 격파물을 안전하게 파지하고 자신 있게 격파하면서 '용기'를 기를 수 있도록 하였다.

▶ 중급자 과정

'중급자 과정'의 겨루기에서는 기초적인 공격 및 방어 기술을 숙달한 다음 뒷발 내딛기, 발붙여 옆차기, 두 팔 엇걸어막기 등과 같은 중급 수준의 겨루기 기술과 연계하여 능숙하게 발휘할 수 있는 능력을, 품새에서는 기본 동작을 정련하여 안정되게 표현할 수 있는 능력을, 격파에서는 손날 안치기, 내려차기 등과 같은 기본 격파기술과 뛰어 앞차기, 뛰어 돌려차기와 같은 간단한 응용 격파기술로 격파물을 안전하게 깨트릴 수 있는 능력을 기를 수 있도록 하였다. 그리고 '중급자 과정'의 겨루기에서는 적절한 시점에 적합한 선제공격을 발휘할 수 있는 지적 능력을, 품새에서는 호흡에 맞춰 리드미컬하게 품새를 시연할 수 있는 지적 능력을, 격파에서는 타격 지점을 잘 포착하여 격파할 수 있는 지적 능력을 기를 수 있도록 수련 내용을 구성하였다. 또한, 겨루기를 수련하면서 서로 도와 공동의 목표를 달성하는 '협동'을, 태극 사상을 이해하고 꾸준히 그 의미를 찾는 '성실'을, 중난도 기본 격파물에 상해에 대한 두려움 없이 도전하면서는 '자신감'을 기를 수 있도록 하였다.

▶ 상급자 과정

'상급자 과정'의 겨루기에서는 앞발 내딛기, 나래차기, 돌개차기, 비틀어 피하기 등과 같은 고난도의 기초 겨루기 기술을 숙달하여 능숙하게 발휘할 수 있는 능력을, 품새에서는 태극 품새의 사상을 이해하고 복합 동작을 리드미컬하게 표현할 수 있는 있는 능력을, 격파에서는 등주먹 앞치기, 팔꿈치 돌려치기, 돌개차기 등과 같은 다소 어려운 기본 격파기술과 뛰어 옆차기, 뒤후려차기, 뛰어 뒤차기 등과 같은 응용 격파 기술을 효과적으로 발휘할 수 있는 능력을 기를 수 있도록 하였다. 그리고 '상급자 과정'의 겨루기에서는 상대의 공격 및 방어 유형을 간파하여 그에 적합한 기술로 공격 및 방어할 수 있는 지적 능력을, 품새에서는 음양의 원리와 팔괘를 이해하고 힘의 강약을 조절하며 시연할 수 있는 지적 능력을, 격파에서는 접촉면을 최소화하고 단련으로 충격량을 증가시켜 효율적으로 격파할 수 있는 지적 능력을 기를 수 있도록 수련 내용을 구성하였다. 또한, 겨루기에서는 자신을 낮춰 상대를 존중하는 '겸양'을, 품새에서는 태권도 기술의 수월성에 끊임없이 도전하는 '끈기'를, 격파에서는 힘과 기를 모아 격파하는 '집중력'을 기를 수 있도록 하였다.

〈 태권도 유급자 과정 내용체계 〉

과정 주제	유급자 과정		
	초급자 과정(0-7급)	중급자 과정(6-4급)	상급자 과정(3-1급)
이론 (지적 가치)	• 태권도 의례 의식 • 기본동작의 역학적 이해 • 태권도의 어원적 이해	• 태권도 약사 • 태권도의 공방 목표 • 태권도 경기·경연 규칙	• 태권도의 수련 가치 • 태권도와 신체건강 • 태권도와 정신건강
겨루기 (경쟁 가치)	심동 영역 • 왼·오른 겨룸새 • 제자리 딛기, 발 바꾸어 딛기 • 두발 내딛기·물러딛기 • 뒷발 뻗어 올리기 • 몸통·얼굴 앞차기 • 뒷발 몸통·얼굴 돌려차기, 앞발 몸통 돌려차기, 발붙여 돌려차기 • 뒷주먹 지르기 • 안·바깥·내려·올려막기 인지 영역 • 상대 주시 • 중심 이동 정의 영역 • 예의	심동 영역 • 뒷발 내딛기, 앞발 물러딛기 • 옆차기, 발붙여 옆차기, 뒷발 내려차기 • 앞주먹 지르기 • 두 팔 엇걸어 안·바깥·내려·올려 막기 • 숙여·젖혀 피하기 • 발들기·발 구르기 속임동작 인지 영역 • 공방 타이밍 • 목표 적합 반응 • 맞서기 선제공격 전술, 엇서기 선제공격 전술 정의 영역 • 협동	심동 영역 • 앞발 내딛기, 뒷발 물러딛기 • 나래 차기, 돌개 차기, 뒤 후려차기, 뒤차기, 뛰어 돌개차기, 뛰어 뒤차기 • 비틀어 피하기 • 발 이용·몸 이용 속임동작 인지 영역 • 거리 조절 • 공방 유형의 파악 • 맞서기 공격에 대한 방어 전술과 방어에 이은 공격 전술, 엇서기 공격에 대한 방어전술과 방어에 이은 공격 전술 정의 영역 • 겸양

품새
(연마 가치)
	심동 영역
	• 태극 1-2장
	• 품새 외 기본동작
	  - 나란히서기, 주춤서기
		심동 영역
		• 태극 3-5장
		• 품새 외 기본동작
		  - 앞·모 주춤서기
			심동 영역
			• 태극 6-8장
			• 품새 외 기본동작
			  - 앞꼬아서기, 모서기

과정 주제	유급자 과정		
	초급자 과정(0-7급)	중급자 과정(6-4급)	상급자 과정(3-1급)
품새 (연마 가치)	- 바깥막기 - 아래 지르기 - 세워 지르기 **인지 영역** • 태극사상의 이해 • 시선과 완급 **정의 영역** • 인내	- 거들어 바깥막기 - 세워·엎어 찌르기, 거들어 엎어찌르기 - 손날 바깥치기, 제비품 앞치기 **인지 영역** • 호흡-기합의 일치 • 중심이동의 안정 **정의 영역** • 성실	- 비틀어 바깥막기 - 돌려지르기, 치지르기, 뒤지르기 - 내려찍기, 안찍기, 앞찍기 - 메주먹 안치기·바깥치기 **인지 영역** • 음양과 팔괘의 이해 • 힘의 강약 **정의 영역** • 끈기
격파 (도전 가치)	**심동 영역** • 기본 격파 - 지르기, 내려지르기 - 앞차기, 돌려차기, 옆차기 **인지 영역** • 사용부위 단련법 • 격파물과 파지법 • 자세 안정과 무게중심 이동 **정의 영역** • 용기	**심동 영역** • 기본 격파 - 돌려지르기 - 손날 안치기·바깥치기 - 내려차기, 뒤차기, 뒤후려차기 • 응용 격파 - 뛰어 앞차기, 뛰어 돌려차기 **인지 영역** • 작용-반작용과 상해예방 • 타격지점 포착 **정의 영역** • 자신감	**심동 영역** • 기본 격파 - 등주먹 앞치기, 등주먹 바깥치기 - 손날 내려치기, 팔꿈치 돌려치기 - 나래 차기, 돌개 차기 • 응용 격파 - 뛰어 옆차기, 뛰어 뒤차기, 뛰어 뒤후려차기, 뛰어 앞차기 3단계 **인지 영역** • 단련과 충격량 중가 • 접촉면 최소화와 격파력 향상 **정의 영역** • 집중력

2) 유단자 과정 내용 체계

태권도 교육의 '일반 목표'는 태권도의 가치를 내면화하고 실천함으로써 자신을 조절하고, 다른 사람과 조화롭게 생활하는 가운데 인류 사회에 공헌할 수 있는 홍익인간을 기르는 것이다. 태권도의 가치를 내면화하기 위해서는 태권도를 종합적으로 체험할 수 있어야 한다. '태권도 표준교육과정'은 태권도의 세 가지 가치를 종합적으로 체험하면서 내면화할 수 있도록 구성하였다. 유단자의 경우 심화 학습기에 해당하므로 유급자 과정에서 학습한 기본 기술과 전술 및 태권도 이론을 심화 발전시키고, 새로운 기술이나 전술 등을 창의적으로 발휘하면서 '조화', '홍익'과 관련된 인성을 기를 수 있도록 수련 내용을 선정하였다.

유단자 과정에서 수련해야 할 교육 내용은 1~3단을 '저단자 과정', 4~6단을 '중단자 과정', 7~9단을 '고단자 과정'으로 세분하고, 각 과정에서 반드시 수련해야 할 필수 수련 내용을 유급자 과정에서와 같이 '겨루기', '품새', '격파'로 구분하여 제시하였다. 각 과정별로 '겨루기', '품새', '격파'에서 어떤 기술이나 이론 및 인성을 필수적으로 가르쳐야 하는지를 구체적으로 제시하였다. 유단자 과정의 수련 내용 선정도 유급자 과정처럼 세 가지 주제별로 반드시 가르쳐야 할 필수 내용을 심동 영역, 인지 영역, 정의 영역의 세 차원에서 구체적으로 제시하였다.

▶ 저단자 과정

'저단자 과정'의 겨루기에서는 유급자 과정에서 익힌 겨루기 기술을 숙달하고 연결 딛기, 비켜 딛기, 뛰어 돌려차기, 밀어차기 등과 같은 고난도 기술을 새롭게 익혀 다양한 선제공격을 할 수 있는 능력을, 품새에서는 고난도 기본 동작을 습득하면서 고려, 금강, 태백의 사상을 이해하고 완급을 조절하며 유연하게 표현할 수 있는 능력을, 격파에서는 치지르기, 엎어 찌르기 등과 같은 고난도 기본 격파 기술과 모둠발 앞차기, 540도 뒤후려차기 등의 고난도 응용 격파기술을 익혀 효율적으로 격파할 수 있는 능력을 기를 수 있도록 하였다. 그리고 '저단자 과정'의 겨루기에서는 상대가 자주 사용하는 지배적인 기술을 파악하고 취약점을 간파하여 반격할 수 있는 지적 능력을, 품새에서는 수행 속도의 완급을 조절하여 유연하게 표현할 수 있는 지적 능력을, 격파에서는 힘을 모아 격파물에 효율적으로 전달할 수 있는 지적 능력을 기를 수 있도록 수련 내용을 구성하였다. 또한, 겨루기에서는 상대를 귀하게 여기며 함께 연습하는 '존중'을, 품새에서는 힘든 숙련 과정을 흔들림 없이 지속하는 '부동심'을, 격파에서는 실패하지만 새롭게 도전하는 '적극성'을 기를 수 있도록 하였다.

▶ 중단자 과정

'중단자 과정'의 겨루기에서는 '저단자 과정'까지 익힌 각종 겨루기 기술을 충분히 숙달하고 돌아 딛기, 앞발 돌려차기, 뒷발 안 또는 바깥 내려차기 등과 같은 고난도 기술을 충분히 익혀 선제공격이나 반격을 능숙하게 발휘할 수 있는 능력을, 품새에서는 고난도 기본 동작을 습득하면서 평원, 십진, 지태의 사상을 이해하고 균형의 묘를 표현할 수 있는 능력을, 격파에서는 고난도 앞공중돌아 내려차기, 모둠발 앞차기, 가위차기, 장애물 밟고 뛰어 돌려차기 등과 같은 고난도 도약 격파기술을 익혀 정확하고 안정되게 격파할 수 있는 능력을 기를 수 있도록 하였다. 그리고 '중단자 과정'의 겨루기에서는 상대의 공격 의도를 포착하고 필요한 기술을 즉각 발휘할 수 있는 능력과 선제 및 반격 전략을 구상할 수 있는 지적 능력을, 품새에서는 진퇴의 조화와 회전 후 균형의 묘를 잘 표현할 수 있는 능력과 품새의 사상과 구조를 이해하고 유급자 품새를 창안할 수 있는 능력을, 격파에서는 회전 운동의 원리를 알고 운동량을 극대화할 수 있는 능력과 격파의 구성 원리를 이해하고 도약 격파 프로그램을 개발할 수 있는 지적 능력을 기를 수 있도록 수련 내용을 구성하였다. 또한, 겨루기에서는 공동의 목표를 위해 함께 노력하는 '공감'을, 품새에서는 힘의 강약과 속도의 완급을 조절하여 유연하게 시연하는 가운데 마음을 평안하게 유지하는 '평정'을, 격파에서는 수월성에 도전하여 성공과 실패를 거듭하며 강한 의지를 키우는 '불굴'의 의지를 기를 수 있도록 하였다.

▶ 고단자 과정

'고단자 과정'의 겨루기에서는 연결 딛기, 앞 밀어차기 등과 같은 고난도 기술을 그동안 익힌 다양한 겨루기 기술과 연계하여 숙달한 다음 자동화 수준의 공격 및 방어 기술을 발휘할 수 있는 능력을, 품새에서는 고난도 기본 동작을 습득하면서 천권, 한수, 일여의 사상을 이해하고 우주의 진기를 모아 미적 표현을 극대화할 수 있는 능력을, 격파에서는 장애물을 밟거나 넘어 돌려차기, 일렬차기, 다방향 차기 등과 같은 고난도 장애물 격파기술을 익혀 호흡과 동작이 일치를 이뤄 완숙하게 격파할 수 있는 능력을 기를 수 있도록 하였다. 그리고 '고단자 과정'의 겨루기에서는 상대의 움직임을 미리 예측하고 적합한 기술을 발휘할 수 있는 능력과 코트를 효율적으로 운영하며 겨루기 할 수 있는 지적 능력을, 품새에서는 우주의 진기를 모아 아름답게 표현할 수 있는 능력과 품새의 사상과 구조를 이해하고 유단자 품새를 창안할 수 있는 지적 능력을, 격파에서는 호흡과 동작이 일치되어 완성에 이르도록 할 수 있는 능력과 격파의 구성 원리를 이해하고 장애물 격파 프로그램을 개발할 수 있는 지적 능력을 기를 수 있도록 수련 내용을 구성하였다. 또한, 겨루기에서는 공방의 원리를 깨달아 삶의 질서를 터득하는 '준법'을, 품새에서는 몸과 마음, 기술과 정신이 하나 되어 완성에 이르는 '평화'의 정신을, 격파에서는 태권도 기술의 정수를 간파하고 진리를 쫓는 '정의'를 길러 실천할 수 있도록 하였다.

〈 태권도 유단자 과정 내용체계 〉

과정 주제	유단자 과정		
	저단자 과정(1–3단)	중단자 과정(4–6단)	고단자 과정(7–9단)
이론 (지적 가치)	• 태권도 경기·경연 감상법 • 태권도와 건강 사회 • 태권도 한류 문화	• 태권도 근현대사 • 태권도의 심사와 평가 • 태권도 신기술 및 품새 개발 원리	• 태권도 원천기술의 개발 • 태권도 행정과 정책 • 태권도와 세계 평화
겨루기 (경쟁 가치)	심동 영역 • 왼·오른 앞 딛기, • 왼·오른 뒤 딛기, 연결 딛기, 앞발·뒷발 축 비켜딛기 • 앞발 후려차기, 뛰어 후려차기, 뒷발 끌어 앞 돌려차기, 뒷발 끌어 뛰어 내려차기 • 앞발·뒷발 밀어차기 • 손날 올려·내려 동시막기 인지 영역 • 지배 기술 간파 • 주요 약점 파악 • 맞서기 반격 전술, 서기 반격 전술 정의 영역 • 존중	심동 영역 • 앞발·뒷발 축 끌어딛기, 뒷발·앞발 돌아딛기 • 앞발 돌려차기, 앞발 내려차기, 뒷발 안·바깥으로 내려차기, 뒷발·앞발 옆 밀어차기 인지 영역 • 공간 지각 • 공방 의도의 포착 및 반응 • 선제 공격전략, 반격 전략 정의 영역 • 공감	심동 영역 • 다양한 연결 딛기 • 뛰어 옆차기 • 발붙여 앞 밀어차기 • 발붙여 옆 밀어차기 • 뛰어 앞차기 인지 영역 • 예측 및 자동화 • 코트 운영 전략 정의 영역 • 준법
품새 (연마 가치)	심동 영역 • 고려~태백	심동 영역 • 평원~지태	심동 영역 • 천권~일여

과정 주제	유단자 과정		
	저단자 과정(1–3단)	중단자 과정(4–6단)	고단자 과정(7–9단)

품새
(연마 가치)
	• 품새 외 기본동작
	  – 손날 올려막기, 편손 산틀막기
	  – 등주먹 내려치기, 등주먹 옆치기, 메주먹 옆치기, 팔꿈치 옆치기
	  – 팔꿈치 눌러꺾기
	  – 눌러빼기, 휘둘러빼기
	인지 영역
	• 속도의 완급
	• 동작의 유연한 전개
	정의 영역
	• 부동심
		• 품새 외 기본동작
		  – 곁다리서기
		  – 바깥·안 차막기, 앞·옆 차막기
		  – 당겨 팔꿈치 앞치기, 손날 옆치기, 손날등 옆치기
		  – 목 비틀어꺾기
		  – 밀어내기, 밀쳐내기
		인지 영역
		• 진퇴의 조화, 회전과 균형
		• 품새의 사상과 구조의 이해와 유급자 품새의 창안
		정의 영역
		• 평정
			• 품새 외 기본동작
			  – 잦은발 딛기
			  – 금강 앞지르기, 'ㄷ'자 지르기
			  – 굽힌손목 바깥막기, 손날등 바깥막기, 휘둘러 막기
			  – 뛰어몸돌아 표적치기, 굴러차기, 잡고차기
			인지 영역
			• 미의 생성과 표현, 우주 진기의 표현
			• 품새의 사상과 구조의 이해와 유단자 품새의 창안
			정의 영역
			• 평화

격파
(도전 가치)
	심동 영역
	• 기본 격파
	  – 치지르기
	  – 손날등 안치기
	  – 엎어 찌르기, 세워 찌르기
	• 응용 격파
	  – 뛰어 두 발 앞차기, 모둠발 앞차기, 뛰어 돌려차기 3단계, 540도 돌개차기, 540도 뒤후려차기
	인지 영역
	• 힘의 효율적 전달
	정의 영역
	• 적극성
		심동 영역
		• 응용 격파
		  – 앞공중돌아 내려차기, 공중돌아 앞차기, 옆공중돌아 옆차기, 모둠발 앞차기, 가위차기, 장애물 밟고 뛰어 돌려차기, 뛰어 앞차기 4단계
		인지 영역
		• 회전 운동과 운동량
		• 격파의 구성 원리 이해와 도약, 격파의 창안
		정의 영역
		• 불굴
			심동 영역
			• 응용 격파
			  – 장애물 밟고 돌개차기, 장애물 넘어 돌개차기, 장애물 넘어 옆차기, 다방향 차기, 일렬 차기, 자유 차기
			인지 영역
			• 호흡과 동작의 일치와 완성
			• 격파의 구성 원리 이해와 장애물, 격파의 창안
			정의 영역
			• 정의

태권도 교육론

제3부
태권도 지도론

05 능동적 태권도 지도
06 태권도 수련환경의 조성
07 태권도 수업의 계획
08 태권도 수업의 실행
09 모형중심 태권도 수업

제5장 능동적 태권도 지도

1. 사범의 신념

　태권도 사범은 태권도를 가르치는 사람으로서 뚜렷한 지도 철학을 가지고 있어야 한다. 태권도 지도에 대한 사범의 생각이 그의 수업 행동에까지 영향을 미치기 때문이다. 태권도 사범은 태권도의 특성, 추구 가치, 수련생 등에 대한 자기만의 고유한 신념을 가지고 있어야 한다.

　우선 태권도 사범은 태권도가 어떤 특성의 운동인지에 대한 자기 신념을 가져야 한다. 태권도는 어떤 운동인가? 스포츠인가, 무예인가, 무예 스포츠인가? 태권도 수련은 인성교육에 도움이 되는가? 태권도 수련은 정서 교육에 도움이 되는가? 태권도 수련은 지적 능력을 향상시키는가? 이러한 질문에 답함으로써 태권도 지도에 대한 자기 신념을 구축할 수 있다.

　태권도를 가르치는 사범으로서 가져야 할 또 다른 신념은 태권도의 가치에 대한 신념이다. 태권도를 통해서 배울 수 있는 내용은 품새, 겨루기, 격파 등 다양하며 그 과정을 통해서 추구할 수 있는 가치 또한 신체적 가치, 지적 가치, 인성 교육적 가치 등 다양할 수 있다. 사범은 이에 대한 자기 신념을 가져야 한다. 어떤 내용을 중요하게 가르쳐야 하는가? 정한 내용을 가르치면서 신체적, 지적, 인성 교육적 가치 중 어떤 가치를 강조할 것인가? 태권도 사범이 어떤 가치정향을 갖느냐에 따라 선정하는 지도 내용과 방법이 크게 달라질 수 있다.

　태권도 사범은 수련생에 대해서도 자기 나름의 신념을 가지고 있어야 한다. 수련생은 스스로 수련하는가? 사범의 권위를 쫓아 수련하는가? 직접 지도와 간접 지도 중 어느 방법이 더 효과적인가? 겨루기와 품새는 다른 지도 방법으로 가르쳐야 하는가? 인성은 어떻게 가르치고 평가해야 하는가? 태권도 기술, 태권도 인성, 태권도 지식은 따로 가르쳐야 하는가, 통합적으로 가르쳐야 하는가? 통합적으로 가르친다면 어떻게 통합해야 하는가? 남자 수련생과 여자 수련생은 다르게 가르쳐야 하는가? 유급자와 유단자는 다르게 가르쳐야 하는가? 수련생에 대한 이해가 다르면 그에 따른 내용의 선정 및 조직과 지도방법이 크게 달라질 수 있다.

　사범이 태권도의 특성, 태권도의 추구 가치, 수련생 등에 대해서 어떤 신념을 갖게 되면 그 신념체계로 태권도 교육을 바라보며 자신의 신념 체계와 일치하지 않는 지식은 거부하거나 배척하는 경향이 있다. 그 결과 자신의 신념체계가 더욱 확고해지면서 웬만해서는 자신의 신념체계를 바꾸지 않고 오히려 다른 사람의 신념체계를 무시하게 된다. 자신의 신념체계를 잘 구축하는 것도 중요하지만 자신과 다른 가치 정향을 갖고 있는 사람의 의견을 탐색적으로 수용하거나 적극적으로 이해하여 자신의 신념체계를 새롭게 구축하는 열린 마음을 가져야 한다.

　사범은 태권도를 어떤 성격의 운동으로 규정할 것인지, 태권도에서 중요하게 추구해야 하는 가치는 무엇인지, 수련생은 어떤 태도로 가르쳐야 하는지 등에 대한 자기만의 신념을 가질 권리가 있다. 사범이 수련생에 대해서 어떤 신념을 갖느냐에 따라 다른 사범과 다른 경력을 쌓으며 다른 태권도 전문인으로 성장하게 된다. 따라서 사범은 자신의 신념체계를 끊임없이 점검하면서 지도 능력의 향상에 도움이 되는 지식이나 지도 기술을 적극적으로 수용해야 한다. 동료 사범이나 태권도 교육전문가와 자신의 신념체계를 용기 있게 비교하며 자신의 신념체계를 구축하고, 또 새롭게 구축해 나가야 한다. 사범은 수련생을 위해 존재하므로 수련생 교육에 도움이 되는 각종 지식이나 기술을 적극적으로 수용함으로써 자신의 신념체계를 끊임없이 새롭게 구축하는 열린 마음을 가져야 한다.

2. 사범의 지도 의지

　어떻게 하면 유능한 태권도 사범으로 인정받을 수 있을까? 태권도를 지도하는 사범이라면 누구나 수련생을 더 잘 가르치고 싶어 하며, 그렇게 되기 위해 노력한다.

수련생을 더 잘 가르치고 싶은 마음은 유능한 사범이 되기 위한 그 어떤 노력에 우선하는 토대 요인이다. 사실 수련생을 좀 더 잘 가르치려는 강한 의지만 있으면 그것이 그렇게 어려운 일은 아니다. 오히려 문제가 되는 것은 오랜 기간 태권도를 수련했고, 각종 사범 교육을 받았음에도 불구하고 더 잘 가르치려는 의지가 없는 것이다.

사범이 보다 잘 가르치려는 강한 의지만 있으면 교육학이나 스포츠 교육에서 연구 개발된 다양한 교수 기능을 활용하여 자신의 지도 능력을 얼마든지 향상시킬 수 있다. 잘 가르치는 사범으로 인정받기 위해서는 장기간의 수련과 오랜 지도 경험이 필요할 것이다. 그러나 유능한 사범으로 성장하는데 필요한 기본적인 지도 능력은 지도 기술 연습법의 도움을 받으면 단기간에 상당한 수준으로 끌어올릴 수 있다. 기본적인 지도 기술을 연습하고 다양한 수업 상황에서 훈련하면 곧 어떤 수업 상황에서도 자신 있게 가르칠 수 있게 된다.

유능한 태권도 사범이 되기 위한 기본 조건은 수련생을 잘 관리하여 수업에 방해되는 행동을 최소화하면서 목표 관련 수련 시간을 최대한 확보하는 것이다. 태권도 수업의 성공 여부는 수련생이 목표와 관련된 활동에 얼마나 많은 시간을 소비하느냐에 의해 결정되기 때문이다. 행동주의심리학적 관점에서 유능한 사범은 수련생의 능력에 적합한 수련시간을 최대한 제공함으로써 수련생 각자에게 최적의 학습이 일어나도록 가르치는 사범이다. 어떤 사범이 유능한지 그렇지 않은지는 그의 독특한 교수 스타일에 의해 결정되는 것이 아니라 그가 가르치는 수련생의 수련 결과에 의해 결정된다. 따라서 유능한 사범은 수련 활동을 중요하게 생각하고, 그것을 촉진하는 일에 강한 의지를 보이는 사범이다.

뿐만 아니라 유능한 태권도 사범이라면 수련생이 태권도를 좀 더 재미있게 수련할 수 있도록 도와주며 동기를 부여할 수 있어야 한다. 그러한 사범을 육성하기 위해서는 우선 대학의 태권도 사범 양성과정과 국기원의 태권도 사범 교육 시 유능한 사범으로 성장할 수 있도록 자기 성장에 대한 강한 의지를 심어줄 수 있어야 한다. 나아가 사범의 성장 의지를 사범 생활을 통해서 견지해 나갈 수 있도록 해야 한다. 즉 대학에서 태권도 사범 교육을 받으면서 지도 기술을 충실히 연마하고, 현장 경험을 통해 숙달해 나가면 곧 다양한 수련상황이나 수련생의 요구에 적절히 대응하여 가르칠 수 있게 되고, 마침내 유능한 사범으로 인정받게 된다.

이처럼 유능한 사범으로 성장하는데 필요한 기본 지도 기술은 이론 공부로 얻어지는 것이 아니다. 그것은 가르치는 연습을 통해서 길러진다. 스포츠 기능을 가장 효과적으로 습득하는 방법은 유능한 코치의 지도를 받으며 연습하는 것이다. 태권도 수업을 효과적으로 진행하는 방법 또한 수련 활동에 대한 구체적인 피드백 정보를 제공받으며 연습할 때 가장 효과적이다. 지도 능력을 향상시키려는 계속적인 노력에도 불구하고 발전하는 모습이 보이지 않으면 효율적인 지도에 대한 이해가 부족하거나 지도 기술 연습 기회가 부족하지 않은지 반성해볼 필요가 있다. 이 책은 유능한 태권도 사범으로 성장하고 싶어 하거나 그러한 노력에도 불구하고 지도 능력이 크게 향상되지 않는 사범에게 유익한 길잡이가 될 것이다.

3. 사범의 지도 책무

수련생들은 다양한 이유에서 태권도 도장을 찾는다. 좀 더 건강하길 바라는 마음, 공부를 좀 더 잘 하고 싶은 마음, 친구들과 더 잘 지내고 싶은 마음, 좀 더 예의 바르게 행동하고 싶은 마음, 좀 더 적극적이고 도전적으로 변화되고 싶은 마음 등으로 태권도 도장을 찾는다.

태권도 도장이 탁아소나 놀이방이 아닌 이상 태권도 고객인 수련생의 요구에 부응하는 노력을 하지 않을 수 없다. 태권도 도장을 찾는 사람들은 태권도 수련을 통해서 자신이 원하는 무엇인가를 얻을 수 있을 것이라는 믿음으로 회비를 내고 있으며, 사범은 그에 응답해야 할 책무가 있다. 물론 태권도 소비자가 원하는 모든 교육을 하는 것은 불가능하며, 때로는 태권도 소비자가 원하는 이상의 교육을 해야 하는 경우도 있다. 좀 더 건강해지기 위해서 도장을 찾았는데 다른 사람과의 소통 능력이나 다른 사람을 친절하게 대하는 태도 등 인성이 좋아져 기대 이상의 성과를 거두는 경우도 있다. 태권도 사범은 그러한 교육을 위해 열심히 노력하는 교육자가 되어야 한다.

태권도 교육에 대한 책무는 사범에게 부담으로 작용할 수도 있지만 잘 이해하고 수용하면 오히려 도장 운영에 도움이 될 수 있다. 수련생이 일정 기간 태권도를 수련하였음에도 불구하고 체력 수준에 큰 변화가 없고, 성격이 더욱 공격적으로 바뀌고, 학교 성적은 오히려 떨어진다면 그 도장의 태권도 교육과정이나 교육방식이 바뀌어야 하는 것은 당연한 일이다. 가끔, 태권도 도장이 학교의 선행 학습을 도와주거나 다른 운동을 가르친다는 이유로 비난받기도 한다. 태권도 도장에서 태권도 외의 다른 운동을 맛보게 하거나 선행 학습을 도와주는 것과 같은 활동을 무조건 못하게 할 수는 없다. 그러나 태권도 도장은 태권도의 중요한 가치를 교육하는 곳이며, 태권도 사범의 일차적 책무는 태권도와 태권도를 통한 교육을 하는 일이라는 것을 잊지 말아야 한다.

4. 태권도 지도 관점

"유능한 태권도 사범은 태어나는가? 길러지는가?" 이 질문은 "사범의 지도 능력은 가지고 태어나는가? 체계적으로 기를 수 있는 능력인가?"에 대한 답을 찾는 질문이기도 하다. 지도 능력은 체계적으로 기를 수 있다고 생각하는 사범이 있는가 하면, 그것은 체계적으로 개발할 수 없는 본성적 특성이라고 생각하는 사범이 있다. 전자를 지도에 대한 '과학적 접근'이라고 하고, 후자를 지도에 대한 '예술적 접근'이라고 한다. 지도 능력을 예술적 특성으로 보는 사범은 지도 능력은 다음 세대로 전달되는 특성이 아니라고 생각한다. 지도에 대한 이러한 입장은 대학의 태권도학과나 국기원에서 예비 사범을 교육하는 것은 교육비용의 낭비라는 주장과 다름이 없다.

어쩌면 지도 능력에 대한 '과학적 접근'과 '예술적 접근'을 두고 논쟁하는 것이 무의미한 일일지도 모른다. 예술가에게는 숙달해야 할 기초 기술이 있고 그것은 체계적이고 과학적으로 배우면 효과적이기 때문이다. 예술 활동에 필요한 기초 기술을 연습할 때 피드백을 제공하면 그것을 더 효과적으로 배울 수 있다. 그렇게 기초 기술을 숙달하고 나면 그것을 토대로 더욱 새롭고 복잡한 기술을 배워나갈 수 있다. 예술가를 이러한 관점에서 바라본다고 해서 그에 대한 예술적 견해가 바뀌는 것은 아니다. 같은 교육을 받은 예술가들이 서로 다르게 공연하듯이 같은 지도자 교육을 받은 사범이 서로 다르게 가르치는 것을 우리는 쉽게 목격할 수 있다. 기초 기술을 과학적으로 학습하면 창의성이 훼손될 수 있다는 주장에 대해서는 더 많은 논의가 필요한 것 같다.

우리는 태권도를 가르치면서 '김태훈' 선수와 '이대훈' 선수의 각기 다른 겨루기 스타일을 가르치지 않는다. 뿐만 아니라 그들의 겨루기 스타일을 수련생에게 강요하지도 않는다. 우리는 차기, 지르기, 딛기, 피하기, 막기 등 겨루기에 필요한 기본 기술을 가르치고, 피하고 차기, 딛고 차기, 속이고 차기 등과 같은 기본 전술을 가르친다. 수련생은 이와 같은 기술과 전술을 똑같이 배우지만 결국 자기만의 겨루기 기술이나 전략을 개발하게 된다. 지도 기술을 배우거나 지도 능력을 개발하는 것도 이와 크게 다르지 않다.

5. 태권도 지도기술 연습법

태권도를 가르치는데 필요한 지도 기술은 어떻게 기르는 것이 가장 효과적인가? 지도 능력은 수련생을 직접 가르치면서 개발하는 것이 가장 효과이다. 그런데, 그러한 상황을 만드는 것이 현실적으로 어렵거나 설사 가능해도 체계적인 지도를 받으며 지도 기술을 향상시키는 것이 쉽지 않은 현실이다. 이런 경우 아래와 같은 대안을 모색할 수 있다.

1) 혼자 연습

어떤 운동 기술은 '혼자 연습'하는 것이 더 효과적일 수 있다. 새로운 지도 기술을 배우는 것도 혼자 연습하는 것이 때로는 더 효과적일 때가 있다. 수련생이 도장에서 바람직한 행동을 할 때 그것을 칭찬하는 것과 같은 지도 기술은 사범 혼자서도 얼마든지 연습할 수 있다. 수련생의 바람직한 행동을 칭찬하는 것이 얼핏 보기에는 쉬워 보이지만 막상 시도해 보면 그렇게 쉬운 일이 아니라는 것을 곧 깨닫게 된다. 특히 그동안 수련생을 칭찬하는데 인색했던 사범이라면 더 큰 어려움을 느끼게 된다. 상황에 적합하고 수련생의 기대에 부응하여 칭찬하는 것은 생각처럼 쉽지 않다.

칭찬과 같은 지도 기법은 칭찬 횟수를 늘리는 연습을 하거나, 자신의 칭찬 행동을 녹음기, 핸드폰 등으로 녹음하여 다시 듣기를 하는 등의 방법으로 연습하면 단기간에 크게 향상시킬 수 있다. 엄지를 치켜세우거나 인정의 시선을 보내는 것과 같은 비언어적 칭찬도 거울 앞에서 혼자 연습하여 얼마든지 향상시킬 수 있다. 마이클 조던은 경기 전 대기실 벽에 미니 농구 링을 걸어놓고 수십 또는 수백 개의 슛을 연습하며 슛 성공률을 향상시키는 노력을 하였다고 한다. 태권도 사범에게 필요한 핵심 지도 기술도 그와 같이 연습하면 얼마든지 향상시킬 수 있다.

2) 동료 예비 사범과의 연습

대학의 태권도학과에서 사범교육을 받고 있는 예비 태권도 사범들끼리 서로 가르치며 지도 기술을 개발할 수 있다. '태권도 지도법'이나 '태권도 교육론' 등과 같은 과목을 개설하여 동료 예비 사범을 태권도 도장의 수련생으로 간주하고 가르치면서 자신의 지도 기술을 개발하는 것이다 이를 '동료사범 연습법'이라하며 이 연습을 통해 현장에 나가지 않고도 태권도 지도 기술을 효과적으로 향상시킬 수 있다. '동료사범 연습법'은 특히 사범으로서 갖추어야 할 수련생 관리 기술이나 핵심 지도 기술을 연습하는데 매우 효과적인 지도기술 연습법이다. '동료사범 연습법'으로 수업의 전 과정을 가르치며 지도 기술을 연습할 수 있지만, 대개 10~15분 정도의 짧은 수업 시간 동안 몇 가지 지도기술을 연습하는 것이 더 효과적이다. 수업의 전 과정을 녹음하여 예비 사범이 함께 분석, 평가하면 더 큰 효과를 기대할 수 있다.

3) 도장 방문 지도 연습

'도장 방문 지도 연습'은 예비 태권도 사범이 현장 도장을 방문하여 지도 기술을 연습하는 것을 말한다. '도장 방문 지도 연습'과 '지도 실습'은 예비 사범을 교육하는 대학의 태권도학과에서 시급히 도입해야 할 사범교육의 중요한 단계이다. 지도 기술은 혼자 연습하거나 동료 예비 사범을 대상으로 연습하지만 결국에는 도장의 수련생을 직접 가르쳐야 하므로 현장에 직접 나가 가르치는 연습을 해야 한다. '도장 방문 지도 연습'은 예비 태권도 사범이 도장 현장에 나가 5~6명의 수련생을 10~20분 가르치면서 과제 제시 방법, 피드백 제공 방법 등과 같은 핵심 지도 기술을 개발하는 지도 연습법이다. 사범대학 체육교육과에서는 예비 체육교사의 지도 역량을 강화하기 위해 '현장 실습'을 필수 과목으로 개설하고 있다. 아직 '지도 실습'과목을 개설하지 않은 태권도학과가 있다면 조속히 개설하고, '도장 방문 지도 연습'과 연계하여 예비 사범의 지도 기술 개발을 적극 지원해야 한다.

6. 태권도 지도 기술 향상 방법

태권도 지도 기술을 효과적으로 향상시키기 위해서는 무엇보다 실제로 가르치면서 그에 대한 구체적인 피드백을 제공받아야 한다는 점을 앞에서 지적하였다. 모의 지도든 수련생을 직접 가르치든 지도 경험이 쌓이면 더 잘 가르칠 수 있게 되기 때문이다. 문제는 수련생을 지도할 때마다 좋은 지도 습관만 길러지는 것이 아니라는 것이다. 때로는 의도하지 않은 지도 습관이 길러져 오랫동안 지속될 수 있다. 그래서 체계적인 지도 연습이 필요하다. 지도 기술을 체계적으로 연습하면 좋은 지도 습관은 기르고, 나쁜 지도 습관은 크게 감소시킬 수 있다. 그 밖에 사범 자신, 태권도 교육 전문가, 동료 예비 사범, 현직 사범 등의 도움을 받는 것도 지도 기술을 향상시키는 좋은 방법이 될 수 있다.

1) 체계적 연습

자신의 지도 기술을 향상시키기 위해 지도 기술 향상 목표를 설정하고 향상 정도를 시간이나 빈도와 같은 객관적인 자료로 판단하는 '체계적 접근'은 사범의 지도 기술 향상을 위한 중요한 '도우미' 역할을 할 수 있다. 이 책의 11장에 소개한 '체계적 관찰 기법'을 활용하면 지도 기술을 매우 효과적으로 향상시킬 수 있다. 자신의 지도 기술을 향상시키려는 강한 의지를 갖고 있는 사범조차도 수업을 할 때마다 지도 기술 향상 목표를 설정하고, 그것의 달성 여부를 객관적인 자료로 확인하지 않는 경향이 있다. 지도 기술 향상 목표를 세우고, 필요한 자료를 수집하는 것은 매우 귀찮은 일이다. 그러나 지도 기술 향상 목표를 설정하고 그것의 달성 여부를 확인하는 것은 사범의 전문성 향상을 위해서도 반드시 필요하다. 태권도 선수가 자신의 경기력이 얼마나 향상되고 있는지 궁금해 하듯이 태권도 사범 또한 자신의 지도가 수련생의 태권도 수련에 얼마나 도움이 되는지 알고 싶어 하며, 지도 능력 향상에 진력해야 한다.

2) 예비 사범 자신

지도 기술은 스스로 향상시켜 나갈 수 있다. 칭찬의 횟수를 늘리거나 야단의 빈도를 줄이는 등과 같은 간단하지만 중요한 지도 기술은 외부의 도움 없이 스스로 향상시켜 나갈 수 있다. 즉 칭찬 횟수의 증가, 야단이나 비난 횟수의 감소, 긍정적 피드백의 증가 등과 같은 지도 기술은 자신의 평소 칭찬 횟수, 야단 횟수 등에 관한 자료를 수집하고 그에 따른 향상 목표를 설정한 다음 칭찬이나 야단의 회수가 얼마나 증감하였는지 분석, 평가하면 효과적으로 향상시킬 수 있다. 태권도 사범이 수련생에게 제공하는 긍정적 피드백이나 부정적 피드백과 같은 언어 행동에 관한 자료는 몸에 녹음기를 착용하거나 도장에 비디오카메라를 설치하면 쉽게 수집할 수 있다. '엄지 척', '하이파이브', '고개 끄덕임' 등과 같은 신체 언어로 칭찬하거나 바람직하지 않은 행동을 손바닥으로 '제지하는 동작'이나 '고개를 가로젓는 동작' 등은 거울 앞에서 혼자 연습으로 얼마든지 향상시켜 나갈 수 있다.

3) 지도 기술 실습

대학의 태권도학과 교육과정을 살펴보면 태권도 실기 과목과 태권도철학, 태권도사 등과 같은 몇몇 이론 과목과 스포츠 심리학, 스포츠 사회학, 운동 생리학과 등과 같은 체육 내용학 중심으로 구성되어 있다. 태권도 사범 교육이 제대로 이루어지기 위해서는 실기과목이 태권도 기술을 습득하거나 숙달하는 수준에 머물러서는 안 된다. 태권도 사범 교육은 체육교사 양성이나 체육 지도자 양성과 비교할 때 더 전문화되어야 한다. 태권도 사범 교육이 질적 향상을 꾀하기 위해서는 '실기 과목'을 '실기 지도 과목'으로 개설하여 예비 사범이 지도 기술을 실제로 연습하며 지도 능력을 향상시켜 나갈 수 있도록 해야 한다. 예를 들어, '유급자 품새' 과목은 '유급자 품새 지도법'으로 변경하여 유급자 품새를 가르치는 방법에 대한 교육이 이루어 질 수 있도록 해야 한다. 대학 시절부터 지도 기술 향상에 관심을 갖도록 해야 한다. 대학 시절 더 잘 가르치는 문제에 대해 고민하지 않은 사범이 어느 날 갑자기 그 문제에 적극적인 관심을 가질 리가 없기 때문이다.

4) 태권도 교육전문가 도움

대학의 태권도학과에서 예비 사범을 교육하는 태권도학과 교수나 태권도 교육전문가도 예비 사범의 지도 기술 향상에 도움을 줄 수 있다. 태권도 교육 전문가는 오랫동안 태권도 수련을 통해서 지도 능력이 배양되어 있고, 태권도 사범의 역할에 대해서도 잘 알고 있다. 태권도 교육 전문가는 예비 태권도 사범을 교육하고 평가하는 이상의 책무를 부여받은 교수자로서 예비 태권도 사범의 지도 능력 향상을 돕는 조력자이기도 하다. 태권도 교육 전문가는 예비 태권도 사범이 지도 능력 향상 목표를 세우면 그에게 필요한 지도 기술 연습 기회를 제공하고, 적절한 피드백을 제공하는 역할을 수행하는 사람이다. 예비 태권도 사범과 태권도학과 교수는 '보다 유능한 태권도 사범의 교육'이라는 공동 목표를 달성하기 위해 함께 노력하는 동반자 관계가 되어야 한다.

5) 현직 사범의 방문 관찰

예비 사범은 현직 사범, 특히 유능한 현직 사범을 자신의 지도 기술 향상을 위해 적극 활용할 필요가 있다. 지도 기술 향상에 대한 강한 의지가 있다면 유능한 현직 사범의 태권도 수업을 관찰하는 것만으로도 자신의 지도 기술 향상에 도움이 된다. 현직 사범이 수업하는 것을 체계적으로 관찰하는 것은 그의 수업을 구경하는 것과는 엄연히 다르다. 현직 사범의 수업을 관찰한 다음 그가 각종 과제를 어떻게 처리하는지 진지하게 대화하면 더 큰 효과를 얻을 수 있다. 그렇다고 유능한 사범이 수업에서 일어나는 각종 문제를 능수능란하게 처리하는 것을 보고 위축되거나 주눅들 필요는 없다. 그들 또한 자신의 지도 능력을 향상시키기 위해 꾸준히 노력해 왔으며, 그 결과 현재와 같은 수준에 도달하였다. 예비 사범도 대학 시절부터 노력하면 머잖아 그와 비슷한 수준에 도달할 수 있다.

제6장 태권도 수련 환경의 조성

1. 생산적인 수련 환경

잘 진행되는 태권도 수업에서는 사범의 기대에 어긋난 행동을 하는 수련생은 거의 찾아 볼 수 없으며, 대부분의 수련생은 주어진 사범이 제시한 수련 과제를 즐겁게 수행한다. 그렇게 유지되는 수련 환경을 우리는 생산적인 수련 환경이라고 한다. 즉 생산적인 수련 환경은 수련생이 태권도를 즐겁게 수련하면서 기대하는 수련 성과를 얻을 수 있도록 조성된 환경이다. 생산적인 수련 환경은 수련 목표에 적합한 행동은 강화하고, 그에 반대되는 부적합 행동은 억제하여 친사회적 행동을 길러줌으로써 기대하는 수련 목표를 달성할 수 있도록 조성된 수업 환경이다. 물론, 수련 환경만 잘 조성하면 능동적인 사범이 된다는 의미는 아니다. 그렇지만 수업을 효율적으로 운영하면 유능한 사범으로 성장할 가능성을 그만큼 높일 수 있다.

태권도 사범은 지역이나 각 도장의 사정에 따라 약간씩 다를 수는 있지만 일주일에 3~5차례 수련생을 만나 관계를 유지하며 태권도를 가르치게 된다. 사범과 수련생이 태권도 도장이라는 환경에서 함께 공존하기 위해서는 서로 이해, 협력, 배려하는 관계를 유지할 필요가 있다. 사범과 수련생 모두 전쟁하듯이 도장에서 태권도를 가르치고 배우기를 원하지 않기 때문이다. 특히, 사범으로서는 수련생과 긴장관계를 맺거나 불편한 관계를 유지할 이유가 없다.

유능한 사범은 수련생들이 수련 목표와 관련된 활동에 최대한의 시간을 소비할 수 있도록 수련 환경을 조성하는 사범이다. 수련생의 수업 방해 행동을 줄이는데 수업 시간을 소비하면 결국 수련 목표와 관련된 활동에 소비하는 시간이 감소하여 수련 성과의 하락으로 이어질 수 있기 때문이다. 게다가 수련생에게 무엇인가 가치 있는 것을 가르치는 것은 즐거운 일이지만, 끊임없이 수련생의 부적절한 행동을 관리하고, 이탈 행동을 훈육하는 것은 결코 즐거운 일이 아니기 때문이다.

훈육^{discipline}은 사범과 수련생, 수련생과 수련생 간의 바람직한 기대 행동을 개발하여 유지하는 일종의 행동수정 전략이다. 사범과 수련생 간의 바람직한 행동을 기대한다는 것은 곧 평화롭고, 협력적이며, 생산적인 수련 분위기를 조성한다는 의미이다. 적지 않은 사범이 훈육을 단지 부적절한 행동이 없는 상태로 생각하고 있다. 진정한 훈육은 수련생의 방해 행동이나 부적절한 행동이 없는 상태에 만족하지 않고, 친사회적 행동을 길러주는 것이다.

훈육은 가끔 처벌과 비슷한 의미로 사용되기도 하지만, 훈육과 처벌은 사용 의도나 나타나는 행동에 있어서 엄연한 차이가 있다. 처벌^{punishment}은 훈육과 달리 부적절하거나 바람직하지 않은 행동을 한 수련생에게 불쾌감을 줘서 그 행동이 반복해서 일어나지 않도록 하는데 있다. 처벌은 훈육과 같은 의미라기보다는 훈육의 한 종류라고 할 수 있다. 훈육의 궁극적인 목적은 도장에서 일어나는 부적절한 행동을 통제하고, 친사회적 행동을 개발하는데 있다.

2. 친사회적 행동의 개발

훈육은 수련생의 부적절한 행동을 억제, 감소시키는 차원을 넘어 적절한 행동을 유도하고 친사회적 행동을 개발하는 방향으로 이루어져야 한다. 수련생을 효과적으로 훈육하기 위해서는 태권도 수업에 적합한 행동이 어떤 것인지 먼저 파악할 필요가 있다. 적절한 행동은 사범과 수련생과의 상호작용에서 적절한 행동, 수련생과 수련생 간의 상호작용에서 적절한 행동, 시설, 장비 등 물리적 환경과의 관계에서 적절한 상호작용으로 구분할 수 있다. 어떤 행동을 적절한 또는 부적절한 행동으로 규정하는 것은 그 행동이 일어나는 상황이나 맥락과 그것에 반응하는 사범의 개인적 신념과도 밀접한 관계가 있다.

'적절한 행동'을 규정하는 가장 좋은 방법은 '생산적인 수련환경의 조성'을 전제로 수련생과 협의하여 '적절한 행동'을 결정하는 것이다. 사범의 설명에 집중하거나 서로 협력하며 수련하는 등 '적절한 행동'을 수련생과 협의하여 결정하면 수련생은 그것을 자신의 행동규범으로 인식하고 실천할 가능성이 높아진다. 사범과 수련생이 협의하여 결정한 '적절한 행동'이 사범이 기대하는 '적절한 행동'과 일치하면 더 큰 효과를 기대할 수 있다.

사범이 수련생과 협의하여 '적절한 행동'을 규정하면 '적절한 행동'이 더욱 자주 일어날 가능성은 높지만, 그로 인해 '부적절한 행동'이 전혀 일어나지 않는 것은 아니다. 대개 '부적절한 행동'이 일어나면 그것을 신속하게 처리한다. 그러나 부적절한 행동을 신속하게 처리하는 것 못지않게 중요한 것은 '부적절한 행동'에 반대되는 '적절한 행동'을 유도하는 것이다. 적지 않은 사범이 '부적절한 행동'을 처리하면서 동시에 '적절한 행동'을 유도하는 대신 '부적절한 행동'을 감소시키는데 만족하고 있다. 처벌에 호소하여 '부적절한 행동'을 처리하는데 그치면 수련생이 태권도 수업을 꺼리거나, 수련 과제에 소극적으로 반응하거나, 사범에게 불만을 가질 수 있다. 수련생의 '부적절한 행동'을 처벌 위주로 다루는 것은 수련 성과는 물론 그의 정서 발달에도 도움이 되지 않는다.

효과적인 훈육은 이원적 접근$^{dual\ approach}$을 필요로 한다. 수련생을 효과적으로 훈육하기 위해서는 기대하는 '적절한 행동'과 기대하지 않는 '부적절한 행동'을 정확하게 정의할 필요가 있다. '과제 참여행동'이나 '적절한 사회적 행동'은 수련목표를 달성하는데 도움이 되는 '적절한 행동'이고, '과제 이탈 행동'이나 '과제 방해 행동'은 수련 목표의 달성에 방해되는 '부적절한 행동'이다. 훈육의 이원적 접근이 필요한 것은 '부적절한 행동'의 부재가 곧 수련 목표의 달성에 필요한 '적절한 행동'을 보장해 주지 않기 때문이다. 따라서 '과제 이탈'이나 '수업 방해' 등과 같은 부적절한 행동을 억제하는 동시에 과제 참여 행동이나 적절한 사회적 행동 등과 같은 적절한 행동을 조장하는 이원적 접근이 필요한 것이다.

가장 바람직한 훈육 방법은 적절한 행동이 더욱 자주 일어나도록 함으로써 그것에 반대되는 부적절한 행동이 일어나지 않도록 하는 것이다. 이는 행동의 비양립성^{incompatibility}에도 부합하는 훈육 방법이다. 인간은 '바람직한 행동'과 '바람직하지 않은 행동'이라는 서로 반대되는 행동을 동시에 할 수 없다. 따라서 '바람직하지 않은 행동'이 일어나지 않도록 훈육하는 것보다 '바람직한 행동'이 더욱 자주 일어나도록 가르침으로써 '바람직하지 않은 행동'이 자연스럽게 감소하도록 하는 것이 좋다. 가장 바람직한 훈육은 도장에서 배운 바람직한 행동을 실생활에 연장하여 실천할 수 있도록 이끄는 것이다.

헬리슨(Hellison, 1966)은 학생들이 체육수업을 통해 책임 있는 구성원이 되고, 나아가 그러한 행동과 가치를 학교 밖에까지 확장하는 것을 목표로 개인적·사회적 책임감 모형을 개발하여 체육수업에 적용하였다. 헬리슨의 개인적·사회적 책임감 모형을 태권도 도장에 도입하면 바람직한 행동을 유도하는데 도움이 될 뿐만 아니라 그러한 행동을 생활 속에서 실천하는 데에도 도움이 될 수 있다. 헬리슨은 바람직한 행동을 "무책임-존중-참여-자기주도-배려"의 5단계로 나누고 무책임을 '0 수준', 존중을 '1 수준', 참여를 '2 수준', 자기주도를 '3 수준', 배려를 '4 수준'으로 설정하여 바람직한 행동을 단계적으로 형성할 수 있도록 하였다.

수준 0: 무책임
변명하고, 다른 사람의 탓으로 돌리며 책임을 회피하고, 자기의 잘못을 책임지지 않는다.

수준 1: 존중
수련활동에 적극적이지는 않지만 다른 수련생이나 사범을 방해하지 않는다. 사범의 감시 없이 스스로 행동한다.

수준 2: 참여
다른 수련생을 존중하며 수련 활동에 적극적으로 참여한다.

수준 3: 자기주도
다른 수련생을 존중하며 수련 활동에 적극적으로 참여할 뿐만 아니라 사범의 감시 없이 필요한 수련 과제를 찾아서 실행한다.

수준 4: 배려
다른 수련생을 존중하며 수련활동에 적극적으로 참여할 뿐만 아니라 다른 수련생을 지원하며 도움이 되는 노력을 한다.

이와 같은 '수준 개념'을 도입하여 사회성을 기르면 사회성의 발달 정도를 쉽게 파악할 수 있다. "길동이는 책임감이 어느 수준이지!" "'수준 3'에 도달하기 위해서는 어떻게 행동해야 하지!"등과 같은 발문으로 수련생의 사회성 발달 수준을 확인하거나 사회성 발달을 촉진할 수 있다. 수련생이 무책임한 행동을 보이거나(수준 0) 과제에 소극적으로 참여하는 행동을 보일 때(수준 1) 사용하는 전략으로 '인식 대화'와 '수준 경험하기' 등이 있다. '인식 대화'는 사범과 수련생이 각 수준에 해당하는 긍정적인 행동과 부정적인 행동의 예에 대해서 수업 전, 수업 중 또는 수업 직후에 협의하거나 의견을 나누는 것을 말한다. '수준 경험하기'는 어떤 수련 과제를 다른 수련생과 함께 수행하면서 파트너를 '존중(수준 1)'하며 '참여(수준 2)'하는 행동을 개발할 수 있다. 어떤 수련 과제를 자기 진도에 따라 학습할 수 있도록 하면 '자기 주도적(수준 3)' 행동을 개발할 수 있게 된다. 남을 배려하는 행동(수준 4)은 다른 수련생에게 연습 공간의 일부를 양보하고 자기 연습 공간을 확보하도록 하면 개발할 수 있는 행동이다. 어떤 과제나 주제를 함께 해결하는 협동학습의 기회를 제공하는 것도 상대를 존중하거나 배려하는 행동을 배울 수 있는 좋은 기회가 된다.

   도장에서 다른 수련생과 공생하는 친사회적 행동을 가르치는 과정에서 수련생 간의 갈등이 발생할 수 있다. 수련생 간에 발생하는 갈등은 '훌짝 놀이'나 '가위바위보' 또는 '벤치 대화' 등의 방법을 활용하여 쉽게 해결할 수 있다. 특히 '벤치 대화'는 수련생이 대화를 통해 갈등을 해결하는 법을 배울 수 있는 좋은 방법이다. 수련생이 책임 있게 행동하는 친사회적 행동의 개발은 의도적인 노력의 결과로 얻어지는 산물이다. 태권도는 자기 주도적인 수련생, 배려하는 사람, 평화주의자 등을 기를 수 있지만, 그에 반대되는 맹목적인 추종자, 이기주의자, 심지어 공격적인 사람을 기를 수도 있다. 태권도 자체는 가치중립적이지만 수련 과정을 통해서 긍정적인 사람이나 부정적인 사람이 탄생할 수 있다는 것이다. 수련생이 책임 있는 시민으로 성장하길 바란다면 그러한 행동을 기를 수 있는 수련 환경을 조성하여 적극적으로 가르쳐야 한다.

3. 바람직한 훈육 전략

   바람직한 훈육 전략은 수련 방해 행동을 감소시키는데 만족하지 않고 바람직한 행동을 유도하는 방향으로 이루어져야 한다. 수련생의 부적절한 행동을 통제하기 위해서는 처벌이 불가피할 수도 있다. 그러나 훈육은 바람직하지 않은 행동을 처리하는 차원을 넘어 바람직한 행동을 형성하는 방향으로 이루어져야 한다. 즉 훈육은 수련에 방해되는 행동을 멈추는데 그치지 않고 수련에 적극적으로 참가하는 행동을 유도

하는 방향으로 이루어져야 한다.

　바람직한 행동을 형성하거나 바람직하지 않은 행동을 억제하기 위한 훈육 활동은 상황 이론^{contingency theory}을 적용하여 효과적으로 수행할 수 있다. 상황 이론에서 '상황'은 어떤 행동이 발생하는 환경, 일어나는 행동, 일어난 행동에 대해 주어지는 결과의 관계이다. 상황 이론에서 행동에 대해 주어지는 결과는 상 또는 벌이며, 상이나 벌은 어떤 행동이 자주 일어나게 하거나 감소시키는 기능을 한다. 수련생이 어떤 바람직한 행동을 하였을 때 칭찬이나 인정과 같은 상이 결과로 주어지면 비슷한 상황에서 같은 행동을 반복하는 경향이 있으며, 반대로 바람직하지 않은 행동을 하였을 때 불만스런 표정이나 야단과 같은 벌을 주면 그 행동을 더 이상 하지 않는 경향이 있다. 이는 수련생이 도장에서 어떤 행동을 할 때 상이나 벌에 대한 권한이 있는 사범이 어떻게 반응하느냐에 따라 그의 행동이 달라질 수 있다는 의미이다.

　우리는 보통 기대되는 바람직한 행동을 하면 그 행동이 더욱 자주 일어나도록 칭찬하거나 격려하고, 바람직하지 않은 행동을 하면 야단을 치거나 불쾌감을 줘 그 행동이 다시 일어나지 않도록 한다. 그러나 사범은 칭찬이란 상을 주어 바람직한 행동이 자주 일어나도록 하고, 야단이란 벌을 줘 바람직하지 않은 행동이 더 이상 일어나지 않도록 하는데 만족하지 않고 그에 반대되는 바람직한 행동이 더욱 자주 일어나도록 칭찬하고 격려할 수 있어야 한다. 상이나 벌로 바람직한 행동이 증가하거나 바람직하지 않은 행동이 감소하면 그에 따른 상이나 벌을 점차 감소시켜 나가야 하며, 결국 상이나 벌이 따르지 않아도 바람직한 행동을 하도록 유도해야 한다. 다음과 같은 '행동 수전 전략'을 활용하면 수련생의 행동을 효과적으로 변화시켜 나갈 수 있다.

▶ **변화시키고자 하는 행동을 구체적으로 진술한다.**

　어떤 행동을 변화시키고 싶으면 그 행동을 구체적으로 진술해야 한다. 그래야 사범과 수련생 모두가 변화 대상 행동을 쉽게 이해할 수 있다. 또한 사범이 수련생을 싫어하는 것이 아니라 그의 부적절한 행동을 고치는데 관심이 있다는 믿음을 줄 수 있다. 부적절한 행동을 고치기 위해 야단을 치거나, 노려보거나, 불쾌한 표정을 짓거나 할 때에는 그와 같은 벌을 사용하는 목적이 단지 그의 부적절한 행동을 고치는데 있다는 메시지가 정확하게 전달되도록 해야 한다. 그래야 사범을 비정한 사람이나 비인격적인 사람으로 오해하지 않는다.

▶ **행동-결과와의 관계를 신중히 고려한다.**

 수련생이 바람직한 행동을 했을 때는 어떤 상을, 바람직하지 않은 행동을 하였을 때에는 어떤 벌을 받게 된다는 '행동-결과'의 관계를 신중히 고려해야 한다. 예를 들어, 계속 지각하는 수련생에게 "다시 한 번 지각하면 그날은 운동 쉬게 할 거야!" "내가 설명할 때 조용히 경청하면 10분 동안 자율 수련 시간을 주겠어!" 등과 같이 기대하는 행동이나 기대하지 않는 행동을 하였을 때 어떤 상이나 벌을 내릴 것인지 신중하게 수반성^{contingency}을 결정해야 한다.

▶ **조금씩 점진적으로 변화시켜 나간다.**

 행동은 점진적으로 변화되는 경향이 있다. 그러한 경향성은 바람직한 행동과 바람직하지 않은 행동 모두에 동일하게 적용된다. 바람직한 행동이 자주 일어나게 하고 싶으면 매일 좀 더 바람직하게 행동하도록 가르쳐야 하며, 그렇게 계속 노력하면 결국 바람직한 행동을 하게 된다는 신념으로 지도해야 한다. 즉 바람직한 행동을 형성하는 최선의 방법은 비록 크기는 작지만 바람직한 행동을 하면 계속 칭찬하며 강화해 나가는 것이다. 바람직하지 않은 행동에도 같은 규칙을 적용할 수 있다. 세상을 하루아침에 변화시킬 수 없듯이 바람직하지 않은 행동을 하루아침에 바람직한 행동으로 대체할 수는 없다. 심각한 문제 행동이나 부적절한 행동도 구체적으로 정의해서 조금씩 변화시켜 나가면 결국 적절한 행동으로 대체할 수 있다. 작지만 바람직한 방향으로의 변화가 일어나면 그것을 적극적으로 칭찬하고 또 다른 작은 변화를 이끌어내기 위해 노력하면 기대 이상의 효과를 얻을 수 있다.

▶ **현재 행동 수준에서 변화를 시작한다.**

 '문제아'가 어느 날 갑자기 건전한 시민으로 거듭나기는 어렵다. 그동안 어떻게 행동해 왔는지를 파악한 다음 그 수준에서 서서히 고쳐나가야 한다. 우선 수련생 간 서로 존중하는 행동부터 가르치면서 변화가 감지되면 적극적으로 칭찬하며 스스로 수련에 참여하도록 하거나, 다른 수련생을 배려하며 수련하도록 변화시켜 나가야 한다. 현재 수준에서 출발하여 변화의 크기는 작지만 계속해서 바람직한 방향으로 행동을 변화시켜 나가면 곧 기대하는 수준의 바람직한 행동을 볼 수 있게 된다.

▶ **일관성을 유지한다.**

　수련생이 어떤 행동을 하면 어떤 결과가 주어지는지에 대한 '행동-결과'의 관계를 신중히 결정하여 일관성 있게 적용해야 한다. '행동-결과'의 관계가 매일 바뀌면 수련생이 혼란스러울 뿐만 아니라 사범과 수련생 간에 불신이 초래되어 지도 효과가 크게 감소할 수 있다. 사범의 훈육 활동이 수련생의 지지와 협조를 얻기 위해서는 '행동-결과'의 관계를 일관성 있게 적용해야 한다.

4. 바람직한 행동의 유도

　대개 사범은 수련생의 바람직하지 않은 행동이나 부적절한 행동에 대해서는 적극적인 관심을 보이지만 바람직한 행동이나 적절한 행동에 대해서는 당연한 듯 큰 관심을 보이지 않는 경향이 있다. 태권도 사범은 물론 그 밖의 많은 체육지도자들이 가르치는 대상의 바람직하지 않은 행동에 대해 부정적으로 반응하는데 익숙해져 있다. 그래서 체육관이나 운동장이나 태권도 도장은 늘 "조용히 해," "내말 안 들려," "똑바로 서" 등과 같은 부정적이거나 위협적인 표현으로 가득차고, "고마워," "잘 했어," "그렇지" 등과 같은 칭찬하거나 인정하는 표현은 좀처럼 찾아보기 어렵다.

　수련생의 부적절한 행동을 발견하면 형사가 수사 단서를 찾았을 때처럼 즉각 관심을 보이는 사범도 수련생의 바람직한 행동에 대해서는 시큰둥한 무관심으로 일관하는 것을 종종 목격할 수 있다. 수련생의 바람직한 행동에 관심을 보이지 않는 사범에게 즐겁고 유익한 태권도 수업을 기대할 수 있겠는가? 태권도 수련이 즐겁고 유익한 시간이 되기 위해서는 도장이 바람직한 행동으로 가득해야 한다.

　가끔, 바람직한 행동을 유도하는 사범의 노력이 따뜻하고 온정적인 수련 분위기를 해칠 수 있다고 생각하는 사람이 있다. 그것은 사범이 수련생을 무자비하게 대하면서 바람직한 행동을 유도할 때나 일어날 수 있는 일이다. 바람직한 행동을 유도하기 위해 엄격한 사범이나 무자비한 처벌자가 될 필요는 없다. 때로는 수련생을 엄격하게 대하는 것이 불가피한 경우가 있을 수 있다. 그렇다고 그런 경우를 핑계 삼아 무자비한 행동을 합리화 또는 정당화해서는 안 된다. 사범은 수련생을 인격적으로 존중하고, 사랑으로 대하며 온정적인 수련 분위기를 조성하기 위해 최선을 다해야 한다.

능동적인 사범은 바람직한 행동을 유도하는데 필요한 훈육 방법을 잘 알고 그것을 적극적으로 활용하는 사람이다. 훈육 방법은 '제1장'에 소개한 다양한 지도 연습을 통해 크게 향상시킬 수 있다. 하지만 그것을 수련 상황에 맞게 사용하기 위해서는 상당한 연습과 숙달의 과정이 필요하다. 다음과 같은 사항을 고려하여 수련생을 훈육하면 바람직한 행동을 유도하는데 큰 도움이 될 수 있다.

▶ 기대하는 수련 행동을 구체적으로 상기시킨다.

어떤 수련생에게 바람직한 행동을 기대한다면 그 행동을 그에게 구체적으로 상기시켜야 한다. 예를 들어, 미트를 집어던지며 심한 장난을 치는 수련생에게 "여러 사람이 있을 때 미트를 던지지 마세요. 맞은 사람이 다치거나 유리를 깰 수 있으니!"라는 주의를 줄 수 있다. 이때, '미트 금지', '위험'과 같은 단어는 일종의 '상기어'이다. 두 단어가 미트를 던지면 상해를 입을 위험이 있다는 사실을 상기시켜 주기 때문이다. '상기어'는 사범이 수련생에게 어떤 행동을 기대하는지 알려주기 위한 일종의 '자극제'이다. '상기어'는 구체적이어야 하며, 구체적이라 함은 기대하거나 기대하지 않는 행동에 대한 자세한 정보와 그 행동이 일어나거나 일어나서는 안 되는 상황에 관한 자세한 정보를 포함해야 한다. 가끔 수련생이 부적절한 행동을 할 때에만 그것을 상기시켜주는 사범이 있다. '상기어'는 부적절한 행동을 감소시킬 뿐만 아니라 적절한 행동을 유도하는 데에도 적극적으로 활용해야 한다. 예를 들어, "먼저 보는 사람부터 인사하며 사이좋게 지내요!"라는 기대 행동을 '먼저 인사'라는 '상기어'로 강화해 나갈 수 있다. 대개 '상기어'는 기대하는 바람직한 행동이 자주 일어나거나 바람직하지 않은 행동이 감소하면 점차 줄여나가야 한다. 그래야 수련생이 자기 주도적인 학습자로 성장할 수 있다.

▶ 바람직한 행동이 강화되도록 칭찬한다.

칭찬은 할 수 있으면 자주 하는 것이 좋다. 수련생을 효과적으로 칭찬하는 것은 사범으로서 갖추어야 할 매우 중요한 지도 기술이다. 칭찬은 일반적인 칭찬보다 구체적인 칭찬이 더 효과적이다. 예를 들어, "돌려차기, 잘 하고 있어!"라는 일반적인 칭찬보다는 "무릎을 충분히 들어서 접어 차야 하는데, 길동이는 그렇게 잘 차는구나!"와 같은 구체적인 칭찬이 더 효과적이다. 이처럼 어떤 수련 행동에 대해서 구체

적으로 칭찬하면 그로 인해 칭찬받은 행동이 더욱 자주 일어나게 된다. 어떤 행동에 대해서 칭찬을 하면 그 행동이 더욱 자주 일어나야 칭찬으로서 기능을 한 것이라고 말할 수 있으며, 그렇게 되도록 칭찬하며 수련생을 지도해야 한다.

〈 바람직한 행동의 강화 〉

▶ **비언어적 칭찬을 효과적으로 사용한다.**

　비언어적 칭찬은 언어적 칭찬 못지않게 중요하며, 때로는 그보다 더 큰 효과를 발휘하기도 한다. 언어적 행동과 비언어적 행동이 서로 일치하지 않으면 대부분의 경우 비언어적 행동을 타당하게 수용한다. 진심어린 미소를 짓거나 엄지손가락을 위로 세우는 등의 행동은 수련생의 바람직한 행동을 인정한다는 의미이다. 사범과 수련생과의 상호작용에서 언어적 행동과 비언어적 행동은 상호 배타적이라기보다는 상호보완적인 관계에 있다. '잘 했어'라는 칭찬을 하면서 엄지손가락을 위로 세우면 더 큰 칭찬 효과를 발휘하기 때문이다.

5. 루틴과 규칙의 활용

　사범이 수련생에게 기대하는 바람직한 행동이 더욱 자주 일어나는 생산적인 수련 환경을 조성하기 위해서는 태권도 도장에서 반복적으로 일어나는 행동에 대한 루틴과 사범이 기대하는 규칙을 개발하여 가르칠 필요가 있다.

루틴routine은 '화장실 다녀오기', '도장 출입하기' 등 도장에서 매일 일어나는 반복적인 행동이나 수행해야 할 과제를 말한다. 루틴을 잘 개발하여 가르치면 수련생이 루틴에 따라 자율적으로 행동하게 되므로 사범은 교통순경의 역할에서 벗어나 다른 지도활동에 전념할 수 있게 된다. 사범이 반복해서 사용하는 '기합'이나 '구령' 등에 관한 루틴도 미리 가르치면 사범의 지시에 어떻게 반응해야 하는지 잘 알게 되어 수업을 효율적으로 진행할 수 있게 된다. 사실, 이미 적지 않은 사범들이 '도장 출입'이나 '수업 시작' 등에 관한 루틴을 개발하여 활용하고 있다. 도장에 들어올 때는 어떻게 해야 하는지 그리고 운동을 마치고 돌아갈 때에는 어떻게 해야 하는지 도장마다 약간의 차이는 있지만 각 도장의 상황에 맞는 루틴을 개발하여 가르칠 필요가 있다. 또한, 수업 전에 출석은 어떻게 확인하는지, 그 후 수련 준비는 어떻게 하는지 등에 대한 루틴을 개발하여 가르치면 수업을 부드럽게 진행할 수 있다. 루틴은 다음과 같이 설명하면 효과적이다.

▶ **루틴을 실제로 보여주며 설명한다.**

수련생이 쉽게 이해하고 실천할 수 있도록 그들 수준의 언어로 표현되는 루틴 절차를 보여주며 설명한다.

▶ **루틴을 비교하여 보여주며 설명한다.**

기대하는 행동을 비교하여 보여주면 루틴을 더 효과적으로 이해할 수 있다. 도장 루틴에 적합한 행동과 적합하지 않은 행동을 비교하여 보여주면 기대하는 행동을 쉽게 이해하고 행동으로 옮기게 된다.

▶ **루틴을 연습할 기회를 제공한다.**

루틴은 보여주며 설명한 다음 연습할 기회를 주고, 제대로 수행하는지 살핀 다음 고쳐주면 효과적이다. 예를 들어, "준비서기를 한 다음 '시작' 구령에 따라 몸통 지르기를 15회 실시한다."와 같은 루틴을 가르쳤다면 '시작' 루틴에 따라 몸통 지르기 연습을 하면 칭찬하고, 그렇게 하지 않으면 고쳐주며 루틴에 익숙하도록 도와준다.

▶ **루틴의 적절한 수행을 칭찬한다.**

도장에서 준수해야 할 루틴을 잘 따라하면 적극적으로 칭찬하며 루틴 수행의 완성도를 높여가도록 계속 칭찬한다. 루틴의 완성도가 높아지면 어떤 부분이 더 좋아졌는지 구체적으로 칭찬한다.

규칙^{rule}은 사범이 수련생에게 기대하는 바람직한 행동과 바람직하지 않은 행동을 정의하여 공언하는 것을 말한다. 예를 들어, "수련생끼리 마주치면 먼저 보는 사람이 '안녕'하고 인사한다."와 같은 규칙은 수련생에게 기대되는 바람직한 행동이고, "상대가 싫어하는 표현은 하지 않는다."와 같은 규칙은 기대하지 않는 행동이다. 도장에서 지켜야 할 규칙은 구체적으로 가르치고 연습 기회를 줘 충분히 숙지하도록 해야 한다.

규칙은 다른 사람과 더불어 살아가기 위해 꼭 지켜야 하는 행동 양식이라고 할 수 있다. 규칙을 정할 때는 어떤 행동이 수용되거나 수용되지 않는 상황을 구체적으로 설명해야 한다. 예를 들어, 수련생이 위치 이동을 할 때에는 대화하는 것이 허용되지만, 사범이 설명을 할 때에는 조용해야 한다. 일단 도장에 들어오면 항상 조용히 태권도만 수련하게 할 필요는 없다. 이동하거나 차례를 기다리는 동안에는 서로 대화하며 수련 정보를 나누는 것이 오히려 바람직하다. 이처럼 한 상황에서 바람직한 행동이 다른 상황에서 바람직하지 않은 행동으로 간주될 수 있으므로 바람직한 행동과 바람직하지 않은 행동을 구체적인 상황과 관련하여 정의할 필요가 있다.

규칙을 정할 때는 바람직하거나 바람직하지 않은 행동을 하였을 때 어떤 결과가 주어지는지도 구체적으로 정해야 한다. 수련생이 규칙을 따르거나 따르지 않으면 어떤 '상'이나 '벌'을 받게 되는지 신중하게 결정하여 공언할 필요가 있다. 또한 어떤 규칙을 왜 정했는지 그 이유를 설명하는 것도 중요하다. 장황하게 설명할 필요는 없지만, 왜 서로 도우며 수련해야 하는지, 왜 장비를 책임 있게 사용해야 하는지 등을 간단히 설명할 필요가 있다. 예를 들어, 어떤 수련생이 장비를 남용할 때, "그렇게 사용하면 오래 사용하지 못해! 새로 구입할 때까지 낡은 장비를 사용해야해!"라고 장비를 아껴 사용해야 하는 이유를 설명할 수 있다. 다음과 같은 기대 행동은 도장의 규칙으로 정하여 수련생에게 가르칠 필요가 있다.

- **예절**

  예의 바른 행동으로 윗사람을 존경하고, 동료 수련생을 존중하며, 예의 바른 태권도인으로 인정받을 수 있도록 다음과 같은 규칙을 정할 수 있다.

  "사범이나 다른 수련생과 마주치면 먼저 인사한다."

- **태권도 예식**

  도장 출입이나 심사 등에 관한 예식을 바로 익혀 그에 적합하게 행동하도록 다음과 같은 규칙을 정할 수 있다.

  "도장에 들어 올 때 국기에 대해 경례한다."

- **안전사고**

  태권도 수련 장비를 착용하고, 수련생이 안전하게 수련할 수 있도록 다음과 같은 규칙을 정할 수 있다.

  "겨루기 연습 시 다른 수련생과 충분한 거리를 유지한다."

- **상호 존중**

  수련생이 서로 협력하고 배려하며 수련할 수 있도록 다음과 같은 규칙을 정할 수 있다.

  "잘 하는 수련생을 인정하고 잘못 하는 수련생을 격려한다."

- **교구 사용**

  수련 환경을 보호하고 교구나 교재를 안전하게 사용하도록 다음과 같은 규칙을 정할 수 있다.

  "도장을 깨끗하게 사용한다." 또는 "사용한 장비는 자진반납 한다."

- **상호 협조**

서로 도와가며 재미있게 태권도를 수련할 수 있도록 다음과 같은 규칙을 정할 수 있다.

"다른 수련생을 배려하며 즐겁게 수련한다."

- **수련 태도**

바람직한 수련태도를 기르고 성실하게 수련하도록 다음과 같은 규칙을 정할 수 있다.

"항상 최선을 다해 수련한다."

루틴이 도장에서 반복적으로 일어나는 행동을 규정하는 절차라면, 규칙은 다양한 상황에서 일어날 수 있는 일반적인 행동 지침이라고 할 수 있다. 예를 들어, "수련생 간 서로 존중한다." "사용한 장비는 자진 반납한다." 등과 같은 규칙은 어떤 상황에도 적용할 수 있는 규칙이다. 상황에 따라 존중해야 할 대상이나 존중하는 방법이 약간씩 다를 수는 있지만 상호 존중의 태도를 기른다는 차원에서는 같은 교육적 효과를 기대할 수 있다. 규칙을 개발할 때에는 다음과 같은 사항을 고려해야 한다.

- 규칙은 짧고 명확해야 한다.
- 규칙은 연령에 적합해야 한다.
- 규칙은 쉽게 기억할 수 있도록 5~8가지 이내에서 결정한다.
- 규칙은 긍정적인 언어로 기술한다.
- 규칙은 실행 가능한 행동으로 정한다.
- 규칙은 자주 환기시키고 준수하면 적극적으로 칭찬한다.

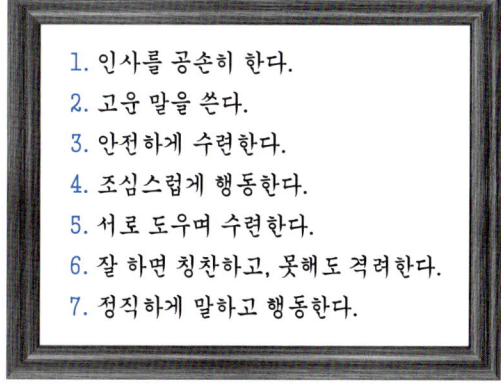

〈 도장 규칙의 예 〉

6. 바람직하지 않은 행동의 감소

"수련생은 계획된 수업에 적극적으로 응할 것이다. 수련생은 사범의 시범과 설명에 집중할 것이다. 수련생은 제시한 과제를 성실히 수행할 것이다."이렇게 잘못된 가정을 하는 사범이 있을 수 있다. 이러한 가정 중 어느 하나만 잘못되어도 수업이 방해를 받으며 진행에 어려움을 겪게 된다. 루틴이나 규칙을 정하고, 다른 긍정적인 훈육 방법을 사용하여 바람직한 행동을 유도하는 노력을 하지만 여러 명이 함께 운동하는 도장에선 예상치 못한 사건이나 행동이 늘 일어나곤 한다. 바람직하지 않은 행동이 무시할 수 있는 수준을 넘어 다른 수련생의 수련 활동을 방해할 정도로 심각해지면 즉각 중단시킬 수밖에 없다. 사범으로서는 당연히 바람직하지 않은 행동을 제지하거나 그것에 반대되는 바람직한 행동을 유도하는 전략을 모색해야 한다. 다음은 바람직하지 않은 행동을 감소시키거나 대체 행동을 강화하는데 효과적인 행동수정 기법들이다.

▶ **바람직하지 않은 행동을 효과적으로 제지 한다.**

수업에 방해되는 행동을 처리하기 위해 사범이 가장 자주 사용하는 지도 기법은 아마 질책 또는 야단일 것이다. 수련생이 바람직하지 않은 행동을 할 때 언어적으로 제지하는 질책$^{verbal\ reprimand}$은 시의 적절해야 하며, 분명하고, 단호해야 한다. 분명하다는 것은 수련생이 무엇을 잘못했는지 명확하게 전달해야 한다는 의미이다. 단순히 "그렇게 하지 마!"가 아니라 "미트를 던지지 마! 다른 수련생에게 위험하고, 도장 기물을 깨트릴 수 있어!"라고 구체적으로 질책해야 한다는 것이다. 단호하다는 의미는 질책이 진심이라는 메시지가 전달되는 행동이 부수적으로 따라야 한다는 의미이다. 부적절한 행동을 한 수련생을 응시하거나 그에게 다가가 심적 부담을 느끼게 하는 것이 좋은 예가 될 수 있다. 시의 적절하다는 것은 부적절한 행동이 확산되기 전에 발견 즉시 제지해야 한다는 의미이다. 부적절한 행동이 발생하여 확산된 다음 처음 부적절한 행동을 한 수련생은 건너뛰고 제2 또는 제3의 수련생을 질책하면 수련생의 신뢰를 얻기 어렵다. 다만, 부적절한 행동을 고치기 위한 질책이 가혹해서는 안 된다. 가혹한 질책은 수련생을 불편하고 불안하게 할 뿐만 아니라 부적절한 행동을 감소시키는 데에도 도움이 되지 않는다.

▶ **관심 끌기 행동을 무시한다.**

어린 수련생은 사범이나 다른 수련생의 관심을 끌기 위해 방해 행동을 자처하는 경우가 있다. 이런 경우 사범이나 주위의 수련생이 그의 행동에 관심을 보이면 같은 행동을 더욱 자주 하게 된다. 수련생이 사범의 관심을 끌기 위해 부적절한 행동을 한다고 판단될 때에는 그 행동을 무시함으로써 행동의 소멸을 유도할 수 있다. 행동 소멸$^{behavioral\ extinction}$은 부적절한 행동을 강화하는 근거가 되는 사범의 관심을 제거함으로써 부적절한 행동의 발생 빈도를 감소시키는 행동수정 기법이다. 수련생이 관심을 끌 목적으로 부적절한 행동을 할 때, 그의 의도를 모르는 사범들은 대개 그를 잠깐 주시하거나, 가볍게 타이르거나, 가볍게 야단을 친다. 그러나 사범의 관심을 끌 목적으로 방해 행동을 할 때에는 일차적으로 그에 대한 반응을 하지 않는 것이 최선책이다. 관심 끌기 행동에는 무관심하고, 그것에 반대되는 과제 집중 행동을 보면 적극적인 관심을 보이며 칭찬하는 '비 양립성' 기법을 사용하면 관심 끌기 행동을 효과적으로 감소시킬 수 있다. 행동의 '비 양립성^{incompatibility}'은 바람직한 행동을 강화하여 자주 일어나게 함으로써 그에 반대되는 바람직하지 않은 행동이 더 이상 일어나지 않도록 하는 행동수정 기법이다.

▶ **용인 행동을 일관성 있게 적용한다.**

수업에 방해되는 행동이나 다른 수련생에게 방해되는 행동은 바로 제지를 해야 한다. 그러나 즉시 제지해야 하는 수업 방해 행동과 용인할 수 있는 행동은 구분해야 한다. 문제는 즉각 제지해야 할 방해 행동과 용인할 수 있는 방해 행동을 구분하는 것이 쉽지 않고, 사범마다 그것을 구분하는 기준이 다르다는 것이다. 대체로 용인행동$^{tolerable\ behavior}$은 바람직하지 않지만 수련 활동에 크게 방해되지 않는 사소한 위반 행동을 말한다. 사소한 위반 행동과 심한 위반 행동도 사범마다 다르게 정의하고, 허용 범위도 약간씩 다를 수 있다. 따라서 각 사범은 자신이 감당할 수 있는 잡담 수준 등을 잘 정하는 것이 매우 중요하다. 용인 행동의 수준을 잘 정하는 것 못지않게 중요한 것은 결정한 용인 행동의 수준이나 범위를 일관성 있게 적용하는 것이다. 용인 행동의 기준이 매일 바뀌면 수련생으로서는 어떤 기준이나 범위에 따라 행동해야 할지 갈피를 잡지 못하고 혼란스러워할 수 있다.

▶ 벌 전략을 효과적으로 사용한다.

벌은 수련생이 바람직하지 않은 행동을 할 때 야단, 질책 등으로 불쾌감을 느끼게 하여 그 행동을 감소 또는 소멸시키는 행동수정 기법이다. 다만, 벌은 사용에 따른 부작용을 초래할 수 있으므로 신중하게 사용해야 한다. 도장에서 흔히 사용할 수 있는 벌 전략으로서는 다음과 같은 것들이 있다.

- **삭제 훈련**

삭제 훈련$^{omission\ training}$은 부적절한 행동을 하지 않으면 그것을 칭찬하거나 인정하는 등의 보상을 제공함으로써 그에 반대되는 적절한 행동을 하도록 유도하는 행동수정 기법이다. 예를 들어, 사범이 설명을 할 때마다 잡담하던 수련생이 잡담하지 않을 때 그 행동을 적극적으로 칭찬하여 잡담하는 행동이 일어나지 않도록 하는 것을 말한다.

- **적극적 연습**

적극적 연습$^{positive\ practice}$은 부적절한 행동을 할 때 그에 반대되는 적절한 행동을 반복하게 함으로써 부적절한 행동이 감소되도록 하는 행동수정 기법이다. 예를 들어, 도장에 출입하면서 신발을 아무렇게 벗는 수련생에게 신발을 벗어 제 위치에 놓고 출입하는 행동을 여러 번 반복하게 함으로써 신발을 제도로 벗고 출입하도록 하는 경우이다. 수련생에게 하기 싫은 행동을 반복하게 하면 그것이 불쾌감으로 작용하므로 적극적 연습은 일종의 벌이 되는 것이다.

- **타임-아웃**

타임-아웃$^{time-out}$은 수업에 방해되는 행동을 계속할 때 일정 시간 수업에서 제외시킴으로써 그 행동이 다시 일어나지 않도록 하는 행동수정 기법이다. 이 벌이 효과를 발휘하기 위해서는 태권도 수업이 재미있고 즐거워야 한다. 재미없는데 수업에 참가시키지 않으면 재미없는 상황에서 벗어날 수 있는 기회를 줌으로써 오히려 그것이 보상 기능을 하게 된다. 타임-아웃은 5분을 넘지 않도록 해야 하며, 다른 수련생과의 시선 접촉이나 사회적 접촉이 일어나지 않는 곳을 선택해야 한다.

- **보상 손실**

    보상 손실$^{reward\ cost}$은 수련생이 부적절한 행동을 한 결과, 당연히 누릴 수 있는 보상을 상실하게 되는 벌 전략이다. 위의 타임-아웃 벌 전략에서 수련생이 수업에 방해되는 부적절한 행동을 하면 그로 말미암아 다른 수련생과 즐겁게 수련활동에 참여할 수 없게 되는 것도 일종의 보상 손실이라고 할 수 있다. 즉 보상 손실은 자신이 행한 방해 행동 때문에 친구들과 즐겁게 수련할 수 있는 기회를 상실하게 되는 것을 말한다.

▶ **대체 행동을 강화한다.**

사범은 교육자로서 가능하면 수련생의 부적절한 행동을 처벌하지 않고 제지할 수 있는 방법을 최대한 모색해야 한다. 부적절한 행동을 처벌하지 않고 감소시키는 방법을 통칭하여 '대체 행동 강화$^{reinforcing\ alternative\ behavior}$'라고 한다. '대체 행동 강화'는 부적절한 행동과 양립 또는 공존할 수 없는, 그와 반대되는 적절한 행동을 강화함으로써 그 행동이 자주 일어나도록 하는 행동수정 기법이다. 예를 들어, 수련생의 떠드는 행동을 야단치는 대신 그가 조용히 설명을 잘 들을 때 그 행동을 적극적으로 칭찬함으로써 떠드는 행동이 자연히 줄어들도록 하는 경우이다. 수련생이 이전보다 부적절한 행동을 적게 하는 것을 칭찬함으로써 부적절한 행동이 감소되도록 하는 것도 일종의 대체 행동 강화라고 할 수 있다. 예를 들어, 한 달에 지각을 대여섯 번 하던 수련생이 두세 번밖에 하지 않을 때 지각 횟수가 줄어든 것을 적극적으로 칭찬함으로써 지각 빈도를 줄여나가는 것도 일종의 '대체 행동 강화'이며, 구체적인 전문 용어로는 '위반 감소 강화'라고 한다.

7. 훈육의 궁극적 목표

사범이 수련생을 훈육하는 궁극적인 목표는 사범을 존경하고, 다른 수련생과 즐겁게 태권도를 수련하며, 책임 있게 행동하는 성숙한 태권도인을 육성하는데 있다. 따라서 태권도 사범은 수련생의 부적절한 행동이나 수업 방해 행동을 예방하거나 제어하는 동시에 적절한 행동을 조장하기 위해 노력해야 한다. 나아가 자신과 타인에 대해 책임 있게 행동하는 건전한 시민을 기르는 것을 목표로 수련생을 지도해야 한다.

물론, 이와 같은 목표는 단기간에 달성될 수 있는 목표가 아니다. 시간과 인내심을 가지고 오랫동안 훈육하고 가르쳐야 기대하는 효과를 얻을 수 있으며, 때로는 기대하는 성과를 거두지 못한 채 태권도 수련을 중단하는 수련생도 있을 수 있다. 수련생이 자신과 타인에 대해 책임질 줄 아는 자기 주도적인 사람으로 성장하길 바란다면 책임 있게 행동하는 법을 배울 수 있는 충분한 교육적 기회를 만들어 주어야 한다. 진정한 자기 주도적 인간으로 성장하기 위해서는 도장 체제에서 벗어난 생활 속에서도 자기 주도적 결정으로 책임 있게 행동할 수 있어야 한다. 수련생을 그런 수준까지 가르치는 것은 쉽지 않은 도전일 수 있다. 그러나 훈육의 궁극적인 목표에 도달하기 위한 도전은 사범에게 꼭 필요한 도전이다. 사회가 그 어느 때보다 태권도 도장에 그러한 역할을 기대하고 있기 때문이다. 이 책에 소개한 각종 행동수정 전략을 활용하여 수업 방해 행동을 줄이고 협력 행동을 증가시켜 나가면 '더불어 살아가는 책임 있는 시민'의 양성이라는 궁극적인 목표에 언젠가는 도달할 수 있을 것이다.

제7장 태권도 수업의 계획

1. 태권도 교육과정의 설계

우리는 수련생이 태권도 도장에 다님으로써 삶이 활기찬 방향으로 변화되길 원한다. 태권도 수련을 생각하며 기대감에 들뜨고, 도장에 오면 열정적으로 태권도를 수련하고, 태권도를 열심히 수련함으로써 더욱 적극적인 사람으로 변화하길 원한다. 그러한 목표를 달성하기 위해서는 그에 적합한 교육과정을 개발해야 한다. 구체적으로, 신체적, 지적, 정서적 목표를 분명히 제시하고 그에 따른 교육과정을 개발하여 효율적으로 가르쳐야 태권도 교육이 추구하는 인간을 기를 수 있다.

효율적인 태권도 수업은 계획된 태권도 교육과정과 지도법이 일치를 이루고 지도활동을 촉진하는 수련 환경이 조성되어 거의 대부분의 수련생이 설정한 목표를 성취하는 수업이다. 수련생이 지루하게 생각하는 태권도 교육과정은 아무리 열심히 가르쳐도 결국 실패한 수업이 될 수밖에 없다. 또한, 아무리 재미있게 구성된 교육과정일지라도 그것을 잘못 가르치면 실패로 끝난다. 태권도 교육과정이 기대하는 성과를 거두기 위해서는 단원과 구간계획을 잘 세우고, 내용을 발달적으로 분석하여 효율적으로 가르쳐야 한다.

무언가 중요한 결과를 얻기 위해서는 계획을 세워야 하며, 그렇게 해야 원하는 결과를 효과적으로 얻을 수 있다. 태권도 교육과정을 계획할 때에는 다음과 같은 사항을 신중히 고려해야 한다.

▶ **태권도가 추구하는 중요한 가치를 진술한다.**

　태권도 교육과정을 개발할 때에는 태권도 수련을 통해서 어떤 가치를 중요하게 추구할 것인지 분명히 결정해야 한다. 어떤 가치를 중요하게 추구할 것인지에 대해서는 다양한 견해가 있을 수 있다. 그러나 보통 지역적 특성, 사범의 중심 가치, 사범의 수련 및 지도 경험, 사회적 기대, 수련생의 요구 등을 고려하여 어떤 가치를 중요하게 추구할지 결정하고, 그에 따른 교육과정을 개발한다. 각 단급에서 가르쳐야 할 중요한 내용들이 있지만 시간의 제약 때문에 무엇을 중요하게 가르칠 것인지 결정하고, 그에 따른 태권도 교육과정을 개발하게 된다. 어떤 가치를 중요하게 추구할 것인지와 우선 추구 가치를 결정하지 않은 채 태권도가 추구할 수 있는 모든 가치를 추구하려다 보면 어느 한 가치도 제대로 성취하지 못하는 결과를 초래할 수 있다. 태권도 수련을 통해서 추구할 수 있는 중요한 가치로 운동 기능적 가치, 체력적 가치, 지적 가치, 정서적 가치, 심미적 가치, 사회·문화적 가치 등이 있다.

▶ **성취 가능한 목표를 제시한다.**

　태권도 교육과정은 태권도가 추구하는 목표를 달성하는데 적합해야 한다. 추구하는 목표는 사범이나 수련생이 성취하고자 하는 막연한 기대가 아니라 실제 상황에서 발휘되는 능력을 평가할 수 있는 결과이어야 한다. 겨루기에서 득점할 수 있는 능력, 품새를 완숙하게 시연할 수 있는 능력, 격파물을 아름답게 깨뜨릴 수 있는 능력 등과 같은 실질적인 수련 결과를 목표로 제시해야 한다. 그래야 결국 성취해야할 목표를 분명히 밝힐 수 있다.

▶ **목표-수련-평가가 일치된 교육과정을 개발한다.**

　태권도 교육과정은 의도하는 목표, 수련활동, 평가가 일치를 이루어야 한다. 선정한 '교육목표-개발한 교육과정-선택한 지도방법-채택한 평가'가 일치된 교육과정을 수업 정합instructional alignment이 잘 된 연계성 있는 교육과정이라고 한다. 겨루기 전술의 습득을 목표로 설정하고, 수업은 겨루기의 기초 기술을 가르치고 평가한다면 그것은 수업 정합이 잘 이루어진 수업이라고 보기 어렵다. 그에 반해, 숙달한 개별 기술을 전술적으로 잘 활용하도록 가르치고 그에 대한 평가를 한다면 그것은 수업정합이 잘 이루어진 수업이라고 할 수 있다. 수련생에게 협력, 배려 등을 가르치는 것을 중요한 목표로 설정하였으나 실제 수업에서 그와 관련된 수련 행동을 전혀 발견할 수 없다면 그것 또한 수업 정합이 잘 이루어진 교육과정이라고 할 수 없다.

▶ **유연한 교육과정을 개발한다.**

태권도 수련을 통해서 다양한 목표를 달성할 수 있는 것은 사실이지만, 그렇다고 다양한 가치를 매일 어느 정도 달성하는 교육과정을 개발할 필요는 없다. 때로는 어느 한 가지 중요한 목표를 여러 날 집중적으로 다루거나 특정 주제를 집중적으로 다루는 것이 더 효과적일 수 있기 때문이다. 예를 들어, 기본 동작은 수련 초기에 집중적으로 다루고, 수련이 진행되면서 품새나 겨루기에 포함시켜 다루는 것이 더 효과적일 수 있다. 마찬가지로 어려운 겨루기 기술이나 전략 또는 품새를 배울 때는 그것을 몇 주 동안 집중적으로 가르치는 것이 여러 가지 기술을 매일 조금씩 가르치는 것보다 효과적일 수 있다. 매일 기본 동작, 겨루기, 품새, 태권도 이론 등과 같은 주제를 반복해서 가르치기 보다는 어느 한 주제를 일정 기간 집중적으로 가르치는 것이 더 효과적일 수 있다는 것이다. 그렇다고 각 주제를 매일 조금씩 가르쳐서는 안 된다는 것은 아니다. 품새 수련의 경우, 기본 동작을 어느 정도 숙달하면 매일 일정 시간을 배정하여 '품새 익히기'를 하는 것이 훨씬 효과적이다.

2. 수련내용의 발달

태권도 교육과정은 수련생이 의미 있는 목표를 달성할 수 있도록 개발해야 한다. 태권도 수련의 의미 있는 심동 목표는 겨루기를 잘 하거나, 품새를 능숙하게 시연하거나, 인성을 함양하여 실천하는 것과 같은 것들이다. 겨루기의 최종 목표는 겨루기에 필요한 손기술이나 발기술을 숙달하는데 있는 것이 아니라 각종 겨루기 기술을 상대에 따라 적절히 활용할 수 있는 능력을 기르는 것이며, 그것이 겨루기 수련의 의미 있는 목표가 되어야 한다. 태권도 경기 규칙을 아는 것은 큰 의미가 없다. 태권도 경기를 관람하면서 득점과 실점을 구분하고, 심판 판정의 오심 여부를 즉각 판단할 수 있는 목표가 바로 의미 있는 목표이다. 정의적 목표의 경우도 심동 목표만큼 정의하는 것은 쉽지 않지만, 서로 도우며 즐겁게 수련하거나 태권도 수련으로 기른 협동심을 도장 안팎에서 실천하는 목표가 바로 의미 있는 목표이다.

의미 있는 최종 목표가 개발되면 그 다음 단계는 어떤 과정을 통해서 목표에 도달할 것인지 결정해야 한다. 우선 출발점 행동을 파악하고, 그 지점에서 목표를 성취하는데 필요한 수련 과제를 점진적으로 발전시켜 나가야 한다. 수련 과제를 점진적으로 발전시켜 나간다는 것은 덜 복잡하거나 덜 세련된 수련 과제로 시작하여 점차 복잡하고 어려운 수련 과제로 발전하는 것을 의미한다. 의미 있는 목표에 도달하기 위해서는 과제의 발달이 수련생에게 적합해야 하고, 수련생의 경험 수준에 적절해야 하며, 숙달할 수 있는 충분한 시간이 제공되어야 한다.

태권도 수업을 한다는 것은 수련해야 할 일련의 과제를 전달하는 과정이다. 따라서 사범이 수련생에게 전달하는 과제를 보면 태권도 수업이 어떻게 진행되는지 알 수 있다. 보통 사범이 수련생에게 가장 먼저 제공하는 수련 과제는 '전달 과제'이다. '전달 과제'는 수련생에게 새로 가르칠 기술이나 전술 등을 알리는 것을 말한다. 사범이 몸통 지르기, 앞차기 등과 같은 새로운 기술을 전달하면 수련생은 그 기술의 질적 수준을 향상시키려는 노력을 하게 되며, 일정 시간이 지나면 수련한 기술이나 전술에 복잡성이나 난이도를 더하게 된다. 전자를 '세련 과제'라고 하고, 후자를 '확대 과제'라고 한다. '응용 과제'는 수련한 기술이나 전술을 실제 상황에 적용하거나 성취 정도를 평가하기 위해 제시하는 과제이다.

- **전달 과제**

전달 과제$^{informing\ task}$는 수업을 시작하면서 가장 먼저 제시하는 과제인 동시에 세련 과제, 확대 과제 등으로 이어지는 과제이다. 새로운 기술이나 전술 또는 인성 교육을 시작할 때 그와 관련하여 처음 전달하는 과제이며, 대개 그 기술이나 전술 또는 인성을 숙달하거나 함양하기 위한 후속 과제로 이어진다. 예를 들어, 사범이 앞굽이 내려막기를 가르치기 위해 시범 보이며 설명하는 것이다.

- **세련 과제**

세련 과제$^{refining\ task}$는 운동수행의 질적 향상을 목적으로 전달하는 과제이다. 운동수행의 질은 운동수행에 관한 결과적 정보 또는 피드백을 제공함으로써 크게 향상시킬 수 있다. 사범이 수련생에게 소개한 기술은 세련 과제를 통해서 정교하게 다듬어진다. 세련 과제는 연습 조건을 바꾸지 않고 수련의 초점을 바꾸는 것만으로도 전달할 수 있다. 예를 들어, 수련생이 내려막기를 연습하는 동안 '빠르게 막아', '몸을 틀면서 막아', '막기 전에 손등이 마주보도록 해' 등과 같이 동작의 질적 향상을 꾀할 목적으로 제시하는 과제를 '세련 과제'라고 한다. 이 부분은 과제 진행에서 가장 중요한 부분이면서도 자칫 소홀히 다루기 쉬운 과제이다.

- **확대 과제**

확대 과제$^{\text{extending task}}$는 수련 경험을 간단한 과제에서 복잡한 과제로 또는 쉬운 과제에서 어려운 과제로 발전시키는 과제이다. 수련 과제는 보통 쉬운 과제에서 출발하여 점차 복잡한 과제로 발전하며, 이처럼 과제에 복잡성이나 난이도를 더하는 과제를 확대 과제라고 한다. 수련 내용의 발달은 쉬운 기술에서 어려운 기술로 발전하는 과제 간 발달과 주어진 수련 과제 내에서 단순하고 쉬운 내용에서 복잡하고 어려운 내용으로 발전하는 과제 내 발달로 구분한다. '과제 간 발달$^{\text{between-task progression}}$'은 '앞서기 내려막기'를 수련한 다음 '앞굽이 내려막기'로 발전하는 경우이며, '과제 내 발달$^{\text{within-task Progression}}$'은 '앞서기 내려막기'를 어느 정도 할 수 있게 되면 '몸통 비틀며 내려막기'를 하고, 그것이 숙달되면 '앞발과 몸통을 순차적으로 틀면서 내려막기'를 하는 것처럼 '앞서기 내려막기'를 쉬운 동작에서 어려운 동작으로 발전시키는 경우이다. 과제의 복잡성과 난이도는 수련의 목표나 의도를 변경하거나, 장비를 변형하거나, 공간의 크기를 조정하거나, 함께 수련하는 수련생의 수를 증감하거나, 수련 환경을 변화시키거나, 규칙을 바꾸거나, 두 가지 이상의 기술을 결합하는 등 다양한 방식으로 조절할 수 있다.

- **응용 과제**

응용 과제$^{\text{applying task}}$는 배운 기술이나 전술 등을 실제 상황에 적절히 활용할 수 있는 능력을 기르거나 기술이나 전술의 수행 능력을 평가하기 위해 제시하는 과제이다. 사범은 수련생이 좋은 자세나 동작을 배우길 원하지만 수련생은 배운 기술을 발휘하는데 더 큰 관심이 있다. 즉 정확한 동작으로 목표물을 타격하거나 공격하는 것보다는 어떻게 해서든지 목표물을 맞추는데 더 큰 관심을 보인다. 사범은 수련생의 그러한 관심을 적극적으로 수용하여 익힌 기술을 발휘할 수 있는 기회를 자주 제공해야 한다. 겨루기에 필요한 모든 기술을 습득한 다음 겨루기를 하게 할 필요는 없다.

한 두 가지 딛기와 돌려차기만으로도 얼마든지 '딛고 표적 돌려차기'나 '내딛고 돌려차기' 등과 같은 겨루기 수련을 할 수 있다. 또한, 10초 동안 발 바꿔 돌려차기를 정확하게 몇 번 찰 수 있는지 스스로 평가하는 응용 과제를 제시할 수도 있다.

〈 돌려차기의 내용발달 〉

사범이 '돌려차기'를 설명한 다음 두 사람씩 짝을 지어 '미트 사용 돌려차기' 연습을 하도록 한다. 수련생은 돌려차기 '유도 연습'을 한 다음 3차시 동안 혼자 돌려차기 연습을 한다.

['가'사범] 부적절한 내용발달

- 과제 1: 파트너가 약 60cm 떨어져 미트를 잡아주면 몸통 돌려차기 연습을 한다. 일정 시간이 지나면 역할을 교대하여 같은 방법으로 돌려차기 연습을 한다.
- 과제 2: '과제 1'과 같은 방법으로 얼굴 높이의 미트를 돌려찬다.
- 과제 3: 미트 돌려차기 연습이 끝나면 몸통 보호대 입고 '돌려차기 연습 겨루기'를 한다.
- 이와 같은 내용발달을 도표로 나타내면 다음과 같다.

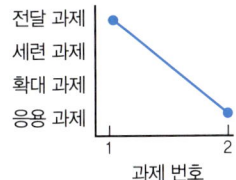

['나'사범] 적절한 내용발달

- 과제 1: 약 60cm 떨어진 거리에서 미트 몸통 돌려차기 연습을 한다.
- 과제 2: 미트와의 거리를 적절히 유지하여 돌려차기를 한다.
- 과제 3: 경쾌한 소리가 나도록 무릎을 접었다 튀기며 돌려차기를 한다. 경쾌한 소리가 나지 않으면 발등을 곧게 펴는지, 무릎을 튀기며 가속적으로 차는지 점검한다.
- 과제 4: 미트를 경쾌하게 차면 내딛기를 하고 돌려차기를 한다.
- 과제 5: 미트를 얼굴 높이로 들고, 한 발 내디디며 얼굴 돌려차기를 한다.
- 과제 6: 파트너가 한 발 내딛으면 한 발 물러나며 몸통 높이로 미트를 잡아준다. 파트너가 몸통 돌려차기를 하면 한 발 더 물러나면서 얼굴 높이로 미트를 잡아준다. 파트너가 얼굴 돌려차기를 한다. 즉 "한 발 내딛기-몸통 돌려차기-얼굴 돌려차기"를 연속적으로 수행하는 연습을 한다.
- 과제 7: 경쾌한 소리를 내면서 "한 발 내딛기-몸통 돌려차기-얼굴 돌려차기"를 3분 동안 몇 번 차는지 측정한다.

- 이와 같은 내용발달을 도표로 나타내면 다음과 같다.

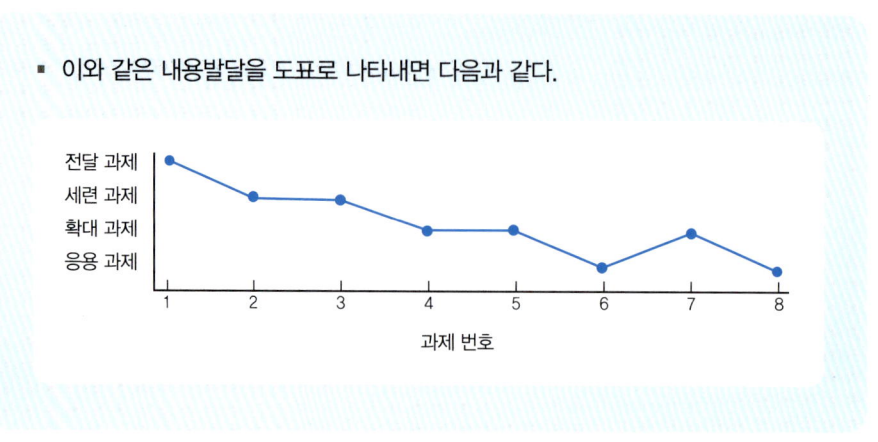

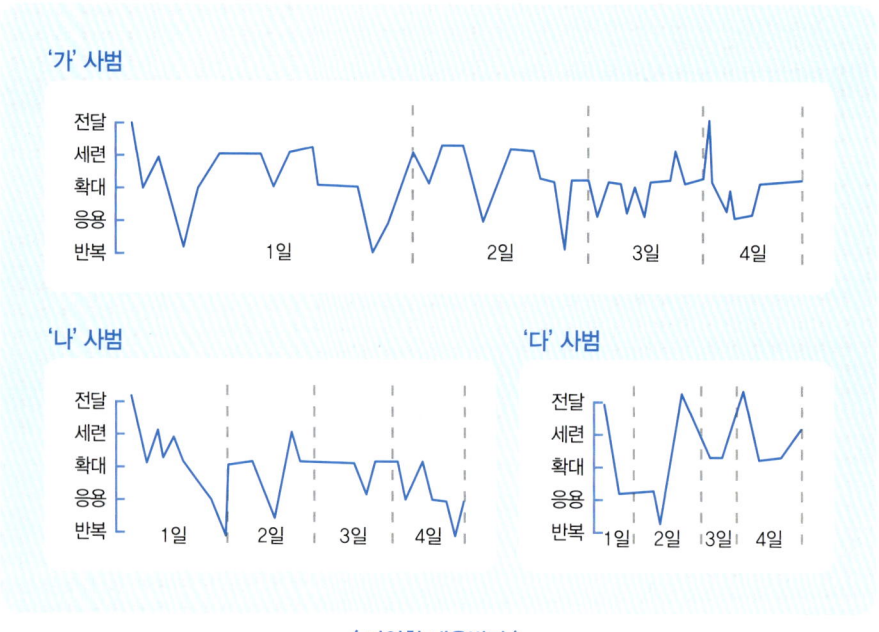

〈 다양한 내용발달 〉

　태권도 수련 내용은 사범이 제시하는 다양한 과제를 통해서 발달한다. 기술을 독립적으로 가르치기 보다는 전달한 수련 과제(전달 과제)의 질적 수준을 높이거나(세련 과제) 복잡성을 더하는(확대 과제) 등 다양한 과제와 연계하여 가르친다. 즉 수업은 전달과제, 세련 과제, 확대 과제, 응용 과제를 조화롭게 결합하여 진행해야 한다. 수련내용이 어떻게 발달하는지를 보면 사범의 수업 의도를 쉽게 파악할 수 있다. 다시 말해 내용 발달은 수련생에게 수업의 목표나 의도를 명확히 알리는 역할을 한다. 태권도 수업에 확대 과제가 포함되었다는 것은 사범이 수련 경험을 단순하고 쉬운 과제에서 복잡하고 어려운 과제로 발전시켜 나가겠다는 의도이고, 세련 과제가 자주 등장한다는 것은 사범의 일차적 관심이 기술의 질적 향상에 있는 의미이다. 수업이 응용 과제 중심으로 진행되면 숙달한 기술을 겨루기, 품새 또는 격파 등에 실제로 활용할 수 있는 능력을 기르는데 지도적 관심이 있다는 의미이다.

3. 단원의 계획

태권도를 가르치기 위한 계획은 세 가지 수준에서 이루어진다. 우선, 가장 광범위한 수준에서 이루어지는 계획은 한 해 또는 여러 해 동안 가르칠 내용의 범위와 계열성을 고려하여 교육과정으로 결정하는 것이다. 태권도를 시작하여 1단부터 9단에 도달하는 전 과정을 범위와 계열성에 따라 교육과정으로 결정하는 것을 말한다.

그 다음 수준의 태권도 지도 계획은 가르칠 내용을 주요 주제와 관련하여 단원으로 세분하는 것이다. 유급자의 경우 각 급별로 가르쳐야 하는 내용을 겨루기, 품새, 격파 등과 같은 주요 주제를 중심으로 단원을 설정할 수 있으며, 유단자의 경우도 승단하기 위한 수련 내용을 주제와 관련하여 단원을 설정할 수 있다. 다만, 수련 기간이 유급자에 비해 상대적으로 길기 때문에 3~4개월 단위로 분할하여 단원을 설정하고 각 단원별 지도 내용을 주제와 관련하여 결정할 수 있다.

태권도 지도 계획의 마지막 단계는 '수업 계획'이다. '수업 계획'은 단원 계획에서 개발한 '구간 계획'$^{block\ time}$을 시간대별로 설계하는 것을 말한다. '구간 계획'은 매 시간 가르칠 내용을 겨루기, 품새, 인성 등과 같은 주제별로 계열성을 고려하여 개략적으로 정리한 것을 말한다. '수업 계획'은 범위가 매우 좁은 수련 계획이며, 준비하는데 많은 시간을 필요로 하지 않는다. 세 수준의 태권도 지도 계획은 서로 관련성이 있다. 광범위한 수준의 장기 지도 계획을 참고하여 단원을 설계하고, 설계된 단원을 참고로 수업을 계획하기 때문이다. 적지 않은 태권도 사범이 태권도 지도 계획을 세우는데 어려움을 겪고 있다. 사범이 태권도 지도 계획을 세우는데 어려움을 겪게 되는 가장 큰 이유는 '태권도 표준 교육과정'이 개발, 공포되지 않은 가운데 사범 스스로 장기 지도 계획, 단원 계획, 수업 계획을 세워야 하기 때문이다.

세 수준의 지도 계획 가운데 단원 계획을 세우는데 특별히 많은 시간을 투자하는 데에는 그럴만한 이유가 있다. 단원 계획을 세우면 수업 내 또는 수업 간 수련 내용을 점진적으로 발전시킬 수 있을 뿐만 아니라 수업에 대한 불안감 없이 자신 있게 가르칠 수 있기 때문이다. 그렇다고 단원 계획이 없으면 수업을 못한다는 것은 아니다. 단원 계획에 크게 의존하는 사범이 있는가 하면, 단원 계획 없이도 수업을 잘 진행하는 사범도 있기 때문이다. 단원 계획이 없으면 불안해 하는 사범이 있는가 하면, 단원 계획을 잠깐 훑어보고 수업하는 사범도 있다. 대개 경험이 적은 사범일수록 단원 계획에 의존하고, 경험이 많은 사범일수록 자신의 지도 경험에 의존하여 가르치는 경향이 있다. 또한, 가르칠 단원에 익숙하지 않으면 준비된 계획에 의존하고, 가르칠 내용에 대해서 잘 알고 있으면 계획에 크게 의존하지 않는 경향이 있다. 단원을 구성할 때에는 다음과 같은 사항을 중요하게 고려해야 한다.

▶ **의미 있는 목표를 구체적으로 진술한다.**

단원을 계획할 때에는 그것이 끝났을 때 무엇을 할 수 있게 되는지 수련생의 관점에서 구체적으로 진술해야 한다. 단원 목표를 구체적으로 진술해야 무엇을 중요하게 수련해야 하는지 알고 수련할 수 있다. 단원 목표는 태권도가 중요하게 추구하는 세 가지 목표 영역 모두에 대해서 구체적으로 진술해야 한다.

〈 '흰 띠' 단원 목표의 예 〉

심동적 목표	제자리 딛기, 발 바꾸어 딛기, 돌려차기, 지르기 등의 기술을 익혀 초보 수준의 겨루기 능력을 기르고, 태극 1~2장을 숙달하며, 지르기, 앞차기, 돌려차기 등의 기본 격파를 할 수 있는 능력을 기른다.
지적 목표	기본 동작을 역학적으로 이해하고, 겨루기에서 상대를 중시하며 힘을 실어 공격하는 능력, 품새에서 태극 사상을 이해하고 완급을 조절하며 표현할 수 있는 능력 그리고 격파에서 사용 부위를 단련하여 안전하게 격파할 수 있는 능력을 기른다.
정의적 목표	겨루기에서 서로 존중하고 배려하는 예의를, 품새에서 반복 연습을 참고 견디는 인내를 그리고 격파에서 격파물에 자신 있게 도전하는 용기를 길러 생활 속에서 실천한다.

▶ **지도 내용을 발달적으로 분석한다.**

사범은 단원을 계획할 때 가르칠 내용을 발달 단계에 따라 분석하여 적절히 배치해야 해야 한다. 링크(Rink, 2006)가 제안한 '내용의 발달적 분석' 방법을 사용하면 지도 내용을 단계적으로 제시할 수 있다. 또한, 서로 연관된 하위 기능을 체계적으로 분석하여 단원을 계획하는 것도 매우 효과적이다. 서로 연관된 하위 기능은 크게 위계적 분석이나 절차적 분석으로 분석할 수 있다.

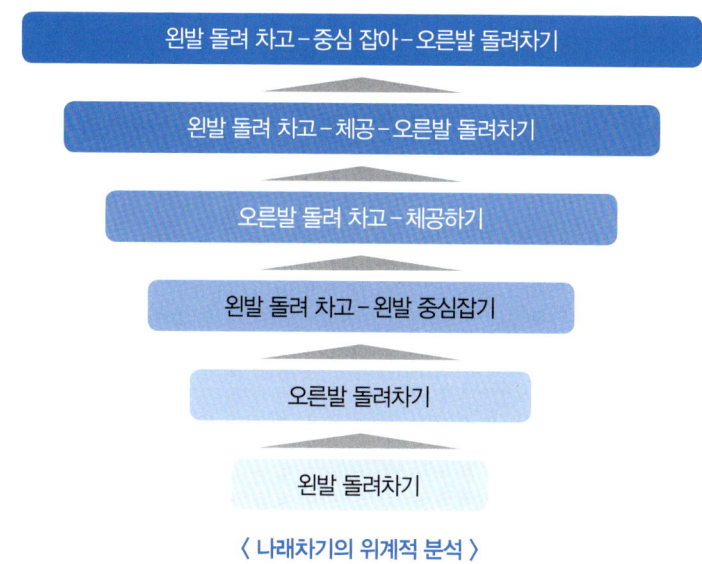

⟨ 나래차기의 위계적 분석 ⟩

'위계적 분석'은 최종적인 도착점 기술을 수행하기 위해 수련해야 할 모든 하위 기능을 분석하는 과정이다. '위계적 분석'은 두 가지 이상의 연결된 기술을 분석하여 한 가지 기술을 수련한 다음 다른 기술을 수련하는 기술에 적용하기에 적합한 분석 방법이다. '위계적 분석'에서는 발달 단계의 폭을 잘 정하는 것이 매우 중요하다. 발달 단계의 폭이 너무 크면 수련생이 실패를 경험하게 되고, 발달 단계의 폭이 너무 작으면 지루함을 느끼게 된다.

'절차적 분석'은 연결 동작의 각 요소를 독립적으로 연습한 다음 전체적으로 연결하여 연습할 필요가 있는 기능을 분석하는데 적합한 분석 방법이다. 연결 동작의 각 요소를 나누어 연습하면 쉽게 습득할 수 있는 기술을 분석할 때 자주 사용하는 분석 방법이다.

1) 두발을 어깨 넓이로 벌리고 준비 자세를 취한다.
2) 앞발을 한 발 내딛어 앞축으로 밟고 뒤꿈치는 살짝 든다.
3) 상체를 90도 회전하면서 손등이 마주보도록 가슴 앞에 교차한다.
4) 막는 팔은 대퇴 외측부에 위치하고 당기는 팔은 손목 관절이 장골능에 얹히도록 당기면서 막는다.

〈 앞서기 내려막기의 절차적 분석 〉

▶ **지도 내용에 대한 구간 계획을 세운다.**

설정한 목표를 달성하기 위해 가르칠 내용을 난이도를 고려해 일련의 과제로 분석, 배치하는 것을 구간 계획 또는 블록타임$^{block\ time}$이라고 한다. 구간 계획은 지도 내용을 발달적으로 분석하여 매 시간 가르칠 내용을 개략적으로 배치하는 것을 말한다. 구간 계획의 지도 내용은 가르칠 내용을 개략적으로 정리하여 배치하므로 수업

〈 흰 띠 단원의 구간 계획 예시 〉

주제		소주제	기술 요소	구간계획	
심동	기본동작	준비	기본준비, 두주먹허리준비	1차시	• 기본준비, 두주먹허리준비
		서기	나란히서기, 주춤서기, 앞서기, 앞굽이		• 주춤서기, 나란히서기
		막기	내려박기, 안막기, 올려막기		• 아래막기, 몸통막기
		지르기	반대지르기, 바로지르기		• 반대지르기
		차기	앞차기, 옆차기		• 앞차기
	겨루기	겨룸새	왼겨룸새, 오른겨룸새		• 도장예절, 태권도의 의미
		딛기	제자리딛기, 발바꾸어딛기, 두발내딛기, 두발물러딛기	2차시	• 기본준비, 두주먹허리준비
		막기	바깥막기, 안막기		• 주춤서기, 나란히서기
		지르기	뒷주먹지르기		• 내려막기, 안막기
		차기	뒷발돌려차기, 앞발돌려차기		• 반대지르기 + 역학적 이해
		인지	거리조절, 중심이동		• 앞차기, 뒷발돌려차기
		인성	예의		
	품새	태극	태극 1~2장		
		인지	각도, 굴신의 정확성		
		인성	예의	3차시	⋮
	격파	지르기	내려지르기, 몸통지르기	4차시	⋮
		차기	앞차기, 돌려차기		
		인지	사용부위 단련법, 파지법	5차시	⋮
		인성	예의		
이론			태권도 의례, 의식	6차시	⋮
			태권도의 의미		
			기본동작의 역학적 이해	60차시	⋮

진도에 따라 앞당기거나 뒤로 미루어 가르칠 수 있다. 이는 각 구간 또는 블록의 수련 내용을 무리하게 가르칠 필요는 없다는 의미이다. 가르칠 내용이 과다하면 일부는 뒤로 미루어 가르치고, 가르칠 내용이 부족하면 뒷 블록의 수련 내용을 앞으로 당겨 가르칠 수 있다는 것이다. 다만, 각 구간의 지도 내용을 과도하게 앞으로 당기거나 뒤로 미루어 가르치면 계획된 수련 내용을 모두 가르치지 못하거나 가르칠 내용이 부족한 상황이 초래될 수 있다. 사범의 역할은 수련생이 계획된 내용을 잘 배울 수 있도록 도와주는 것이지 어떻게든 가르치는 것은 아니다. 따라서 블록 타임의 계획은 수련생의 운동 능력이나 동기 등을 고려하여 수련 목표의 달성에 실제로 도움이 되는 방향으로 이루어져야 한다. 구간 계획은 단번에 완벽하게 설계하겠다는 욕심을 버리고 수정을 거듭하면 곧 원하는 수준의 구간 계획을 세울 수 있게 된다. 각 과정별로 구간 계획을 세워놓으면 수련생을 책임 있게 가르칠 수 있을 뿐만 아니라 자기 도장의 지도 계획을 설명하거나 이해시키는 데에도 도움이 된다.

▶ **지도 내용을 평가할 도구와 절차를 공개한다.**

단원을 계획할 때에는 단원의 성취 기준을 구체적으로 제시하고, 그 기준에 따라 목표의 달성 여부를 평가할 수 있도록 해야 한다. 그러기 위해서는 단원을 시작하기 전에 목표의 달성 여부를 평가하는 기준과 절차를 분명히 제시해야 한다. 예를 들어, 흰 띠 단원을 평가해야 한다면 내려막기, 올려막기, 안막기, 앞차기, 돌려차기, 옆차기 등과 같은 핵심 기본 동작에 대해서는 체크리스트를, 겨루기 능력은 루브릭을, 품새는 평정척도를 그리고 태권도 이론은 지필 테스트를 사용하여 평가하겠다는 것을 분명히 밝히는 것이 좋다(11장 참조).

4. 수업의 계획

단원 계획에서 개발한 구간 계획만 가지고도 수업을 잘 할 수 있다. 그러나 대부분의 경우 '수업 계획'을 준비해야 자신 있게 수업을 진행할 수 있다. 수업 계획은 단원이 제시한 목표와 구간 계획을 구체적인 수련 경험으로 전환하는 과정이다. "앞차기 수련을 통해 힘의 원리를 이해할 수 있다."와 같은 단원 목표가 무엇을 의미하는지 모르는 사범은 없다. 그러나 그 목표를 수련 경험으로 전환하는 것은 쉬운 일이 아니다. 유능한 사범이라면 단원 수준의 다소 포괄적인 수련 목표를 특정 수련생에게 적합한 수련 경험으로 전환할 수 있어야 한다. '수업 계획'을 개발하는데 가장 적합한 형식은 별도로 존재하지 않는다. '수업 계획'은 수련생의 수련 활동을 지원하고 사범의 지도 능력을 향상시키는데 도움이 되는 한 다양한 형식으로 개발할 수 있으며, 보통 도입, 전개, 정리의 3단계로 구성된다.

1) 도입

도입은 수업의 시작과 관련된 지도 활동이다. 도입 단계는 그 날 어떤 내용을 어떻게 가르칠 것인지 그리고 가르칠 내용이 왜 중요한지 등을 안내하고 본 운동에 필요한 준비 운동을 하는 단계이다. 도입 단계는 수련생을 수련 활동에 적응시키고 본 과제에 적극적으로 참여하도록 동기를 부여하는 단계라고 할 수 있다. 우리는 보통 어떤 활동을 시작하기 전에 그것에 대해 알고 싶어 하며, 알면 심리적으로 편안함을 느낀다. 또한, 그것이 왜 중요한지 알면 더 큰 의미를 부여하며 적극적으로 참여하게 된다. 보통 '집단 활동'group activity으로 시작하면 수업을 활기차게 진행할 수 있다. 모든 수련생이 어떤 과제에 다함께 참여하는 '집단 활동' 또는 '수련생 전체 활동'은 특히 어린 수련생을 지도할 때 매우 효과적이다. 예를 들어, 준비 운동이 끝나자마자 '주춤 서 몸통 지르기'를 다함께 하거나 전날 수련한 '내딛고–돌려차기' '태극 2장' 등을 전체 수련생이 함께 연습하면 수업을 활기차게 시작할 수 있다.

2) 전개

전개는 의도한 주된 내용을 가르치는 단계이다. 모든 수업은 비슷하지만 서로 다른 특성을 갖고 있어 어떻게 전개하는 것이 바람직한지에 대해서는 한 마디로 말하기 어렵다. 어떤 내용을 가르치든지 다양한 연습 조건에서 다양한 교수 전략으로 가르치면 수련생의 동기를 유발할 수 있어 더 큰 효과를 기대할 수 있다. 수업 시간 내내 같은 연습 조건에서 한 가지 기술만 가르치는 사범은 없을 것이다. 짝을 지어 연습하게 하거나 내용을 발달적으로 분석하여 확대 과제, 세련 과제, 응용 과제를 다양하게 제시하거나, 다양한 교구 교재를 활용하는 연습 조건을 다양하게 변화시키고 그에 적합한 지도 전략으로 가르치면 더 큰 수련 효과를 기대할 수 있다.

3) 정리

의도한 목표를 달성하기 위해 수업을 더 진행하고 싶지만 마칠 시간이 되면 수업을 종료해야 한다. 때로는 시간에 쫓겨 과제를 수행하는 도중에 수업을 종료해야 하는 경우도 있다. 그러나 시간을 잘 관리하여 수련 내용에 대한 복습, 수련 내용에 대한 이해의 확인, 다음 시간의 수련 내용에 대한 예고 등을 하고 수업을 종료하는 것이 바람직하다. 때로는 수련한 내용을 함께 반성하고 보다 바람직한 방법을 탐색하기도 한다. 수련한 내용을 정리해주면 배운 내용에 새로운 의미를 부여하고, 다음 시간에 수련할 내용에 적극적으로 대비하는 효과가 있다.

4) 태권도 수업 계획

'수업 계획'은 구간 계획에서 개략적으로 계획한 지도 내용을 시간대별로 배정하여 기록한 상세 지침서이다. 수업이 효율적으로 잘 이루어지기 위해서는 우선 어떤

태권도 수업 계획(안)

단원	흰 띠	주제	기본동작	수련 내용	지르기
사범	홍길동	차시	3차시	날짜	2018. 9. 11
준비물	도복, 태권도화, 미트, 줄넘기					
사전 경험	학교 방과 후 활동으로 한 학기동안 태권도를 수련한 한명을 제외한 모든 수련생이 태권도에 대한 사전 경험이 없음.				
수련 목표	• 호흡을 거스르지 않고 주춤서기와 앞서기 자세로 몸통을 틀면서 얼굴과 몸통을 지를 수 있다. • 지르기의 핵심 요소인 당기기, 지르기, 반작용 원리, 비틀기 원리를 이해할 수 있다. • 짝과 서로 협력하고 지지하며 지르기 기술을 연마할 수 있다.				
사범의 지도 능력 향상 목표	• 서로 협력하며 기술을 연마하는 수련생을 칭찬, 인정, 격려할 수 있다. • 위치를 잘 선정하여 적극적으로 감독하면서 수련생에게 유익한 피드백을 제공할 수 있다. • 목표 달성을 위한 접근 경향성을 보이는 수련생에게 긍정적 피드백을 제공할 수 있다.				

과제 진행	시간	수련 조직 및 활동	지도상의 유의점
수업준비 • 수업계획 및 전달 • 상하체 스트레칭 • 명상	7분	• 타원형으로 집합 • 전후좌우 간 거리 유지 ● 사범 ○ 수련생	**집중력 제고** • 적극적 참여유도 • 인성교육, 심리적 준비
바로 지르기 • 제자리 • 나란히 서기	7분	• 정면을 향해 • 2인 1조 마주보며	• 사범의 피드백 제공 • 수련생간 피드백 제공
몸통지르기 • 제자리 • 앞서기	10분	**마주보며 번갈아 지르기** • 손 표적 대주기 • 마트 표적 대주기 • 자세 바꿔가며	• 사범의 피드백 제공 • 수련생간 피드백 제공
얼굴지르기 • 제자리 • 앞서기	10분	**마주보며 번갈아 지르기** • 손 표적 대주기 • 마트 표적 대주기 • 자세 바꿔가며	• 사범의 피드백 제공 • 수련생간 피드백 제공
호흡하기 • 제자리 • 앞서기	5분	**마주보며** • 복식호흡과 흉식호흡 비교 • 복식호흡 기합 넣기	• 사범의 피드백 제공 • 수련생의 자각
호흡하며 지르기 • 주춤서기 • 기합 넣기	10분	• 정면을 향해 • 2인 1조 마주보며	• 사범의 접촉 지도 • 상호 피드백 제공
이동하며 지르기 • 호흡조절 이동	8분	**전후방으로** • 발들 때 흡기, 내릴 때 호기	• 호흡 조절
수업 정리 • 출석 확인 • 차시 예고	3분	**집합 포메이션 없음** • 편한 위치에서	• 경청 • 집중

내용을 어떤 수업 구조에서 얼마동안 어떻게 가르칠 것인지 '수업 계획(안)'에 상세히 기록해야 한다. '수업 계획(안)'을 상세히 작성하여 가르치면 수련 목표를 성취할 가능성을 크게 높일 수 있다. '수업 계획(안)'을 작성하는 일은 지루하고 힘든 일이지만 목표 달성에 적합한 수업을 하기 위해서는 해야 하는 사범의 책무이다. '수업 계획'의 형식은 매우 다양하며 사범마다 사용하는 형식이 다를 수 있다. '수업 계획'은

공통적으로 수련 내용을 발달적으로 분석하여 작성하며, 최소한 표제, 과제 진행, 학습 시간, 연습 조직과 활동, 지도상의 유의점 등을 포함한다.

▶ **표제**

표제는 단원, 차시, 학습자의 사전 경험, 학습 자료, 수련 목표, 교수 능력 향상 목표를 포함하며, 표제를 보면 어떤 수업 상황에서 무엇을 달성하려는지 알 수 있다. 수련 목표는 수련의 결과로 달성해야 하는 목표이고, 지도 능력 향상 목표는 사범이 수업을 하면서 자신의 지도 능력을 향상시키기 위해 설정한 목표이다. 사범이 자신의 지도 능력 향상 목표를 '수업 계획'에 기술하면 구체적인 지도 행동에 초점을 맞출 수 있게 되어 지도 능력을 효율적으로 향상시킬 수 있다.

▶ **과제 진행**

'과제 진행'칸은 수련생에게 제시할 과제를 간단한 '구'나 '절'로 기술한다. 과제는 '짝과 함께', '벽을 향해', '협력 토스', '수행원리 알고 패스'등과 같이 수업 진행 순서에 따라 간결하게 제시한다. 지적 목표와 정의적 목표도 '과제 진행'칸에 구체적으로 제시하여 이들 목표도 함께 추구할 수 있도록 한다.

▶ **시간 배정**

'시간 배정'칸은 각 과제를 수행하는데 필요한 예상 시간을 추정하여 기록한다. 수련생을 가르치는 목적은 계획한 기술이나 전술 등을 단순히 가르치는 것이 아니라 기대하는 기술이나 전술을 습득 하도록 하는데 있다. 이는 수련생이 주어진 과제를 충분히 습득할 수 있는 시간을 배정해 주어야 한다는 의미이다. 각 과제를 수행하는데 필요한 시간은 미리 측정하거나 추정하면 어느 정도 정확하게 배정할 수 있다.

▶ **수련 조직 및 활동**

'수련 조직 및 활동'칸은 수련 도구나 공간 또는 수련생 등을 어떻게 배치할 것인지와 수련생에게 기대되는 행동을 기술한다. 수련 조직은 수련생을 준비된 공간에 어떻게 참여시킬 것인지 간단하게 기술하거나 도식으로 나타낸다. 수련 활동은 수련 조직 내에서 수련생에게 기대되는 행동을 구체적으로 기술한다. 과제가 수련할 내용이라면 조직은 수련이 이루어지는 공간이며 활동은 주어진 과제를 수행하는 방법이라고 할 수 있다.

▶ 지도상의 유의점

'지도상의 유의점'칸에는 수련 과제를 성공적으로 수행하는데 도움이 되는 지도 단서를 적는다. 사범이 수련생을 가르칠 때 고려해야 할 중요한 사항이나 기술 지도에 필요한 핵심 요소를 간단하게 적기도 한다. 주로 사범에게 기대되는 지도 행동, 수련생에게 제공할 지도 단서, 운동 수행상의 주의사항 등을 적는다.

제8장 태권도 수업의 실행

1. 안전한 수련 환경의 조성

수업을 준비할 때에도 안전 문제를 고려하지만 수업 실행 단계가 되면 안전 문제를 더욱 중요하게 생각해야 한다. 사전에 안전 문제를 예측하고 용구, 공간, 수련생 등을 안전하게 배치하여 다양한 수련 과제를 두려움 없이 수행할 수 있도록 해야 한다. 안전을 위협하는 상황이 예측되면 수련 활동을 즉각 중단하고 위험 초래 요인을 제거하고 수련을 재개해야 한다. 주변을 의식하지 않고 좁은 도장을 질주하거나 자기 능력 이상의 무리한 도전을 하면 안전사고로 이어질 가능성이 높다. 잦은 안전사고는 수련생이나 학부모와 같은 태권도 소비자의 신뢰를 무너뜨리고, 심한 경우 법적 문제까지 야기할 수 있다.

사범은 수련생의 안전을 먼저 생각해야 하며, 안전하게 자신의 신체적 한계에 도전할 수 있도록 수련 환경을 유지해야 한다. 안전한 수련 환경을 유지하기 위해서는 수련생에게 안전한 수업 운영에 필요한 절차나 규칙을 분명히 전달하고, 자주 상기시키며 철저한 이행을 당부해야 한다. 그렇다고 위험이 예견되는 수련 내용을 태권도 교육에서 배제할 필요는 없다. 대부분의 태권도 기술은 어느 정도의 위험성을 내포하고 있다. 사범이 해야 할 일은 안전사고를 예방하는 적극적인 조치로 각종 수련 과제에 안전하게 도전할 수 있도록 하는 것이다. 도장의 물리적 환경을 안전하게 유지하고 마우스피스, 몸통 보호대, 머리 보호대 등과 같은 각종 보호 장비를 착용하게 함으로써 안전사고에 자진 대비하도록 해야 한다.

안전 문제는 물리적 환경뿐만 아니라 심리적 안전도 중요하게 생각하며 다루어야 한다. 태권도 수련생이라면 누구나 안전한 도장에서 각종 기술을 배우고 싶어 하며, 실제로 안전하다는 느낌을 갖도록 해 주어야 한다. 따라서 사범에게는 수련생이 편안한 마음으로 각종 수련 과제에 도전할 수 있는 수련 환경을 조성할 책무가 있다. 대개 제시한 과제가 자신의 능력에 적합하다고 생각하면 심리적으로 안정감을 느낀다. 하지만, 청소년의 경우 넘치는 에너지를 주체하지 못하고 위험한 시도를 하여 자신은 물론 다른 수련생의 안전까지 해치는 경우가 있다. 사범은 수련생을 계속 주시하거나 수련 활동을 적극적으로 관찰, 탐지함으로써 사고 예방에 대비해야 한다.

2. 도전적인 수련 환경의 조성

도전적인 수련 환경은 겨루기 수행 능력이나 품새 시연 능력 또는 안전하게 격파할 수 있는 능력 등과 같은 실질적이고 의미 있는 목표에 도전할 수 있도록 조성된 수련 환경을 말한다. 즉 수련생이 의미 있는 활동에 계속적으로 도전하여 끊임없이 성공을 경험하며 성취감을 맛볼 수 있도록 설계된 수련 환경이다. 모든 수련생이 도전하여 성공을 경험할 수 있도록 수련 과제를 설계하는 일이 결코 쉬운 일은 아니다. 수련생 각자의 운동 능력과 체력 수준이 다르며, 수련 경험이 다르고, 태권도 수련에 대한 기대와 동기가 다르며, 태권도에 대한 사전 경험이나 배경 지식 또한 크게 다르기 때문이다. 하지만 보다 많은 수련생이 성취감을 맛볼 수 있도록 다양한 난이 수준의 과제를 제시하기 위해 노력해야 한다. 과제에 도전하여 성공을 반복적으로 경험하면 학습 의욕이 높아지고 태권도에 대한 관심이나 흥미 또한 커지면서 '향상 욕구'가 더욱 강해지게 된다.

수련생에게 도전이 되는 과제를 개발하기 위해서는 수련생이 태권도와 태권도 기술의 발휘에 어떤 의미를 부여하는지 파악할 필요가 있다. 사범이 태권도에 부여하는 수련의 의미와 수련생이 태권도를 수련하는 이유는 전혀 다를 수 있기 때문이다. 내가 가르치는 수련생은 어떤 목적으로 태권도를 수련할까? 수련생은 태권도 기술을 배우면서 어떤 생각을 할까? 수련생은 상대의 급소를 정확하게 공격할 수 있게 되는 것에 대해 어떤 생각을 할까? 수련생은 품새를 반복 연습하면서 어떤 생각을 할까? 진지한 수련생이라면 태권도를 수련하면서 어떤 의미를 찾으려 할 것이며, 태권도 수련에서 찾은 새로운 의미를 자신의 기존 지식과 결합하여 또 다른 의미를 창출하는 가운데 태권도에 대한 지식을 확장해 나갈 것이다. 따라서 태권도 사범은 수련생이 태권도를 바로 알고 올바른 의미를 부여할 수 있도록 가르쳐야 한다. 태권도의 수련 의미를 잘 알지 못하거나 잘못 알면 잘못된 행동을 할 수 있기 때문이다. 사범은 수련생이 태권도를 어떻게 이해하고 그것에 어떤 의미를 부여하는지 파악하여 태권도에 대한 올바른 의미를 구축하도록 도와주어야 한다.

태권도 수련 환경은 운동 기능적으로 뿐만 아니라 지적으로도 도전적이어야 한다. 태권도 도장은 지역사회 교육기관으로서의 역할을 수행하므로 단지 태권도 기술을 가르치는데 그쳐서는 안 된다. 태권도 기술만을 가르치는 것과 그것을 겨루기나 품새 등에 적절히 사용할 수 있도록 가르치는 것 사이에는 큰 차이가 있다. 태권도는 건강체력의 향상과 건강 생활에 필요한 습관을 길러주고, 각종 스포츠 기능의 학습에 필요한 운동 능력을 길러주며, 극기, 조화, 홍익 등의 정신을 기르는 인성적 가치를 내포하고 있다. 또한 복잡한 태권도 기술을 수련하는 과정을 통해서 지적 능력과 주지교과 학습 잠재력을 향상시킬 수 있다. 사범은 수련생이 이와 같은 문제에 질문을 던지고 답을 찾는 노력을 할 수 있도록 가르쳐야 한다. 태권도 사범은 수련생이 태권도에 대한 자신의 생각을 표현하고, 태권도에 대해 궁금한 사항을 질문하고, 태권도에 관한 의견이나 생각을 교환하는 것을 가치 있게 생각하고, 그러한 행동이 존중되는 열린 수련 분위기를 조성하기 위해 노력해야 한다. 그래야 수련생이 태권도 교육이 지향하는 재미있고, 지적이며, 창의적인 태권도를 경험할 수 있다.

3. 수련 과제의 효과적인 전달

수업은 수련 과제를 제시하면서 시작된다. 수련생은 사범이 제시하는 운영 과제에 따라 사회적 행동을 익히고, 수련 과제를 연습하며 태권도 기술을 배운다. 사범이 수련생에게 전달하는 과제는 효과적이면서도 효율적이어야 한다. 과제 전달이 효과적이라는 것은 사범의 설명이 충실하였고, 수련생은 그것을 충분히 이해하였다는 의미이다. 과제 전달이 효율적이라는 것은 과제를 전달하는데 필요한 만큼의 시간을 사용하였다는 의미이다. 사범은 필요 이상의 정보를 제공하는 경향이 있다. 필요 이상의 많은 정보를 전달하면 수련의 초점이 흐려져 어떤 부분을 중요하게 수련해야 할지 혼란스러워 할 수 있다.

　사범이 과제를 명확하게 전달하여 수련생이 무엇을 해야 하는지 정확하게 알면 제시한 과제를 더 적극적으로 수행하게 된다. 그런데 가끔 과제를 명확하게 전달하였음에도 불구하고 재차 설명할 필요성을 느끼는 때가 있다. 사범의 설명을 듣고 그의 의도대로 과제를 수행하지 않는 수련생이 있기 때문이다. 사범이 '내딛고 돌려차기'를 지시하였는데 '돌려차기'만 반복하는 수련생이 있을 수 있다. 이런 경우, 사범의 의도에 벗어난 수련생이 많으면 다시 설명하지만, 대부분의 수련생이 사범의 요구에 맞게 연습하면 "내딛고 돌려차기, 잘 하고 있어!"라는 칭찬으로 '돌려차기'만 연습하는 수련생이 '내딛고 돌려차기'를 하도록 유도할 수 있다.

　과제를 전달할 때에는 가르칠 기능이나 전략의 기술적 특징을 중심으로 설명하거나 전에 습득한 내용과 연계시켜 설명하는 것이 효과적이다. 그래야 수련할 기술이나 전략의 전체적인 모습을 개념적으로 파악하고 새로운 기술이나 전술을 연습할 수 있기 때문이다. 태권도의 각 기술이나 전술의 핵심 요소 중심으로 설명하면 기술이나 전술의 전체적인 모습을 개념적으로 파악하는 것이 쉽고, 어떤 부분을 중요하게 수련해야 하는지도 쉽게 파악할 수 있다. 가끔 사범의 설명에 집중하지 않아 수련할 기술이나 전술의 전체적인 모습을 파악하지 않은 채 연습을 시작하는 수련생이 있다. 그런 수련생에게는 쉐도우 지도법을 사용하면 매우 효과적이다. 쉐도우^{shadowing} 지도법은 사범의 설명이나 시범을 수련생이 동작으로 따라하게 하는 지도법이다.

　사범은 전달한 과제를 수련생이 정확하게 이해하였는지 확인할 필요가 있다. 이해를 확인하는 방법으로 전체 수련생에게 묻거나 어느 한 수련생을 선정하여 핵심 내용을 설명하게 할 수 있다. 그렇게 하면 과제가 잘 전달되었는지 확인할 수 있을 뿐만 아니라 사범의 설명에 집중해야 한다는 메시지가 수련생에게 전달되는 효과까지 얻을 수 있다. 수련 과제는 다음과 같은 사항을 고려하면 더욱 효과적으로 전달할 수 있다.

▶ **수련 내용을 철저히 파악한다.**

　과제를 효과적으로 전달하기 위해서는 가르칠 내용을 잘 알고 있어야 한다. 잘 알고 있다는 것은 일정 수준의 실기 능력을 갖추어야 하고, 태권도 기술의 구조를 파악해야 하며 그리고 기술의 과학적 원리를 이해하고 설명을 할 수 있어야 한다는 의미이다.

▶ **수련생이 이해할 수 있는 언어를 사용한다.**

　과제는 수련생이 이해할 수 있도록 설명해야 한다. 이해되도록 설명하기 위해서는 수련생의 연령이나 태권도에 대한 사전 경험 등을 고려하여 설명해야 한다. 태권도에 대한 사전 경험이 있는 수련생과 그렇지 않은 수련생 간에는 사범의 설명을 이해하는데 있어서 큰 차이가 있다. 사전 경험이 있는 수련생은 그렇지 않은 수련생보다 사범의 설명을 쉽게 이해한다. 태권도에 대한 사전 경험은 있지만 어린 수련생의 경우 어려운 기술 용어를 이해하는데 어려움이 있을 수 있다. 그런 경우 수련생이 이해할 수 있는 용어로 쉽게 설명하거나 그들 수준의 언어로 부연 설명할 필요가 있다.

▶ **분명하지만 천천히 말한다.**

　수련생은 수련할 내용에 대해 사범만큼 잘 알지 못한다. 사범에게는 익숙하지만 수련생에게는 생소하고 어려운 과제를 빠른 속도로 설명하면 이해하는데 어려움을 겪을 수밖에 없다. 특히, 새로운 과제를 설명할 때에는 수련생이 생각하며 이해할 수 있도록 천천히 그리고 분명하게 설명해야 한다.

▶ **은유나 비유를 들어 설명한다.**

　수련생 수준에 맞춰 쉽게 설명하였음에도 불구하고 이해하는데 어려움을 겪으면 수련생의 수준에 맞는 비유를 들어 이해시킬 필요가 있다. 우리는 흔히 주춤서기를 말 타는 자세에, 앞서기를 보행 자세에 비유하여 설명하곤 한다.

▶ **실제 상황에서 시범 보인다.**

　돌려차기는 몸통 보호대와 머리 보호대를 착용하고 상대를 직접 공격하며 시범 보이는 것이 돌려차기 자체만 시범 보이는 것보다 효과적이다. 또한 여러 번 시범을 보여야 하는 경우라면 여러 각도에서 시범 보이는 것이 효과적이다. 예를 들어, 정면을 향해 돌려차기를 할 때에는 지지발의 움직임과 몸통을 비트는 동작을 볼 수 있지만, 옆면으로 돌려차기 시범을 보이면 대퇴 부위를 들어 올리는 동작과 무릎을 튀기며 차는 동작을 좀 더 정확하게 볼 수 있다.

▶ **핵심 요소 중심으로 시범 보인다.**

모든 기술을 완벽하게 시범을 보일 수는 없다. 태권도 기술은 저마다 그것을 구성하는 핵심 요소가 있으므로 그것을 중심으로 시범 보일 수 있으면 충분하다. 대부분의 태권도 기술은 관절을 이용하므로 관절의 각도나 그와 관련된 움직임을 중심으로 설명하면 매우 효과적이다. 예를 들어, 앞차기는 고관절, 무릎관절, 발목관절의 각도와 그것의 움직임을 중심으로 설명하면 매우 효과적이다.

▶ **시범과 설명에 수련생을 참여시킨다.**

모든 태권도 기술이나 동작을 사범이 직접 시범 보일 필요는 없다. 자신 있는 기술이나 동작은 사범이 직접 시범 보이지만 직접 시범 보일 수 없는 기술이나 고난도 동작은 수련생을 모델로 활용할 수 있다. 수련생을 활용할 수 없을 때에는 핸드폰 등을 사용한 동영상 자료를 보여주며 설명할 수도 있다. 어떤 방법으로 시범을 보이든 보는 것 보다는 실제로 따라하는 쉐도우 지도법을 활용하는 것이 더 효과적이다.

▶ **수련생의 이해를 확인한다.**

사범은 수련생이 연습을 시작하기 전에 그가 한 설명을 제대로 이해하였는지 확인할 필요가 있다. 이해를 확인하는 방법은 사범의 설명을 수련생에게 시범으로 대답하게 하거나 사범의 시범을 핵심 요소 중심으로 설명하도록 하면 된다. 그렇게 하면 무엇을 어떻게 연습해야 하는지 정확하게 알고 연습할 가능성이 높다.

수련 과제는 대부분의 경우 모든 수련생을 한 곳에 모아 놓고 전달하지만 주어진 과제를 수련하는 동안 전달기도 한다. 보통 새로운 과제를 전달하거나 긴 설명이 필요한 경우에는 수련생을 한 자리에 모아놓고 설명하지만 전달 과제에 이어지는 세련 과제나 확대 과제 등은 제자리에서 전달하는 것이 더 효과적이다. 그런 경우 수련생 모두가 볼 수 있는 위치를 선정하여 시범을 보이며, 그럴 필요가 없을 때에는 목소리를 높여 모든 수련생이 들을 수 있도록 설명한다.

4. 새로운 과제의 유도 연습

새로운 과제를 전달하거나 연습 조건이 바뀔 때에는 주어진 수련 과제를 어떻게 연습하는지 유도 연습을 통해 파악한 다음 개인 연습을 시작하도록 해야 한다. 유도 연습guided practice은 수련생이 새로운 과제를 수행하는 동안 사범이 잘못된 동작을 고쳐주거나 필요한 경우 다시 가르침으로써 사범의 의도에 맞게 과제를 수행하도록 연습시키는 과정이다. 유도 연습은 수련생이 개인 연습을 시작하기 전에 사범의 감독 하에 이루어지는 일종의 '집단 연습'이다.

유도 연습은 개인 연습을 시작하기 전에 모든 수련생이 새로운 과제나 연습 조건에 익숙하도록 도와주는 과정이다. 따라서 사범은 모든 수련생을 관찰할 수 있는 위치에서 수련생이 범하는 오류를 고쳐주거나 그것을 발생시킨 원인을 파악하여 다시 가르치거나 기능의 핵심 요소를 강조하며 촉진 자극을 제공하는 등 수련생이 주어진 과제를 성공적으로 수행하도록 도와주어야 한다. 촉진 자극prompt은 수련생이 '올려막기' 동작을 연습하기 직전에 "이마에서 주먹 하나"와 같은 간단한 구절句節로 핵심 수련 정보를 제공하는 것을 말한다.

수련생이 유도 연습을 하는 동안 제공하는 피드백은 과제 전달시 강조했던 기술의 핵심 요소와 일치를 이루도록 하는 것이 좋다. 피드백은 전달된 과제를 잘 수행하는 것을 인정하는 긍정적 피드백이나 오류 동작을 수정하기 위한 교정적 피드백 중심으로 제공하는 것이 좋다. 예를 들어, '앞굽이 내려막기'에서 "뒷다리를 잘 뻗고 있네!"와 같은 긍정적인 피드백이나 "뒷다리의 무릎은 펴고!"와 같은 교정적인 피드백을 제공하면 어떤 부분에 신경을 쓰며 연습해야 하는지 쉽게 파악할 수 있는 장점이 있다.

유도 연습을 하는 동안에는 수련생에게 최대한의 반응 기회를 제공해야 한다. 기술의 구조에 대해 장구하게 설명하는 대신 꼭 필요한 정보를 제공하고, 많은 연습 기회를 갖도록 하는 것이 좋다. 그래야 '혼자 연습'에서 사범의 의도에 맞게 과제를 수행할 가능성이 높다. 대부분의 수련생이 사범이 설명한 대로 과제를 수행하지 못하거나 심한 오류 반응을 보이면 다시 가르치거나 좀 더 쉬운 과제로 전환해야 한다. 대부분의 수련생이 의도한 대로 과제를 수행하면 즉시 '개인 연습'으로 전환한다.

〈 피드백의 유형과 예 〉

일반적-긍정적 피드백

제시한 수련 과제를 숙달하기 위해 노력하는 수련생을 지원하고 긍정적인 수련 분위기를 조성할 목적으로 제공하는 피드백.

철호! 잘하고 있어	아주 좋아
잘 차고 있어	잘 막고 있어
다들 지르기를 잘 하는군	열심히 하고 있네!
영수도 많이 좋아 졌구나!	아주 잘하고 있어

긍정적-구체적 피드백

신체의 한 부위나 특정 동작의 바람직한 수행을 구체적인 정보로 인정 또는 격려하는 피드백.

- **앞차기**: 그렇지 무릎을 충분히 들어서 접어 차야지
- **돌려차기**: 그렇지, 오른 돌려차기를 할 때에는 오른팔을 뒤로 당겨야지
- **주춤서기 몸통 지르기**: 맞아, 손목을 장골능까지 끌어당겨야 해
- **겨룸새**: 그래, 겨루기 자세는 가슴이 측면을 향하도록 해야 해
- **올려막기**: 응, 가슴 앞에서 틀면서 머리 위에서 막는 게 맞아
- **옆차기**: 바로 그거야. 상체를 세우고 차야 해

비언어적-긍정적 피드백

위와 같은 목적으로 제공하며, 비언어적 행동이 수반되는 피드백.

엄지손가락 위로 올리기	손뼉치기
등 두드리기	오케이 사인
머리 쓰다듬기	주먹 치켜들기
하이파이브	

교정적 피드백

수련생의 오류 동작을 고쳐줄 의도로 제공하는 피드백

- **주춤서기**: 자세가 너무 높잖아. 무릎을 약간만 낮춰
- **돌려차기**: 팔을 가슴 앞에 두지 말고, 엉덩이 뒤로 당겨야지

- **옆차기:** 지지발에서 너무 떨어져 있어, 지지발에 바짝 붙여서 접어 차
- **겨루기:** 그냥 쫓아가지 말고, 스텝을 밟으며 쫓아가
- **품새:** 시선부터 돌리지 말고, 시선과 회전을 거의 동시에
- **앞서기 등:** 뒤꿈치부터 내려놓지 말고, 앞 축부터 내디뎌야지!

5. 숙달을 위한 개인 연습

 개인 연습은 유도 연습을 통해 익힌 새로운 수련 과제를 선행 수련 내용과 통합하여 숙달할 수 있는 기회이다. 새로 배운 기술을 품새, 겨루기, 격파 등에 자신 있게 활용하기 위해서는 개인 연습으로 충분히 숙달해야 한다. 수업은 시간을 얼마나 효율적으로 사용하느냐에 따라 수련 성과가 다르게 나타날 수 있다. 따라서 개인 연습 시간을 마냥 배정할 수는 없다. 게다가 개인 연습 시간을 너무 많이 배정하면 수련생을 방치 한다는 비판을 받을 수 있다. 사실, 적지 않은 사범이 그러한 우려 때문에 개인 연습 시간을 배정하는데 주저하고 있다. 그러나 어떤 기술이든 실제로 활용할 수 있을 정도로 숙달하기 위해서는 장시간의 개인 연습이 반드시 필요하다. 수련한 기술을 겨루기, 품새, 격파 등에 효과적으로 활용하기 위해서는 그것을 자유자재로 구사할 수 있을 정도의 개인 연습을 통해 숙달해야 한다.

 유도 연습이 동작의 오류를 고치거나 중요하게 연습해야 하는 부분을 강조하는 시간이라면 개인 연습은 각 기술을 자유자재로 활용할 수 있도록 충분히 숙달하는 시간이다. 수련생이 개인 연습을 할 때 사범이 해야 하는 중요한 역할은 수련 활동을 관찰·분석해서 필요한 피드백을 제공하는 일이다. 수련 활동을 적극적으로 관찰하면 수련생의 과제 집중력을 높이는 데에도 도움이 된다.

6. 수련 행동의 적극적 관찰

 유능한 사범은 그렇지 않은 사범보다 수련 활동을 적극적으로 관찰한다. 태권도 수업은 운동의 특성상 수련 과제를 개인이나 짝 또는 소집단 중심으로 흩어져 수행하는 경우가 많다. 그렇게 흩어져 연습하는 동안 사범이 해야 할 역할 중의 하나는

〈 피드백의 유형과 예 〉

일반적–긍정적 피드백

제시한 수련 과제를 숙달하기 위해 노력하는 수련생을 지원하고 긍정적인 수련 분위기를 조성할 목적으로 제공하는 피드백.

철호! 잘하고 있어
잘 차고 있어
다들 지르기를 잘 하는군
영수도 많이 좋아 졌구나!

아주 좋아
잘 막고 있어
열심히 하고 있네!
아주 잘하고 있어

긍정적–구체적 피드백

신체의 한 부위나 특정 동작의 바람직한 수행을 구체적인 정보로 인정 또는 격려하는 피드백.

- **앞차기**: 그렇지 무릎을 충분히 들어서 접어 차야지
- **돌려차기**: 그렇지, 오른 돌려차기를 할 때에는 오른팔을 뒤로 당겨야지
- **주춤서기 몸통 지르기**: 맞아, 손목을 장골능까지 끌어당겨야 해
- **겨룸새**: 그래, 겨루기 자세는 가슴이 측면을 향하도록 해야 해
- **올려막기**: 응, 가슴 앞에서 틀면서 머리 위에서 막는 게 맞아
- **옆차기**: 바로 그거야. 상체를 세우고 차야 해

비언어적–긍정적 피드백

위와 같은 목적으로 제공하며, 비언어적 행동이 수반되는 피드백.

엄지손가락 위로 올리기
등 두드리기
머리 쓰다듬기
하이파이브

손뼉치기
오케이 사인
주먹 치켜들기

교정적 피드백

수련생의 오류 동작을 고쳐줄 의도로 제공하는 피드백

- **주춤서기**: 자세가 너무 높잖아. 무릎을 약간만 낮춰
- **돌려차기**: 팔을 가슴 앞에 두지 말고, 엉덩이 뒤로 당겨야지

- **옆차기**: 지지발에서 너무 떨어져 있어, 지지발에 바짝 붙여서 접어 차
- **겨루기**: 그냥 쫓아가지 말고, 스텝을 밟으며 쫓아가
- **품새**: 시선부터 돌리지 말고, 시선과 회전을 거의 동시에
- **앞서기 등**: 뒤꿈치부터 내려놓지 말고, 앞 축부터 내디뎌야지!

5. 숙달을 위한 개인 연습

개인 연습은 유도 연습을 통해 익힌 새로운 수련 과제를 선행 수련 내용과 통합하여 숙달할 수 있는 기회이다. 새로 배운 기술을 품새, 겨루기, 격파 등에 자신 있게 활용하기 위해서는 개인 연습으로 충분히 숙달해야 한다. 수업은 시간을 얼마나 효율적으로 사용하느냐에 따라 수련 성과가 다르게 나타날 수 있다. 따라서 개인 연습 시간을 마냥 배정할 수는 없다. 게다가 개인 연습 시간을 너무 많이 배정하면 수련생을 방치 한다는 비판을 받을 수 있다. 사실, 적지 않은 사범이 그러한 우려 때문에 개인 연습 시간을 배정하는데 주저하고 있다. 그러나 어떤 기술이든 실제로 활용할 수 있을 정도로 숙달하기 위해서는 장시간의 개인 연습이 반드시 필요하다. 수련한 기술을 겨루기, 품새, 격파 등에 효과적으로 활용하기 위해서는 그것을 자유자재로 구사할 수 있을 정도의 개인 연습을 통해 숙달해야 한다.

유도 연습이 동작의 오류를 고치거나 중요하게 연습해야 하는 부분을 강조하는 시간이라면 개인 연습은 각 기술을 자유자재로 활용할 수 있도록 충분히 숙달하는 시간이다. 수련생이 개인 연습을 할 때 사범이 해야 하는 중요한 역할은 수련 활동을 관찰·분석해서 필요한 피드백을 제공하는 일이다. 수련 활동을 적극적으로 관찰하면 수련생의 과제 집중력을 높이는 데에도 도움이 된다.

6. 수련 행동의 적극적 관찰

유능한 사범은 그렇지 않은 사범보다 수련 활동을 적극적으로 관찰한다. 태권도 수업은 운동의 특성상 수련 과제를 개인이나 짝 또는 소집단 중심으로 흩어져 수행하는 경우가 많다. 그렇게 흩어져 연습하는 동안 사범이 해야 할 역할 중의 하나는

수련에 필요한 정보나 피드백을 제공하는 일이다. 수련생이 흩어져 연습하는 동안에도 사범의 지도 활동은 계속되어야 하며, 그러한 메시지가 수련생에게 전달되도록 수련 활동을 적극적으로 관찰하고, 그에 따른 피드백을 제공해야 한다.

  사범이 수련생을 적극적으로 관찰해야 하는 데에는 여러 가지 이유가 있다. 우선, 적극적인 관찰은 수련생으로 하여금 과제에 몰두하도록 하는 감독 기능을 한다. 사범은 가능한 한 많은 수련생이 시야에 들어오는 위치에서 감독하거나 수련생 주위를 불규칙하게 오가며 감독하는 것이 좋다. 그래야 수련생이 주어진 과제에 더욱 열중하게 된다. 조언이나 피드백의 제공은 어느 정도 떨어진 거리에서도 할 수 있으므로 수련생에게 너무 다가갈 필요는 없다. 그래야 가능한 한 많은 수련생을 감독하며 피드백을 자주 제공할 수 있다.

  도장의 규모가 크고 다양한 기능 수준의 수련생을 관찰해야 하는 경우 사범은 수업 시작 전에 미리 준비하여 관찰 시간을 효율적으로 사용해야 한다. 수련생이 기술의 어느 한 부분을 정확하게 수행하는지 훑어보거나, 기능 수준이 다른 수련생을 묶어서 관찰하거나, 한 번에 한 명씩 집중적으로 관찰하는 등 다양한 방법으로 수련 행동을 관찰할 수 있다. 누구를 관찰할 것인지와 동작의 어떤 부분을 관찰할 것인지에 따라 사범이 수련생에게 머무는 시간은 다를 수 있다. 어떤 기술은 한두 번의 관찰로 판단할 수 있지만, 또 어떤 기술은 한동안 관찰해야 정확한 피드백을 제공할 수 있다. 바쁘게 이동하며 훑어보는 것보다는 한 수련생에게 오랫동안 머물며 관찰한 다음 피드백을 제공하는 것이 더 효과적이다.

  운동 기술은 우선적으로 습득해야 할 핵심 동작이 있다. 사범은 각 단계별로 우선적으로 습득해야 할 동작을 집중적으로 관찰한 다음 필요한 피드백을 제공해야 한다. 예를 들어 '돌려차기'를 새로 익힐 때 우선적으로 수련해야 할 핵심 동작은 한 발로 중심을 잡는 것이다. 적지 않은 수련생이 발바닥 전체로 중심을 잡는 경향이 있다. '돌려차기'에서 중심잡기는 발의 전체 면이 동원되는 것 같지만 실제로 중요하게 동원되는 부분은 앞축이다. 앞축으로 중심을 잡아야 차고 난 다음 중심을 쉽게 잡을 수 있다. '돌려차기'를 가르칠 때에는 이 부분을 집중적으로 관찰한 다음 그와 관련된 피드백을 우선적으로 제공해야 한다. 앞축으로 중심을 잡고 찰 수 있게 되면 그 다음은 무릎을 접으면서 대퇴 부위를 신속하게 들어 올리는 것이 중요하다. 그 다음 단계의 핵심 동작은 접은 무릎을 튀기면서 차는 것이다. 이렇게 각 단계별로 우선적으로 익혀야할 핵심 동작이 있으므로 그것을 집중적으로 관찰하고, 그에 따른 피드백을 제공하면 각각의 기술을 훨씬 효과적으로 습득할 수 있다.

어떤 기술을 집중적으로 관찰한 다음 적합한 피드백을 제공하기 위해서는 기술 분석 능력을 기를 필요가 있다. 기술 분석$^{skill\ analysis}$은 사범이 수련생에게 기대하는 이상적인 동작과 수련생의 현재 반응 간의 차이를 확인하는 과정이다. 여기서 이상적인 동작은 관절을 중심으로 질적으로 분석하면 쉽게 파악할 수 있다. 예를 들어 '앞서기 내려막기' 기술의 이상적인 동작 또는 전형은 ① 앞발과 뒷발의 거리는 한발, ② 좌우 발의 간격은 한발, ③ 무릎 관절은 걷듯이 살짝 구부림, ④ 양손은 가슴 앞에서 손등이 마주보도록 교차, ⑤ 막는 팔은 대퇴 외측부까지 가속적으로 막음, ⑥ 당기는 팔은 손목관절이 장골능에 도달할 때까지 빠르게 당김 등과 같이 분석하여 파악할 수 있다. 이처럼 '앞서기 내려막기'의 전형을 핵심 요소중심으로 정확하게 파악하고 있어야 수련생의 '앞서기 내려막기'를 그것의 전형과 비교 분석하여 정확한 피드백을 제공할 수 있다.

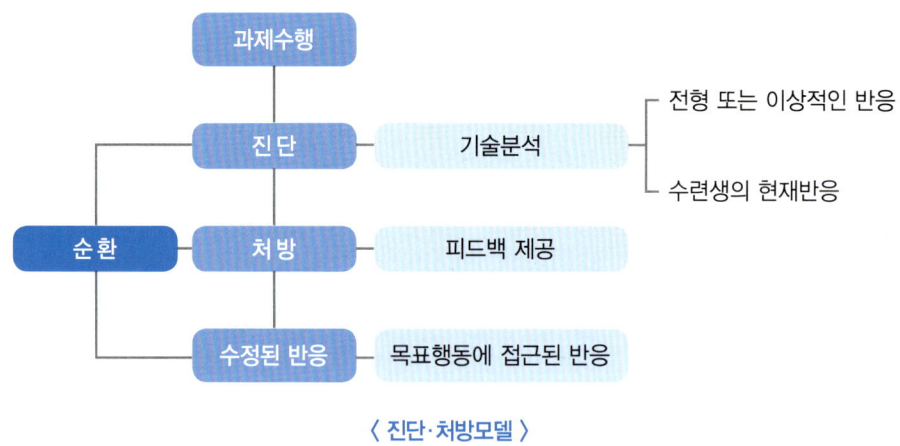

〈 진단·처방모델 〉

7. 피드백의 제공

수련생이 과제를 수행하는 동안 사범에게 기대되는 중요한 지도 행동은 운동수행 결과를 분석하여 수련에 도움이 되는 각종 정보를 제공하는 일이다. 우리는 전자를 기술 분석이라고 하고, 후자를 피드백 제공이라고 한다. 사범이 수련생에게 제공하는 피드백은 수련생의 성장에 적극적인 관심이 있다는 의사 표시이며, 수련생의 과제 집중력을 높이고 생산적인 수련 환경을 조성하는 데에도 도움이 된다. 이처럼 사범이 수련생에게 제공하는 피드백은 태권도 수련에 직접적인 도움이 될 뿐만 아니라 수련생의 성장에 관심이 있다는 사범의 의지 표현으로 작용하여 생산적인 수련 환경을 조성하는 데에도 도움이 된다.

사범이 수련생에게 제공할 수 있는 피드백은 반응의 정확성 여부에 따라 평가 피드백과 수정 피드백으로 분류한 다음 그것을 다시 일치 피드백과 불일치 피드백이나 일반적 피드백과 구체적 피드백으로 분류하는 학자가 있는가 하면(Rink, 2006), 피드백을 사용 의도에 따라 긍정적 피드백과 부정적 피드백으로, 사용 정보의 구체성에 따라 일반적 피드백과 구체적 피드백으로 분류하는 학자도 있다(Siedentop, 2002). 일반적으로 피드백은 사용 의도에 따라 긍정적 피드백, 교정적 피드백, 부정적 피드백으로, 정보의 구체성에 따라 일반적 피드백과 구체적 피드백으로 분류한다.

1) 일반적 피드백·구체적 피드백

일반적 피드백보다는 구체적 피드백이 수련생에게 더 유익하고 가치 있다. 또한, 구체적인 피드백은 일반적 피드백에 비해 과제 집중력을 높이고 과제에 대한 책무성을 강화하는 데에도 더 큰 효과가 있다. 하지만, 구체적 피드백이 수련 활동에 적극적으로 도움이 되기 위해서는 주어진 과제를 어느 정도 일관성 있게 수행할 때 제공해야 한다. 주어진 과제를 아직 일관성 있게 수행하지 못하고 있는 학습 초기에는 구체적 피드백을 제공해도 과제 수행에 큰 도움이 되지 않을 수 있다. 오히려 학습 초기나 어린 수련생에게는 일반적이고 긍정적인 피드백이 더 효과적일 수 있다.

일반적 피드백은 "잘 차는데!", "좋아", "바로 그거야" 등과 같이 행동의 전반적인 모습이나 동작의 전체적인 모습에 대한 판단을 하고 그에 따른 피드백을 제공하는 것이다. 구체적 피드백은 "그래, 옆 사람과 50cm의 간격을 잘 유지하는구나!", "그렇게 몸을 틀면서 내려 막아야지!" 등과 같이 구체적인 사회적 행동이나 신체의 한 부위에 관한 결과적 정보를 제공하는 것을 말한다. 대개 구체적 피드백은 앞의 예처럼 일반적 피드백에 이어 제공되며 기술 분석 능력과 밀접한 관련이 있다. 자신이 가르치는 내용에 대해 잘 알고 있으면 기술 분석에 따른 구체적 피드백을 제공할 가능성이 그만큼 높다. 따라서 사범은 수련생에게 가르칠 각 태권도 기능의 기술적 구조를 정확하게 파악하고, 그에 따른 구체적인 피드백을 제공하기 위해 노력해야 한다.

2) 긍정적 피드백·교정적 피드백·부정적 피드백

태권도 사범은 물론 대부분의 스포츠 지도자들은 긍정적 피드백보다는 부정적 피드백을 더 많이 제공하는 경향이 있다. 긍정적 피드백은 올바른 행동이나 정확한 반응을 칭찬하거나 인정하는 결과적 정보이고, 부정적 피드백은 잘못된 행동이나 오류 반응을 지적하거나 질책하는 결과적 정보이다. 긍정적 피드백을 자주 제공하면 그것이 강화 기능을 하여 수련 활동에 직접적인 도움이 되고, 사범-수련생 간의 친밀감을 형성하는 데에도 도움이 된다. 긍정적 피드백의 효과가 입증되고 있지만 아직도 많은 사범이 태권도 지도에서 부정적 피드백에 크게 의존하고 있다. 그것은 아마 사범의 중요한 역할이 수련생의 잘못된 행동이나 오류 동작을 고쳐주는 일이라는 그릇된 인식에서 비롯되었을지 모른다. 부적절한 행동이나 오류 동작도 얼마든지 긍정적인 방법으로 고쳐나갈 수 있다. 예를 들어, '주춤서기'를 가르칠 때 "무릎을 너무 많이 구부리잖아"라는 피드백 대신 "무릎을 펴면서 자세를 높게 유지해!"라는 긍정적 피드백을 제공할 수 있다.

긍정적 피드백과 부정적 피드백의 기능을 과도하게 해석하여 수련생의 잘못된 행동이나 오류 동작에 대한 언급이나 지적을 의도적으로 회피할 필요는 없다. 그것은 피드백의 기능을 잘못 이해하고 있는 것이다. 사소한 잘못을 크게 야단치거나 수련과 무관한 비난은 피하는 것이 좋다. 그러나 동작 수행의 잘못된 부분을 정확하게 지적하는 것이 때로는 매우 의미 있을 때가 있다. 수련생의 감정을 해치지 않는 범위에서 동작의 잘못된 부분을 지적하면 수련생이 그에 반대되는 바람직한 수행 방법을 찾아 연습하기 때문이다. 예를 들어, '몸통 지르기' 연습을 하는 것을 보고, "지르고 당기는 것이 동시에 이루어지지 않고 있잖아!"라는 지적을 하면 수련생은 지르는 주먹과 당기는 주먹을 동시에 교차해야 하는 것을 알고 그렇게 연습하게 된다.

교정적 피드백은 잘못된 행동이나 오류 동작을 지적하고 올바르게 행동하거나 정확하게 수행하는데 필요한 정보를 제공하는 것을 말한다. 교정적 피드백과 긍정적 피드백은 행동을 고치거나 반응을 수정하는데 필요한 정보를 담고 있으므로 부정적 피드백과 비교하여 '유익한 피드백'이라고 한다. 예를 들어, '주춤서기'를 가르칠 때 "무릎을 너무 많이 구부리지 마!"라는 피드백을 제공하였다면 그것은 부정적 피드백이다. 그런데 같은 동작을 보고, "무릎을 너무 많이 구부렸잖아. 무릎을 좀 더 펴!"라고 하였다면 그것은 교정적 피드백이 된다. 대개 교정적 피드백은 잘못을 지적하는 부분"무릎을 너무 많이 구부렸잖아!"를 생략하고 바르게 수행하는데 필요한 정보, 즉 "무릎을 좀 더 펴"와 같은 피드백만 제공하는 경우가 많다. 피드백은 다음과 같이 제공하면 훨씬 효과적이다.

▶ **즉각적으로 제공한다.**

  피드백은 운동수행 직후에 제공하는 것이 일정 시간이 경과된 후에 제공하는 피드백보다 효과적이다. 특히, 기술 습득의 초기 단계에서는 매 반응마다, 숙달 단계에서는 간헐적으로 제공하는 것이 더 효과적이다.

▶ **정확하게 제공한다.**

  피드백은 정확할수록 더 효과적이다. 정확한 피드백은 기술 분석을 통해 각 기술의 이상적인 폼을 정확하게 파악한 다음 수련생의 현재 반응과 비교하여 제공하는 피드백이다.

▶ **자주 제공한다.**

  피드백은 자주 제공할수록 그만큼 기술 향상에 도움이 된다. 특히, 기술 습득의 초기 단계에서는 정확한 피드백을 자주 제공해야 바람직한 동작을 빨리 형성할 수 있다.

▶ **일치되게 제공한다.**

  일치된 피드백은 수련생의 과제 수행에 직접적으로 도움이 되거나 그들이 간절히 바라는 피드백을 말한다. 즉 일치된 피드백은 사범이 중요하다고 생각하는 피드백이 아닌 수련생이 주어진 과제를 수행하는데 절실히 필요로 하는 피드백을 말한다. 일치된 피드백은 수련생의 학습 동기를 유발하여 과제 집중력을 향상시킨다.

▶ **차별적으로 제공한다.**

차별적 피드백은 각 수련생이 이전보다 향상된 모습을 보일 때 그것을 인정하여 제공하는 피드백이다. 차별적 피드백은 수련생 각자의 향상 정도에 대해 제공하는 피드백이다. 따라서 수련생 각자가 노력하여 기술이 향상되는 한 누구나 사범으로부터 똑같은 칭찬이나 인정의 피드백을 제공받을 수 있다.

▶ **구체적으로 제공한다.**

피드백은 구체적일수록 더 효과적이다. 구체적 피드백은 특별한 행동이나 신체의 특정 부위가 바람직하거나 바람직하지 않은데 대해서 제공하는 피드백이다. 구체적 피드백은 과제에 대한 집중력과 과제 수행에 대한 책무성을 강화하는데 도움이 된다.

▶ **긍정적으로 제공한다.**

긍정적 피드백은 올바른 행동이나 정확한 반응을 인정하는 결과적 정보를 말한다. 긍정적 피드백은 수련생의 기분을 유쾌하게 만들고, 사범과 수련생 간의 일체감 rapport을 형성하는 데에도 도움이 된다.

8. 발문의 활용

태권도 수업은 주로 기초 기술이나 품새 또는 겨루기 능력 등을 기르는데 치중하고 있지만, 어떻게 하면 수련생의 사고력을 키울 수 있는지, 품새는 어떻게 잘 숙달할 수 있는지, 겨루기는 어떻게 더 잘 할 수 있는지 등에 대한 수련생의 의견을 교환할 수 있는 기회도 마련해 주어야 한다. 수련생은 현재 배우고 있는 기술이 전에 배운 기술보다 왜 겨루기에 더 적합한지, 얼마나 더 적합한지, 어떤 상대를 만났을 때 더 적합한지 등에 대한 궁금증을 가질 수 있다. 수련생은 태권도 수련을 하면서 여러 가지 궁금증을 갖게 되며, 그러한 궁금증을 해결하기 위해 사범에게 질문을 하게 된다. 사범은 수련생이 궁금증을 가지고 질문할 때 기쁜 마음으로 대답해 주어야 한다.

태권도 수업의 일차적 목적은 태권도 기술이나 전술을 가르치는 것이지만 수련생의 지적 활동을 자극하고 사고력을 키우는 데에도 적극적인 관심을 가져야 한다. 수련생은 습득한 태권도 기술과 그 과정에서 얻은 경험에 대해서 말하고 싶어 하며, 습득한 기술을 겨루기, 품새, 격파 등에 활용하는 방법에 대해서 알고 싶어 한다. 사범은 수련생의 질문에 응답해야 할 뿐만 아니라 그 질문의 가치에 대해서도 설명할 수 있어야 한다. 사범은 수련생이 주저없이 궁금한 사항을 질문할 수 있도록 하고, 나아가 질문하는 행동을 칭찬하며 적극적으로 권장해야 한다.

궁금한 사항에 대해서 질문을 하거나 기술이나 전술에 대해 서로 의견을 교환하거나, 코멘트 하는 행동은 도장에서 적극 권장해야 할 행동이다. 그런데 가끔 사범이나 다른 수련생의 관심을 끌기 위해 질문을 하거나 코멘트를 하는 수련생이 있다. 설사 그러한 의도로 질문이나 코멘트를 하더라도 그것을 즉각 제지할 필요는 없다. 어린 수련생의 경우 그러한 행동은 매우 자연스러울 뿐만 아니라 바르게 질문하고 코멘트하는 방법은 도장에서 가르쳐야 할 중요한 사회적 기술이기 때문이다. 사범이 인내심을 가지고 질문이나 코멘트를 해도 되는 상황과 해서는 안 되는 상황을 구별하는 법을 가르치면 관심 끌기 행동은 줄어든다. 즉 상황에 적합한 질문이나 코멘트에 대해서는 적극적인 관심을 보이며 칭찬하고, 관심을 끌기 위한 질문이나 코멘트는 무시하면 곧 크게 감소하게 된다.

사범은 수련생의 질문에 적극적으로 대답해야 할 뿐만 아니라 수련생의 지적 활동을 자극하는 질문도 해야 한다. 발문과 질문은 구분 없이 사용하지만 구태여 구분한다면 질문은 모르는 것을 알기 위해 묻고, 발문은 알고 있는 것을 확인하기 위해 묻는다. 사범이 수련생에게 하는 발문은 어떤 인지 활동$^{認知\ 活動}$이 작용하느냐에 따라 4가지 범주로 분류할 수 있다. 각 발문은 사용 목적에 따라 다르게 선택되므로 사용 목적에 부합하는 발문을 해야 한다.

- **회고적 발문**

회고적 발문$^{recall\ question}$은 기억 수준의 대답을 필요로 하는 질문이다. '예' 또는 '아니오'로 대답할 수 있는 질문은 이 범주에 들어간다. 예를 들어, '몸통 지르기'를 할 때 시선은 위쪽 15도 방향을 주시해야 하는가? 기합은 복부에서 시작하는가, 아니면 목에서 시작하는가? 엇서기는 두 선수 모두 같은 발이 앞에 위치하는가? 겨루기 경기는 2분 3회전인가? 등과 같은 질문은 정확한 사실을 기억하고 대답하는 회고적 발문이다.

- **집중적 발문**

  집중적 발문$^{\text{convergent question}}$은 전에 배우거나 경험한 내용을 분석, 통합하여 대답할 수 있는 질문이다. 집중적 발문은 두 가지 이상의 기억된 사실을 적절히 통합해야 대답할 수 있는 질문이다. 예를 들어, '돌려차기'와 '나래차기'는 어떤 점이 비슷한가? '돌려차기'와 '옆차기'는 어떤 차이점이 있는가? '내려막기'를 할 때 왜 막는 팔이 몸의 안쪽에 위치해야 하는가? 상대가 내딛기로 접근할 때에는 어떤 딛기로 피하는 것이 좋은가? 좁은 복도에서 길을 비켜줄 때에는 어떻게 처신해야 하는가? 등과 같은 발문은 두 가지 이상의 경험 내용이나 배운 내용을 통합해야 대답할 수 있는 집중적 발문이다.

- **분산적 발문**

  분산적 발문$^{\text{divergent question}}$은 전에 경험하지 않은 문제를 해결하기 위해 하는 질문이다. 대답은 창의적으로 하며, 경험적으로 입증되지 않은 내용으로 대답할 수 있다. 분산적 발문은 다양한 대답을 이끌어내기 위한 질문이므로 다양한 대답이 나올 수 있어 모든 대답이 정답일 수 있다. 이 발문은 높은 수준의 문제해결 능력과 추론을 요구한다. 키는 크지만 빠르지 않은 상대와 겨루기를 할 때에는 어떤 반격 기술을 사용해야 하는가? 상대 선수가 '엇서기' 자세에서 '맞서기' 자세로 바꾸는 순간에 사용할 수 있는 공격 기술에는 어떤 것들이 있는가? 시합 종료 직전 3점을 뒤지고 있다면 어떤 공격을 해야 하는가? 등과 같은 질문은 대답하는 사람마다 다른 대답을 내놓을 수 있으므로 분산적 발문이라고 할 수 있다.

- **가치적 발문**

  가치적 발문$^{\text{value question}}$은 취사선택, 태도, 의견 등을 구하는데 적합한 질문이다. 각자의 태도나 의견이 존중되는 질문이므로 대답에 대해서 '옳다' 또는 '옳지 않다'라고 판단할 수 없다. 시합에서 점수를 리드하는 선수가 고의로 시간을 끄는 행위에 대해서 어떻게 생각하는가? 태권도 수련에서 기능의 습득보다 인성 교육이 더 강조되어야 하는 이유는 무엇인가? 태권도 수련이 정서적 안정을 가져오는데 정말로 도움이 된다고 생각하는가? 약자를 괴롭히는 사람을 태권도 실력으로 제압하는 것에 대해서 어떻게 생각하는가? 태권도 도장에 들어갈 때 국기에 대한 경례를 반드시

해야 하는가? 등과 같은 질문은 '예' 또는 '아니오'로 대답할 수 없는 발문이다. 이와 같은 질문은 수련생 각자가 가지고 있는 가치정향, 태권도에 대한 태도 등에 따라 다른 의견을 낼 수 있으므로 가치적 발문이라고 할 수 있다.

위의 4가지 발문은 각기 다른 목적으로 사용된다. 회고적 발문과 집중적 발문은 배운 내용을 정확하게 파악하고 있는지 확인하는데 적합한 발문이며, 분산적 발문과 가치적 발문은 다양한 해결 방안을 찾거나 어떤 대상이나 현상에 대한 자신의 태도나 가치를 표현하는데 적합한 발문이다. 발문은 아래와 같은 요령으로 하면 매우 효과적이다.

▶ **발문은 명확해야 한다.**

발문은 분명하고 구체적으로 제시해야 한다. 그래야 수련생이 사범의 발문을 정확하게 이해하고 바른 대답을 할 수 있다.

▶ **한 가지 발문에 대한 하나의 대답을 요구한다.**

한 가지 발문은 하나의 대답만을 기대해야 한다. 하나의 발문에 여러 가지 대답을 기대하면 수련생이 발문의 의도나 요지를 정확하게 파악하지 못하고 혼란스러워 할 수 있다.

▶ **발문을 하고, 대답할 수련생을 지정한다.**

발문을 하기 전에 대답할 수련생을 지정하면 그 수련생만 사범의 발문에 집중하고 다른 수련생은 관심을 갖지 않게 된다. 따라서 발문을 한 다음 대답할 수련생을 지정해야 한다. 예를 들어, "'나래차기'와 '돌개차기'는 어떻게 다른지 영호가 비교해서 설명해봐!"라고 발문해야 한다.

▶ **수련생의 대답을 반복하지 않는다.**

사범이 수련생의 대답을 반복할 필요는 없다. 사범이 수련생의 대답을 반복하면 특정 대답만 수용되는 것으로 오해되어 그와 다른 생각을 하는 수련생이 대답을 기피할 수 있다. 또한, 같은 내용을 반복하면 듣는 사람이 지루하게 느낄 수 있다.

▶ **수련생에게 대답을 준비할 시간을 준다.**

수련생에게서 좋은 대답을 얻고 싶다면 대답을 준비할 시간을 주어야 한다. 특히 기억한 내용을 회상해야 하는 회고적 발문의 경우, 발문 직후 즉답을 요구하면 알고도 생각할 시간이 부족하여 대답하지 못하는 경우가 발생할 수 있다.

▶ **보다 많은 수련생이 대답할 수 있도록 재차 발문한다.**

발문 효과를 확대하기 위해 이미 한 발문을 다른 수련생에게 다시 할 수 있다. 같은 내용으로 재발문할 때에는 먼저 한 대답의 옳고 그름을 떠나 칭찬이나 인정을 하지 않는 것이 좋다. 모든 수련생의 대답이 완료되었을 때 바른 대답에 대해서는 칭찬하거나 인정을 하고, 틀린 대답은 고쳐주는 것이 좋다.

9. 수업 속도의 유지

수업이 효율적으로 진행되기 위해서는 어느 정도의 속도 또는 페이스^{pace}가 유지되어야 한다. 수업은 매우 느린 속도부터 매우 빠른 속도까지 다양한 페이스로 진행할 수 있다. 수업의 유연함도 매우 불안정한 전개에서부터 매우 매끄러운 전개까지 다양할 수 있다. 수업은 어느 정도 빠르고 유연하게 전개할 때 효과적이며, 전자를 여세 유지, 후자를 유연성이라고 한다$^{(Kounin, 1970)}$. 여세 유지^{momentum}는 수련 활동 간의 움직임이나 이동 속도를 어느 정도 유지하여 둔화되지 않는 것을 말한다. 유연성^{smoothness}은 수련 활동이 중단되거나 정체되지 않고 부드러운 흐름을 유지하는 것을 말한다.

수업을 부드러우면서도 빠르게 진행하기 위해서는 그것을 어떻게 진행할 것인지 미리 계획해야 한다. 수업이 어디로 향하는지, 무엇을 얼마나 성취할 것인지 등에 대해 잘 알고 있으면 수업 페이스를 유지하는데 도움이 된다. 수업 페이스를 유지하는 것은 곧 수업을 조직하고 운영하는 일이라고 할 수 있다. 루틴이나 규칙을 개발하는 등 수업 운영 구조를 잘 개발하여 소란, 주의 산만, 이탈 행동 등과 같은 수업 방해 행동을 줄이면 부드러우면서도 빠른 수업 페이스를 유지할 수 있다.

수업 속도를 유지하는데 가장 큰 방해가 되는 것은 아마 기다리는 행동일 것이다. 사범의 설명이나 유도 연습이 끝나면 곧바로 자기 연습 공간으로 이동하여 개인 연습을 시작하도록 해야 하며, 연습과 연습 사이에 일어나는 이동 또한 신속하게 이루어지도록 해야 한다. 한 과제를 마치고 다른 과제로 이동하기 위해 기다리는 시간이나 미트를 차기 위해 자기 차례를 기다리는 시간이 길어지면 수업 속도를 유지하는 것이 어려워지게 된다. 즉 대기 시간이 많으면 수업이 둔화되며, 그 결과로 수업의 여세를 유지하는 것이 어렵게 된다. 다소 격렬한 활동으로 수련 과제를 구성하면 지루하지 않게 연습을 계속하게 할 수 있어 수업 속도를 유지하는데 도움이 된다. 또한, 신속하게 이동하거나 움직이는 수련생은 칭찬하고, 그렇지 않은 수련생은 즉각 시정을 요구하여 수업 속도를 잘 유지해야 한다.

10. 수업의 종료

수업 종료는 수업의 마지막 단계에 그날 배운 내용을 전체 내용과 통합하거나, 중요한 수련 내용을 재차 강조하거나, 수업 만족도 등을 파악하기 위해 사범이 취하는 일련의 행동이다. 수업을 의도에 맞게 잘 정리하는 사범이 있는가 하면 그것의 중요성에 대해 깊이 고민하지 않고 생략하는 사범도 있다. 수업을 종료하기 위해 별도의 시간을 배정하는 것은 시간 낭비라고 생각하고 마지막 수련 과제가 종료되면 그냥 수업을 끝내는 사범도 있다. 그러나 수업 종료도 수업의 일부이므로 철저히 준비해서 잘 마무리할 필요가 있다. 수업을 효과적으로 종료하면 의외로 많은 것을 얻을 수 있다. 수업을 잘 종료하면 아래와 같은 효과를 얻을 수 있다.

▶ **수련생의 성취를 확인할 수 있다.**

사범은 수련생이 태권도 수업에서 무엇을 성취하였는지 파악할 필요가 있다. 수련생이 수업에서 무엇을 성취하였는지는 숙달 수준이나 이해 정도를 확인하는 발문을 하거나 무엇을 성취하였는지 직접 물어 확인할 수 있다.

▶ **수련 활동과 지도 활동에 대한 반성의 기회를 제공한다.**

수업 종료는 수련생이 수련 활동에 얼마나 열중하였는지, 그 결과 무엇을 성취하였는지, 무엇을 잘 하고 무엇을 잘못하였는지, 서로 어떤 도움을 주고받았는지 등을 되돌아보고 다음 수업을 준비하는 시간이다. 동시에 사범으로서는 수업을 얼마나 효과적으로 진행하였는지, 수련 활동을 얼마나 적극적으로 지원하였는지, 자신의 지도 능력을 향상시키는 노력은 얼마나 적극적으로 하였는지 등을 반성할 기회를 갖게 한다.

▶ **수련생의 정서적 반응을 확인할 수 있다.**

수업이 어때요? 수업이 재미있었습니까? 등과 같은 질문을 함으로써 수련생이 자신의 성취에 대해서 어떻게 느끼고 있는지, 사범의 수업에 얼마나 만족하고 있는지 등을 확인할 수 있다.

▶ **수련한 내용을 복습할 수 있다.**

그날 수련한 내용에 대해 직접 묻거나 수련한 기술이나 동작을 시범 보이거나 설명하게 함으로써 수련생이 무엇을 얼마나 배웠는지 확인할 수 있다.

제9장 모형중심 태권도 수업

전통적인 태권도 수업은 가르칠 내용을 우선시 하는 수업을 계획하여 실행해 왔다. 즉 무엇을 가르칠 것인지를 먼저 결정하고, 그에 따른 수업 목표와 방법을 결정하는 것이 태권도 수업의 일반적인 형태였다. 수업을 그렇게 준비해서 실행하면 단(품)급에 관계없이 가르치는 내용이나 계열성 및 구조 등이 유사할 수밖에 없다. 예를 들어, 품새는 단(품)급별로 정해져 있으므로 태극 1장 다음에 태극 2장을 배우고, 기본동작은 각 품새에 출현하는 동작을 쫓아 가르치게 되며, 겨루기는 앞차기-돌려차기-옆차기의 순서로 가르치게 된다. 이러한 방식의 수업은 수업 형태가 모든 수준의 수련생들에게 똑같이 효과적일 것이라는 전제에서 출발한다.

내용 중심으로 수업을 계획하고 실행한다는 것은 곧 기본동작, 품새, 겨루기, 격파 등과 같은 주제가 태권도 수업을 계획하고 실행하는 중요한 결정 요인이라는 의미이다. 수업을 설계할 때 가르칠 주제를 우선 고려해야 한다는데 이의를 제기할 사범은 아무도 없을 것이다. 그러나 지도 방법을 결정할 때에는 주제만을 중요하게 고려해서는 안 된다. 수업이 보다 효율적으로 이루어지기 위해서는 의도하는 학습 결과, 학습 환경, 과제의 계열성, 학습 동기, 학습 결과의 평가 등을 함께 고려해야 한다. 이러한 모든 요인을 고려하여 지도 단원이나 수업을 계획해야 수련생을 통일되고 일관성 있게 가르칠 수 있다. 태권도 수업에 대한 이러한 접근을 '모형중심 태권도 수업'이라고 한다.

태권도 교육은 실기 능력을 향상시키는 것을 중요한 목표로 할 뿐만 아니라 지적, 정의적 목표도 중요하게 추구하고 있으며, 각 수련 목표는 그에 적합한 지도 방법으로 가르칠 때 더 큰 효과를 기대할 수 있다. 운동 능력이나 지적 수준이 다른 수련생을 어느 한 가지 지도 방법으로 가르쳐 세 가지 목표 모두를 달성할 수 있는 특별한 지도 방법이 아직은 발견되지 않고 있다. 태권도 체력을 기르는 데, 태권도 기술을 가르치는 데, 태권도 인성을 기르는 데, 태권도 전반에 대한 이해력을 증진시키는 데 더 적합한 수업 모형$^{instructional\ model}$이 있을 수 있다. 태권도가 추구하는 중요한 목표를 운동 능력이나 지적·정서적 능력이 다른 수련생들에게 효과적으로 가르치기 위해서는 다양한 수업 모형을 이해하고 활용할 수 있어야 한다.

 최근 사회가 다변화되고 태권도 수련생의 요구도 다양해지면서 태권도 수련을 통해 성취하고자 하는 목표도 매우 다양해지고 있다. 태권도 수련을 통해 건강체력을 증진하길 원하는 수련생, 협력, 배려 등과 같은 사회성을 기르고자 하는 수련생, 학습 지구력을 향상시키는데 관심이 있는 수련생 등 다양한 기대를 가지고 태권도 도장을 방문한다. 태권도가 추구하는 목표가 다양해지고, 그에 따른 방법 또한 다양해지면서 그에 적합한 수업 모형을 선택하거나 개발하여 사용하는 것이 불가피해지고 있다. 일반 교육과 스포츠 교육 분야에서는 이미 다양한 수업 모형을 개발하여 사용하고 있지만 태권도 수업에서는 아직 시도조차 하지 못하고 있다. 따라서 이 장에서는 태권도 수업에서 쉽게 채택하여 사용할 수 있는 4가지 수업 모형, 즉 직접지도 모형, 동료지도 모형, 협동학습 모형, 태권도 교육모형을 소개하였다.

 태권도 사범은 소개한 모형을 태권도 수업에 그대로 사용하거나 도장 사정에 맞게 수정하여 사용할 수 있으며, 한 가지 수업 모형을 단원 전체에 적용하거나 개별 수업마다 다른 모형을 사용할 수 있다. 나아가 한 수업에 두 가지 이상의 수업 모형을 사용할 수도 있다. 추구하는 목표나 선택한 지도방법이나 수업 환경 등에 따라 그에 적합한 수업 모형을 선택하여 사용할 수 있다.

1. 직접지도 모형

 직접지도 모형은 수년 동안 많은 태권도 사범들이 이미 활용하고 있는 대표적인 수업모형이다. 그런데 직접지도 모형은 사범이 과제를 설명하고, 수련생은 그것을 따라 하는 직접지도법과 엄밀히 말해 다른 수업 전략이다. 직접지도 모형은 태권도 수업에서 광범위하게 활용되고 있는 다양한 직접지도 전략을 통합하는 동시에 사범의 의사결정 권한, 수련생의 참여 형태, 수업의 운영 구조, 과제 제시 방법 등과 같은 요인들을 고려하여 개발한 특별한 수업 모형이다.

만약 태권도 사범이 직접지도 모형을 선택하여 수업을 하게 되면 수업의 리더로서 중요한 역할을 하게 되며, 수련생에게 기대하는 행동도 사범이 주도적으로 결정한다. 사범은 수련 목표를 효과적으로 달성하기 위해 각종 동작을 시범 보이며 설명하고, 수련생이 과제를 수행하는 동안 다양한 피드백 정보를 제공한다. 태권도 수업과 같은 스포츠 분야에서 이 수업 모형이 자주 채택되고 있는 것은 운동 시간과 자원을 효율적으로 사용할 수 있기 때문이다. 이 수업 모형은 기초 기능을 가르치거나 체력을 향상시키는 것과 같은 심동 목표를 달성하는데 적합하며, 운동 시간을 효율적으로 사용하고, 수련에 필요한 피드백을 자주 제공할 수 있는 장점이 있다.

직접지도 모형을 사용하는 수업은 보통 6단계로 진행된다. 1단계에서는 전에 수련한 내용을 간단히 복습한 다음 당일 수업을 시작한다. 복습을 통해 전에 배운 핵심 기능이나 개념을 간단히 점검하고, 당일 수업에 대비하기 위해서이다. 또한, 복습을 하면 선수 학습$^{prerequisite\ learning}$의 이해 정도를 파악할 수 있을 뿐만 아니라 전에 학습한 내용을 상기시켜 새로운 학습에 대비하고 그와 연계된 과제를 효율적으로 수행할 수 있다.

직접지도 모형에서는 배운 내용에 대한 복습이 끝나면 2단계로 그날 배울 내용을 전달한다. 대개 새로 가르칠 내용은 사범이 설명, 시범, 영상 또는 다른 매체를 통해서 수련생에게 전달한다. 그래야 수련생이 학습할 기능이나 전략 등에 대한 전체적인 모습을 이해하고 수련 과제를 수행할 수 있기 때문이다. 3단계에서는 사범이 2단계에서 전달한 과제를 구조화된 연습 조건, 즉 사범의 주도 하에 수련생이 숙달 연습을 한다. 4단계에서 사범은 수련생이 제시한 과제를 수행하는 동안 그의 수련 행동을 면밀히 관찰한 다음 필요한 피드백을 제공한다. 새로 도입한 과제는 수련생의 80% 이상이 성공적으로 수행할 때까지 연습하도록 한다.

수련생이 사범의 주도 하에 주어진 과제를 성공적으로 수행하면 5단계로 접어들어 수련생 혼자 연습할 기회를 제공한다. 직접지도 모형에서 4단계와 5단계를 잘 지키는 것은 매우 중요하다. 즉 사범의 주도로 새로운 기술이나 전술을 어느 정도 숙달하면 수련생 스스로 연습할 기회를 반드시 제공해야 한다. 6단계는 직접지도 모형의 마지막 단계로 복습을 하는 단계이다. 전에 수련한 기술이나 전술을 복습하게 함으로써 수련한 내용을 얼마나 기억하고 있는지 점검하고, 차시 수업 내용을 예고한다.

1) 지도 방법적 특징

직접지도 모형에서는 사범이 수업을 리드하며 그에 관련된 각종 의사결정을 한다. 각 지도 모형은 수련 내용의 선정, 수업 운영 방법, 과제 제시 방법, 과제 참여형태, 상호작용 형식, 수련 진도, 과제 진행 등과 같은 요인을 누가 어떻게 결정하느냐에 따라 사범과 수련생에게 기대되는 행동이 달라지는 특징이 있다.

(1) 수련내용의 선정

직접지도 모형에서는 주로 사범이 가르칠 내용을 결정한다. 사범이 설정한 단원에 포함될 수련 내용, 과제 진행 순서, 숙달 기준 등을 결정하고, 수련생은 사범이 전달하는 각종 정보로 주어진 과제를 수행한다.

(2) 수업 운영 방법

직접지도 모형에서는 단원을 수련하는데 필요한 수업 운영 규칙이나 루틴 등을 사범이 결정한다. 사범은 효율적인 수업 운영에 필요한 규칙이나 루틴을 정해 수련생을 직접 관리, 통제한다.

(3) 과제 제시 방법

직접지도 모형에서는 사범이 수행할 각종 과제를 직접 전달한다. 대부분의 경우 사범이 수행할 과제를 언어 또는 시범을 통해 직접 전달하지만, 수련생이나 시청각 매체의 도움을 받아 전달하기도 한다.

(4) 과제 참여 형태

직접지도 모형의 과제 참여 형태는 혼자 연습, 파트너와 연습, 소집단 연습, 스테이션 연습, 대집단 연습 등 다양한 형태로 이루어진다. 다만, 어떤 과제 참여 형태를 선택할 것인지는 수련 내용이나 진도 등을 고려하여 사범이 결정한다. 참고로 협동학습 모형에서는 과제 참여 형태를 수련생이 결정한다.

(5) 상호작용 형식

직접지도 모형에서는 사범과 수련생과의 상호작용을 대부분 사범이 시작하며, 그것에 대한 통제도 사범이 한다. 수련생에게 피드백을 제공하는 것도 사범이고, 수련생에게 질문을 하는 것도 사범이다. 수련생은 주로 사범의 피드백을 수용하여 연습에 활용하거나 주어진 질문의 범위 내에서 그의 질문에 대답한다. 수련생에게 질문이 금지되어 있는 것은 아니지만 대부분의 경우 사범이 정한 시간에만 질문이 허용된다.

(6) 수련 진도

직접지도 모형에서는 사범이 학습 진도를 엄격히 통제하며, 특히 수련 초기에 수련 과제를 엄격히 통제한다. 사범의 주도하에 어느 정도 연습이 이루어지면 수련생 혼자 연습할 기회를 제공한다. 개인 연습 시간을 얼마나 배정할 것인지는 사범이 결정한다.

(7) 수련과제의 진행

직접지도 모형에서는 과제를 진행 또는 발전시키는 시기를 사범이 결정한다. 어떤 과제를 세련되게 숙달하거나 복잡성을 더해 발전시키거나 한 과제에서 다른 과제로 이동하는 시기를 정하는 것도 사범이 결정한다. 과제의 이동 시기는 사범이 사전에 정한 숙달 기준을 바탕으로 결정한다. 대부분의 수련생이 사범이 정한 성취 기준에 90% 이상 도달하면 다음 과제로 이동한다.

2) 필요한 전문 지식

주어진 내용을 효과적으로 가르치기 위해 사범이 갖추어야할 중요한 전문 지식으로 지도 목표에 관한 지식, 지도 내용에 관한 지식, 지도 방법에 관한 지식, 지도 환경에 관한 지식, 수련생의 특성에 관한 지식 등이 제시되고 있다. 이들 전문 지식 가운데 직접지도 모형을 사용하는 사범에게 특별히 요구되는 능력은 과제분석 능력, 수행목표 제시 능력, 내용 파악 능력, 발달수준 파악능력 등이다.

(1) 과제분석 능력

직접지도 모형은 수련 내용을 작은 단위로 세분하여 일련의 수련 과제로 계열화하는 특징이 있다. 이를 위해 사범은 수련 내용을 상세히 분석하여 계열화할 수 있는 능력을 갖추어야 한다. 그래야 수련생이 수련내용을 점진적이고 체계적으로 배울 수 있기 때문이다. 예를 들어, 최소한 흰 띠부터 빨간 띠까지 어떤 기술을 어떤 순서에 따라 가르칠 것인지에 대한 기술 분석이 이루어져야 흰 띠, 노란 띠 파란 띠, 빨간 띠에서 어떤 기술을 어느 정도 깊이 있게 가르칠 것인지를 결정할 수 있다.

(2) 수행목표 제시능력

직접지도 모형을 활용하는 사범은 수련생이 성취해야할 목표를 명확히 설정할 수 있는 능력을 갖추어야 한다. 직접지도 모형에서 목표는 관찰 가능하고 측정 가능한 수행목표$^{performance\ objective}$로 제시하고, 성취 여부를 평가하므로 수행 목표를 문서로 작성하여 제시한다. 사범이 설정하여 제시하는 목표는 수련생에게 충분히 도전적이면서도 성취 가능해야 한다.

(3) 지도내용 파악능력

수련 과제를 효율적으로 제시하고, 수련생이 필요로 하는 유익한 피드백을 제공하기 위해서는 가르칠 내용에 대해서 잘 알고 있어야 한다. 여기서 내용에 관한 지식은 수련생에게 운동 과제를 시범이나 설명으로 능숙하게 제시할 수 있는 능력과 수련생이 제시된 과제를 수행하는 동안 구체적이고 긍정적인 피드백을 제공할 수 있는 지도 능력이다. 직접교수 모형에서는 사범이 내용을 전달하거나 피드백을 제공하는 유일한 정보 제공자이며, 아무도 그를 대신할 수 없다.

(4) 발달수준 파악능력

직접지도 모형중심의 수업에서는 수행 목표를 달성하기 위해 일련의 수련 과제를 순차적으로 가르치게 되며, 그렇게 가르치기 위해서는 무엇보다 수련생의 발달 수준에 대해서 잘 알고 있어야 한다. 그래야 수련생의 지적, 신체적 능력에 맞는 수련 과제를 전달하는 등 원활한 상호작용을 할 수 있기 때문이다. 수련생의 지적 수준, 신체적 발달 수준 등에 대한 이해는 과제 전달뿐만 아니라 수련생에게 적합한 피드백을 제공하는 것과도 밀접한 관련이 있다. 직접지도 모형에서는 수련생의 발달 수준이나 수련 능력을 알아야 그에 적합한 지도를 할 수 있다.

〈 각 수업단계의 의사결정 주체 〉

수업 시작	사범은 도입 단계에서 모든 수련생에게 인사를 하면서 수업을 시작한다.
교재 준비	사범이 수업에 필요한 미트, 보호대, 삼각뿔 등과 같은 교재나 장비를 준비한다. 수련생이 사범의 요청이나 자발적으로 교재 준비를 도울 수 있다.
교구 배치	사범은 교구를 어디에 배치할 것인지 수련생에게 지시한다. 수련생이 수업 종료 후 교구를 지정된 장소에 반납하는 것을 도울 수 있다.
출석 점검	수련생에게 결석한 수련생을 묻거나, 자기 위치를 정해 확인하는 등 출석 점검 시간을 절약할 수 있는 방안을 강구한다. 한명씩 호명하며 출석을 점검할 수도 있다.
과제 제시	사범이 수련 과제를 직접 설명하거나 시범 보인다. 필요에 따라 수련생을 모델로 활용할 수 있다.
과제 구조	사범 주도로 모든 수련생이 함께 연습할 것인지, 개인 공간에서 연습할 것인지, 파트너와 짝을 이뤄 연습할 것인지, 스테이션에서 연습할 것인지 등을 사범이 결정하고 수련생은 그의 지시에 따른다.
평 가	사범이 단원이나 수업의 성취 기준을 설정한다. 체크리스트, 평정척도, 루브릭 등과 같은 다양한 측정 도구를 사용하여 성취 결과를 객관적으로 평가한다. 수련생이 과제를 수련하는 동안 동작을 분석하여 피드백을 제공하는 일종의 수행 평가를 한다.
내용 전개	언제 과제를 시작할 것인지, 계속할 것인지, 중단할 것인지, 다음 활동으로 이동할 것인지 등을 사범이 결정한다.

3) 필요한 지도 능력

사범이 수련생을 효율적으로 가르치면 수련생은 적극적인 학습자로 변모하며, 그에 따른 수련 성과는 높게 나타난다. 이 책의 곳곳에 논의된 대부분의 능동적 지도 기술을 직접지도 모형 중심 수업에서 사용하면 목표관련 수련시간 또는 실제수련시간의 증가로 수련 성과가 높게 나타날 수 있다. 능동적 지도의 효과는 다른 수업 모형보다 직접지도 모형에 적용할 때 가장 큰 효과를 기대할 수 있다. 직접지도 모형중심 수업에서는 목표관련 수련시간을 증가시키는 방향으로 가르칠 수 있는 사범이 효율적인 사범이다.

(1) 수업계획 능력

직접지도 모형에서는 수업 운영에 대한 대부분의 권한을 사범이 갖고 있으므로 단원이나 수업을 계획하는 것도 주로 사범이 하게 된다. 단원 수준에서는 수련생이 수행할 과제를 사범이 계획하여 지도 목록을 정한다. 구체적으로, 과제의 전달, 과제의 구조, 시간 배정, 공간과 장비의 배치, 학습 진도, 수련 결과의 평가 등에 대한 결정을 사범이 하게 된다. 수업계획 수준에서는 수련 시간을 극대화하고 교구 교재를 적극적으로 활용하여 능동적인 수련이 이루어질 수 있도록 계획해야 한다.

(2) 수업운영 능력

직접지도 모형으로 수업하는 사범은 복잡한, 때로는 예측 불가능한 사건이나 상황을 수련에 적합하게 조정할 수 있어야 한다. 즉 수업에 방해되는 사건이나 행동을 관리, 통제하고 수업에 기여하는 행동을 유도할 수 있어야 한다. 그렇게 하면 수업은 유연하게 전개되고, 수련생은 사범의 지시에 따라 수련 과제에 신속 정확하게 참여하게 된다. 직접지도 모형 중심 수업을 잘 하는 사범은 수련 환경의 여러 측면을 적절히 조정하여 수련생에게 최대한의 수련 시간과 반응 기회를 제공하는 사범이다.

(3) 과제전달 능력

직접지도 모형을 사용하는 수업에서 과제전달 기능은 아무리 강조해도 지나치지 않다. 수련생이 어떤 기술을 정확하게 수행하기 위해서는 그것의 전체적인 모습을 먼저 이해해야 한다. 또한, 수련생은 수련 과제가 어떻게 조직되어 있는지 파악하고 있어야 한다. 그래야 사범이 전달하는 과제를 즉각 수행할 수 있다. 과제는 첫째, 명확하게 전달한다. 둘째, 유용성을 강조한다. 셋째, 앞서 배운 내용과 새로 배울 내용을 잘 구조화한다. 넷째, 수련생의 주의를 집중한다. 다섯째, 수련한 내용을 요약하고 복습한다. 여섯째, 수련생의 이해를 확인한다. 일곱째, 생산적인 수련환경을 조성한다. 여덟째, 과제 수련에 대한 책무성을 부여한다.

(4) 의사소통 능력

직접지도 모형에서는 분명한 의사전달이 매우 중요하다. 과제의 전달, 과제의 구조, 피드백의 제공 등은 수련생이 이해하고 활용할 수 있도록 분명해야 한다. 수련생과의 의사소통 능력은 사범의 설명이나 피드백 제공 등에 대한 수련생의 이해를 확인하거나 이해되지 않는 부분을 다시 설명해 줌으로써 크게 향상시킬 수 있다.

(5) 수련정보 전달 능력

직접지도 모형에서는 수련에 필요한 정보를 사범이 일방적으로 전달한다. 수련정보의 전달은 주로 사범이 하며, 수련생은 그 정보를 보고 듣는 수동적 입장을 취한다. 사범이 질문을 하지만 전에 전달한 수련 정보를 이해시킬 목적으로 한다. 사범은 설명이나 시범으로 수련정보를 효과적으로 전달할 수 있어야 하며, 긍정적, 교정적인 피드백을 자주 제공할 수 있어야 한다.

(6) 수업정리 능력

잘 이루어진 직접지도 모형중심 수업은 시작과 마침이 분명하다. 직접지도 모형중심의 수업에서는 우선 전에 수련한 내용을 복습한 다음, 그날 수련할 내용을 전달한다. 또한, 수업이 끝날 때 쯤 그날 수련한 내용을 복습하고 수업을 종료한다. 사범은 수업을 종료하면서 핵심 내용을 다시 강조하고, 주요 수련 내용에 대해 발문을 하며, 차시 수업에 대한 예고를 한다. 직접지도 모형으로 수업하는 사범은 이와 관련된 지도 활동을 부드럽게 수행할 수 있어야 한다.

4) 직접지도 모형의 단원 계획(예)

- **단원 내용**: 노란 띠 과정
- **수 련 생**: 입관하여 노란 띠로 승급한 수련생
- **수업 시수**: 40차시
- **수업 시간**: 50분
- **수련 장비**: 미트, 품새선 표식. 거울, 동영상, 보호대 등

〈 노란 띠 단원의 구간 계획 〉

1차시(블록 1)	2차(블록 2)	3차시(블록 3)
서기 • 앞서기, 앞굽이 소개	서기 • 뒷굽이 소개	막기 • 주춤서기 손날 바깥막기

1차시(블록 1)	2차(블록 2)	3차시(블록 3)
막기 • 손날 바깥막기 **차기** • 무릎접어 올려 차기 연습 **딛기** • 십자선 위에서 내딛기, 물러딛기 **쉐도우 겨루기** • 거울보고 돌려차기, 내딛기, 물러딛기 • 2인 1조 미트 겨루기 **정의 영역** • 태권도 예절 조사하기	**치기** • 뒷굽이 손날 안차기 **막기** • 뒷굽이 바깥막기, 손날 바깥막기 **겨루기** • 풍선 터치하기 • 발바꿔 딛기 • 거울보고 연습하기 • 2인 1조 미트 겨루기 **정의 영역** • 성실의 의미 이해하기 • 성실하게 수련하기	**자세** • 바닥의 뒷굽이 자세 따라하기 **겨루기** • 수평바 이용한 발차기 교정 • 2인1조 돌려차기 **인지 영역** • 경기 겨루기의 역사 **정의 영역** • '성실' 영상 시청하기 • 성실하게 수련하기
4차시(블록 4)	**5차시(블록 5)**	**6차시(블록 6)**
막기 • 뒷굽이 전후 이동하며 바깥막기 **품새** • 태극 1장 복습하기 **차기** • 돌려차기 • 발등 돌려차기 **겨루기** • 2인 1조 돌려차기, 옆차기, • 내려차기 교정연습 • 수평바 이용한 차기 교정 **정의 영역** • 태권도 의례 조사하기 • 성실하게 수련하기	**서기** • 앞굽이 ⇄ 뒷굽이 상호전환 **막기** • 앞굽이 아래막기 • 앞굽이 몸통막기 • 뒷굽이 손날 바깥막기 **품새** • 태극 1, 2장 복습하기 **겨루기** • 십자선 딛고 차기 • 미트 빨리 차기 **인지 영역** • 태권도 유래 5분 토론하기 **정의 영역** • 성실하게 수련하기	**한번 겨루기** (앞굽이 공격 ⇄ 뒷굽이 방어) • 앞굽이 몸통 지르기 ⇄ 뒷굽이 손날 바깥막기 **차기** • 뒷굽이 옆차기 • 뒷발 옆차기 • 앞발 들어 차기 **겨루기** • 미트 돌려차기 • 미트 내려차기 **인지 영역** • 태권도 원형 감상하기 **정의 영역** • 솔선의 가치 영상시청하기 • 솔선하여 품새 연습하기
7차시(블록 7)	**8차시(블록 8)**	**40차시(블록 40)**
~	~	~

※ 중고교 태권도 시범학교 지원 사업으로 개발한 40차시 노란 띠 구간계획(블록타임: block time) 을 일부 수정 제시하였음 (국기원, 2017).

〈 노란 띠 6차시 수업계획(안) 〉

과제 진행	시간	수련조직 및 활동	지도상의 유의점
• '성실한'태권도 수련과 성실한 생활에 대해 설명하고, 수련생의 의견을 청취한다.	1~2분	• 사범의 주위에 편안하게 수련 생들이 모인다.	• 정답 대신 수련생의 다양한 의견을 듣는다.
• 전 시간에 수련한 뒷굽이 손날 몸통 바깥막기를 복습한다. • 뒷굽이와 손날 안막기의 핵심 요소를 설명하고 유도연습을 요구한다.	7~10분	• 횡대로 정렬하여 사범의 지시에 따라 모든 수련생이 일체로 연습한다.	• 동작의 핵심요소를 알고 연습하도록 한다.
• 바닥에 뒷굽이 자세를 표시하여 연습한다(시범 및 설명).	3~5분	• 2인 1조로 자세를 교정해 주며 자세를 익힌다.	• 수업 전에 각 수련생의 위치에 뒷굽이 자세를 발 그림으로 그린다.
• 뒷굽이와 손날 안막기를 결합하여 익힌다.	3~5분	• 수련생은 각자 자기 공간에서 뒷굽이 손날 안막기를 숙달한다.	• 뒷굽이와 손날 안막기가 조화를 이루도록 한다.
• 수평바를 이용 차기 연습을 하도록 한다.	3~5분	• 도장 벽에 설치된 바를 잡고 돌려차기, 옆차기, 내려차기 자세를 정확하게 연습한다.	• 사범이 피드백을 제공한다. • 거울을 보며 자기 자세를 확인한다.
• 2인 1조 돌려차기를 숙달한다.	5~7분	• 서로 마주보고 미트를 잡아 주기와 돌려차기를 번갈아 한다.	• 빨리 차기보다는 정확한 자세로 차도록 한다.
• '성실'의 의미를 구체적으로 이해하고 실천한다.	3~5분	• 성실하게 수련하여 품새 대회에서 우승한 사례를 시청한다.	• 편안한 자세로 시청하게 한다.
• 주춤서기 손날 몸통바깥막기를 반복한다.	1~2분	• 개인 공간에서 손날 바깥막기 연습을 한다.	• 힘들지만 멈추지 않고 좌우 손을 바꿔가며 성실하게 연습하도록 한다.
• 경기 겨루기의 역사를 이해한다.	3~5분	• 앉아서 사범의 영상자료에 대한 설명을 듣는다.	• 전환기 역사를 이해하도록 한다. • 수련생의 질문에 성실하게 대답한다.
• 동작의 핵심 요소를 시범 보이며 정리한다. • 다음 시간을 예고한다.	3~5분	• 사범의 지시에 따라 수업을 정리한다.	• 정리하는 수련생을 칭찬한다. • 기능이 우수한 수련생을 활용한다.

2. 동료지도 모형

　동료지도 모형은 수련생이 다른 수련생을 가르칠 수 있으며, 어떤 점에서는 사범만큼 또는 그 이상으로 더 잘 가르칠 수 있다는 인식에서 출발한 모형이다. 동료지도 모형에서는 연습과 그 직후에 수련생끼리 가르치고 배우는 경우를 제외하면 대부분의 중요한 의사 결정을 사범이 하기 때문에 일종의 직접지도 모형이라고도 할 수 있다. 동료지도 모형에서는 튜터^{tutor} 훈련을 받은 동료 수련생이 사범의 지도 역할을 위임 받아 다른 수련생을 가르치는 수업모형이다. 이 수업 모형은 사범 혼자서 수련생 모두를 가르칠 수 없을 때 수련생에게 지도 훈련을 시켜 사범의 역할을 대신하도록 한다.

　동료지도 모형에서는 훈련받은 수련생, 즉 튜터^{tutor}가 사범의 지도 역할을 위임받아 임시로 사범의 역할을 수행하는 수련생이며, 학습자^{learner} 또는 수련자는 튜터가 가르치는 수련생을 말한다. 동료지도는 단급이 상급인 수련생이 하급자를 가르치거나 운동능력이 우수한 수련생이 그렇지 않은 수련생을 가르치기도 하지만 가장 자주 활용하는 동료지도는 운동 능력이 비슷한 수련생이 튜터와 수련자의 역할을 번갈아 맡아 가르치는 방법이다.

　동료지도 모형을 적용하면 튜터 역할을 맡는 수련생의 운동 시간이 감소할 수 있다는 우려를 하는 사범이 있다. 그러나 수련생이 수련자로 연습할 때 튜터가 배정되어 수련 활동을 지원하므로 오히려 수련 효과가 증대된다. 튜터 역할을 맡은 수련생의 인지 활동이 촉진되어 더 큰 수련 성과를 가져오게 된다는 것이다.

　동료지도 모형이 갖고 있는 큰 장점은 수업을 통해 사회적 관계 기술을 크게 향상시킬 수 있다. 동료지도 모형에서는 두 수련생이 짝을 지어 가르치고 배우는 관계를 유지하며, 그러한 관계를 유지하기 위해 서로 소통하고 대화하는 능력이 필요하다. 즉 동료지도 모형에서는 튜터와 수련자라는 두 역할을 번갈아 수행하면서 상호 이해와 협력 관계를 유지하게 되며, 그 과정을 통해 자연스럽게 사회적 관계 기술이 향상된다.

　동료지도 모형에서 튜터는 비록 일시적이기는 하지만 사범의 역할을 수행하므로 그에 필요한 훈련이나 교육을 받아야 한다. 동료지도 모형은 어느 한 수련생에게 다른 수련생을 가르치게 하는 그런 단순한 과정이 아니다. 수련생이 튜터의 역할을 잘 수행하기 위해서는 수련 목표, 튜터의 역할, 과제 제시방법, 과제의 구조, 칭찬하는 방법, 피드백 제공 방법 등에 대한 철저한 사전 교육이 이루어져야 한다.

1) 지도 방법적 특징

동료지도 모형에서는 수업에 대한 중요한 의사결정을 직접지도 모형에서처럼 주로 사범이 결정한다. 튜터는 사범의 지시를 받아 가르치는 역할을 제한적으로 수행한다. 동료지도 모형 중심의 수업에서 사범은 주로 튜터와 협의, 의논하며 수련자와의 직접 소통은 거의 하지 않는다.

(1) 수련 내용의 선정

동료지도 모형에서는 사범이 수련 내용과 그것의 계열성을 결정한다. 즉 어떤 내용을 단원에 포함시킬 것인지, 어떤 순서로 과제를 진행시킬 것인지, 어떤 기준으로 과제의 숙달 여부를 결정할 것이지 등에 대한 의사결정을 사범이 주로 하게 된다. 튜터는 사범이 준비한 수업계획에 따라 그가 요구하는 지도 책무를 그를 대신해 일시적으로 수행한다.

(2) 수업 운영 방법

동료지도 모형에서는 수업 운영, 수업 방침, 수업 규칙 등 수업 운영 전반에 관한 사항을 사범이 결정한다. 튜터는 연습 공간을 확보하거나, 과제를 전달하거나, 수련생의 안전을 관리하는 등의 역할을 제한적으로 수행한다.

(3) 과제 제시 방법

동료지도 모형에서 과제 전달은 두 수준에서 이루어진다. 첫 번째 과제 전달은 사범이 튜터에게 과제의 구조, 과제의 숙달 수준, 과제 수행에 필요한 수련 단서 등에 관한 내용을 전달하는 경우이며, 두 번째 과제 전달은 튜터가 사범으로부터 전달받은 수련관련 정보를 수련생에게 전달하는 경우이다. 두 수준의 과제 전달 모두 사범이나 튜터에 의해 이루어진다.

(4) 과제 참여 형태

동료지도 모형에서 이루어지는 튜터와 수련자의 역할 교대는 사범의 결정에 의해 이루어진다. 동료지도 모형에서 이루어지는 과제수행 구조는 대부분의 경우 두 사람이 찍을 지어 튜터와 수련자의 역할을 번갈아가며 수행하지만, 짝이 맞지 않을 경우에는 3인 1조의 과제 구조를 채택하기도 한다. 그와 같은 경우에도 튜터와 수련자의 역할 교대 등에 관한 결정은 여전히 사범이 한다.

(5) 상호작용 형식

동료지도 모형에서는 두 가지 차원에서 상호작용이 이루어진다. 첫 번째는 사범과 튜터 간에 과제의 구조, 과제의 숙달 수준, 관찰·분석 능력, 의사소통 능력, 문제해결 능력 등을 개발할 목적으로 이루어진다. 두 번째는 튜터와 수련자 간에 일어난다. 두 번째 상호작용은 튜터가 수련자와 협력하여 과제 구조를 결정하고, 수련 과제를 수행하므로 일방적이라기보다는 서로 소통하는 방식으로 이루어진다. 튜터는 사범으로부터 제공받은 모든 수련 정보를 수련자에게 전달하며, 그의 수련 활동을 분석적으로 관찰한 다음 필요한 피드백을 제공하거나 발문을 통해 연습에 도움이 되도록 노력한다.

(6) 수련 진도

동료지도 모형에서는 튜터가 사범으로부터 제공받은 전달 과제, 과제 구조, 과제 숙달기준 등에 관한 정보를 수련자에게 전달하며, 그 이후에 이루어지는 수련 활동은 튜터와 수련자가 협의하여 수련생 스스로 결정한다. 즉 언제, 얼마동안 연습할 것인지를 튜터와 수련자가 협의하여 결정한다.

(7) 수련 과제 진행

동료지도 모형에서는 과제의 전환 시기 등을 사범이 결정한다. 또한, 튜터와 수련자의 역할을 언제 교환할 것인지도 사범이 결정한다. 다만, 각 과제의 수행 기준은 사범이 결정하지만 그 과제를 완수하고 다음 과제로 이동하는 시점은 튜터와 수련자가 협의하여 결정한다. 그래야 과제 전환에 따른 수업 시간의 낭비를 줄일 수 있기 때문이다.

2) 필요한 전문 지식

동료지도 모형을 활용하여 수업하는 사범은 우선 직접지도 모형을 적용하는데 필요한 전문지식을 충분히 갖추어야 한다. 더불어 튜터와 수련자의 요구와 기대를 만족시키는 전문지식을 특별히 갖추어야 한다.

(1) 발달단계에 적합한 수업전개 능력

사범은 튜터가 전달하는 과제를 수련자가 이해하는지, 과제의 난이도가 수련자의 발달단계에 일치하는지 등을 확인하고 수업을 계획해야 한다. 또한, 수련자가 튜터가 하는 칭찬이나 비판 등을 수용할 준비가 되어 있는지도 확인해야 한다. 뿐만 아니라 튜터의 역할이 그의 발달단계에 적합한지도 확인할 필요가 있다. 튜터가 사범이 제공하는 수련 정보를 이해하고 수련자에게 제공할 수 있을 정도의 지적 능력을 갖추고 있는지, 사범의 지도 역할을 담당할 수 있을 정도의 책임 의식이 있는지, 수련에 필요한 단서나 피드백을 제공할 수 있는 능력을 갖추고 있는지 등도 확인해야 한다.

(2) 과제 분석 및 내용 전개 능력

동료지도 모형을 활용하는 사범은 기술이나 전술 등을 분석하여 수련 과제로 제시할 수 있는 능력을 갖추어야 한다. 그래야 튜터나 수련자가 서로 역할을 교환하며 계획한 수련 과제를 충실히 수행할 수 있다. 이는 단원의 주요 주제를 절차적으로나 위계적으로 분석하여 구간계획을 세우고 그에 따른 수업 계획(안)을 개발할 수 있는 능력을 갖추고 있어야 한다는 의미이다.

(3) 평가 수행 능력

동료지도 모형에서 튜터는 평가자로서의 역할을 중요하게 수행한다. 튜터는 사범이 제시한 숙달 기준으로 수련자의 수련 활동을 관찰하고 피드백을 제공하며 숙달 기준의 도달 여부를 평가한다. 사범은 튜터가 그러한 역할을 수행할 수 있도록 체크리스트, 평정척도, 루브릭 등과 같은 다양한 평가 도구 사용 능력을 길러주어야 한다.

(4) 수련 분위기 조성 능력

동료지도 모형에서 튜터는 동료 수련생을 가르쳐야 하는 책임이 있으므로 그들의 수련 능력이나 요구에 민감해야 하며, 반면 수련자는 튜터가 아직 사범이 아니므로 실수를 할 수 있고, 비판은 사적인 감정에 의한 것이 아님을 이해할 수 있어야 한다. 동료지도 모형을 활용하는 사범은 수련생이 튜터와 수련자의 역할을 맡아 수행할 때, 그 역할을 편안하고 안정되게 수행할 수 있도록 분위기를 조성할 수 있어야 한다.

〈 각 수업단계의 의사결정 주체 〉

수업 시작	사범이 수업을 시작한다.
교재 준비	사범이 수업에 필요한 교구를 가져오거나 준비한다.
교재 배치	각 짝 또는 모둠이 수련 활동에 필요한 교구를 준비한다.
출석 점검	튜터에게 출석 점검의 권한까지 부여하지 않는다. 어떤 방법으로든 사범이 출석을 점검한다.
과제 제시	• 첫 번째 과제 제시: 사범이 튜터에게 기술이나 전술을 설명하거나 시범 보인다. • 두 번째 과제 제시: 튜터가 수련자에게 기술이나 전술을 설명하거나 시범 보인다.
과제 구조	• 첫 번째 과제 구조: 사범이 튜터에게 개인 공간에서 연습할 것인지, 짝을 지어 연습할 것인지 등을 설명한다. • 두 번째 과제 구조: 튜터가 수련자에게 과제의 구조를 설명한다.
평 가	• 사범이 각 과제를 평가할 수 있는 기준이나 방법을 결정한다. • 튜터는 사범이 결정한 평가기준으로 수련자를 평가한다.
내용 전개	언제 과제를 시작할 것인지, 계속할 것인지, 중단할 것인지, 다음 활동으로 이동할 것인지 등을 사범이 결정한다.

3) 필요한 지도 능력

동료지도 모형을 활용하는 사범은 내용지식, 일반 교육학적 지식, 수업 방법 지식 등과 같은 태권도 교육 기반 지식을 충실히 갖추어야 한다. 동료지도 모형은 일종의 직접지도 모형이므로 그에 필요한 지도 능력은 튜터와 수련자 간의 상호 지도를 고려하여 그에 적합한 지도 능력을 발휘할 수 있으면 된다. 동료지도 모형을 사용하는 사범은 튜터와 수련자 간의 활발한 상호작용을 촉진하고 그들의 수련 활동을 강화할 수 있는 지도 능력을 갖추어야 한다.

(1) 수업계획 능력

동료지도 모형에서는 주로 사범이 수업에 대한 계획을 세운다. 사범은 겨루기, 품새, 격파 등과 같은 단원의 각 주제를 분석하여 목표 달성에 필요한 수련 과제로 구체화 할 수 있는 능력을 갖추어야 한다. 사범은 그렇게 분석하여 준비한 수련 과제를 튜터와 수련자가 즉시 수행할 수 있도록 사전에 철저히 준비해야 한다.

(2) 수업운영 능력

동료지도 모형에서는 튜터와 수련자의 역할을 수시로 교환하기 때문에 수업을 잘 관리하지 않으면 수련 시간을 크게 낭비할 수 있다. 따라서 사범은 수련 과제를 전환하거나 역할을 교환할 때 수련 시간의 낭비를 줄일 수 있는 루틴이나 규칙을 개발하여 가르칠 필요가 있다. 각 수련 과제에 어느 정도의 시간을 배정할 것인지, 언제 다른 수련 과제로 이동할 것인지 등을 잘 관리해야 하며, 튜터와 수련자의 역할에 비슷한 양의 시간이 배정되도록 수업을 운영해야 한다.

(3) 과제전달 능력

동료지도 모형에서는 과제의 제시와 그것의 수행 구조가 수업의 효율성을 결정짓는다. 튜터는 사범이 제안한 과제 구조 내에서 계획된 과제를 수련자에게 전달한다. 따라서 사범은 튜터가 지도 책무를 충실히 수행할 수 있도록 과제의 구조와 전달 방법에 대한 교육을 시켜야 한다. 사범은 튜터에게 피드백을 제공할 수 있는 능력도 길러주어야 한다.

(4) 의사소통 능력

동료지도 모형에서는 사범이 튜터에게 과제 구조와 과제 전달 방법에 대해 직접 설명하므로 주로 언어적 상호작용을 하게 된다. 동료지도 모형에서 무엇보다 중요한 것은 튜터가 수련자에게 사범이 제공한 수련 내용을 제대로 전달하여 가르치도록 설명하고 도울 수 있는 의사소통 능력을 갖추는 것이다.

(5) 발문 능력

동료지도 모형에서는 튜터가 관찰 능력, 의사소통 능력을 길러 사범의 역할을 대신하게 되므로 발문을 자주 사용하게 된다. 예를 들어, 어떤 수련생이 돌려차기를 제대로 수행하지 못하면 사범이 튜터에게 "가서 제대로 차는 법을 가르쳐 줘."라고 지시하지 않는다. 대신, 튜터에게 "내 생각엔 '영호'가 돌려차기를 제대로 하지 못하고 있는 것 같은데!"라고 말한다. 그러면 튜터는 '영호'가 돌려차기 하는 것을 자세히 관찰한 다음, 사범에게 "대퇴 부위를 충분히 들지 않고 차는 것 같아요. 제가 바로 고쳐 줄게요."라고 말한다. 그 때 사범이 튜터에게 "왜 대퇴 부위를 충분히 들어 올리며 차야지?"라고 발문한다. 튜터는 잠깐 생각한 다음 "그래야 필요에 따라 재빨리 타겟을 바꿔 찰 수 있기 때문입니다."라고 대답한다. 그 때 비로소 사범이 "맞아, 영호한테 가서 왜 대퇴 부위를 충분히 들어 차야하는 이유를 설명하고 더 관찰해 봐."라고 말한다. 이처럼 튜터가 문제를 스스로 해결하는 능력을 기를 수 있도록 지도한다.

(6) 수업정리 능력

동료지도 모형에서 수업 정리는 수련생이 수련자로서 무엇을 배웠는지, 튜터로서 역할하며 무엇을 배웠는지, 자기 짝과 상호작용하면서 무엇을 배웠는지 등을 종합적으로 정리한다. 사범은 수련자로서 배운 것, 튜터로서 배운 것, 자기 짝과 상호작용하면서 배운 것을 서로 관련시켜 전체적인 현상을 볼 수 있도록 수업을 정리할 수 있어야 한다.

4) 동료교수 모형의 단원 계획(예)

- **단원 내용:** 파란 띠 과정
- **수 련 생:** 노란 띠 과정을 이수하고 파란 띠로 승급한 수련생
- **수업 시수:** 40차시
- **수업 시간:** 50분
- **수련 장비:** 미트, 품새선 표식, 거울, 동영상, 호구, 기타 보호 장비

〈 파란 띠 단원의 구간 계획 〉

1차시(블록 1)	2차(블록 2)	3차시(블록 3)
막기 • 손날 바깥막기 소개 **치기** • 앉아 메주먹 내려치기 소개 • 자세전환하며 메주적 내려치기 소개 **차기** • 돌려차기 • 무릎 충분히 접어 차기 **겨루기** • 맞서기·엇서기 미트 등 소형 표적 차기 • 맞서기·엇서기 신문지 차기 **격파** • 2인 1조 A4용지 세운·엎은 격파 손끝 격파 **인지 영역** • 격파원리 이해하기 **정의 영역** • 자신감 영상시청 이해하기 • 자신 있게 격파하기	**풍선 지르기·때리기·치기** • 제자리 지르기·때리기·치기 • 이동 지르기·때리기·치기 **품새** • 2인 1조 태극 1, 2장 숙달하기 **겨루기** • 풍선 터치하기 • 발바꿔 딛기 • 딛기 겨루기 **동작 익히기** • 앉아서 돌려차기 동작 만들기 • 앉아서 옆차기 동작 만들기 **격파** • 2인 1조 풍선 던져 세운·엎은 손끝 지르기 • 2인 1조 풍선 연속 던져 세운·엎은 손끝 찌르기 격파 **정의 영역** • 자신 있게 격파하기	**품새** • 2인 1조 "무궁화 꽃이 피었습니다"로 태극 4장의 주요 동작 익히기 • 2인1조 태극 4장 익히기 **동작 익히기** • 같은 손동작 반복 익히기 • 다양한 손동작 익히기 • 2인 1조 차기 동작 익히기 • 손 뒤로 짚고 앉아 앞차기 • 옆으로 앉아 옆차기 **겨루기** • 2인 1조 겨루기 • 딛기 겨루기 • 헤드기어 따라잡기 **격파** • 2인 1조 탱탱볼 던져 세운·엎은 손끝 격파 **인지 영역** • 격파원리 적용하기 **정의 영역** • 자신 있게 격파하기

4차시(블록 4)	5차시(블록 5)	6차시(블록 6)
치기 • 제자리에서 표적치기 소개 • 앞차고 ➡ 옆차기 표적치기 소개 **겨루기** • 차기 서킷트레이닝 • 딛기 서킷트레이닝 **차기 교정** • 2인 1조 돌려차기 • 2인 1조 옆차기 • 2인 1조 내려차기	**치기** • 앞굽이 이동 표적치기 • 앞굽이 이동 팔꿈치 돌려치기 **품새** • 태극 3, 4장 음악 맞춰 익히기 **겨루기** • 2인 1조 소형 표적 내려차기 • 2인 1조 두 겹 보호대 옆차기 • 2인 1조 딛기 겨루기 • 2인 1조 미트 따라잡기	**품새** • 태극 1, 2, 3, 4장 비디오 따라하기 • 태극 1, 2, 3, 4장 음악에 맞춰 품새 익히기 **차기** • 2인 1조 대형 표적 옆차기 • 2인 1조 사각대형 표적 차기 • 2인 1조 앞발 들어 옆차기 • 2인 1조 대형 표적 따라잡아 차기

4차시(블록 4)	5차시(블록 5)	6차시(블록 6)
격파 • 2인 1조 고무공 던져 세운·엎은 손끝 격파 인지 영역 • 격파원리 적용하기 정의 영역 • 자신 있게 격파하기	격파: 보조 송판 • 풍선 앞차기 격파 • 보조 송판 앞차기 격파 인지 영역 • 격파원리 적용하기 정의 영역 • 자신 있게 격파하기 • 격파 경연대회 감상하기	격파 • 2인 1조 빠른 발 격파 • 3인 1조 빠른 앞뒤 연결격파 인지 영역 • 격파와 체력과의 관계 이해 정의 영역 • 자신 있게 격파하기
7차시(블록 7)	8차시(블록 8)	40차시(블록 40)
~	~	~

※ 중고교 태권도 시범학교 지원 사업으로 개발한 40차시 노란 띠 구간계획(블록타임: block time)을 일부 수정 제시하였음 (국기원, 2017)."

〈 파란 띠 3차시 수업계획(안) 〉

과제 진행	시간	수련조직 및 활동	지도상의 유의점
• 사범이 "무궁화 꽃이 피었습니다."동작 익히기를 설명한다. • 동료지도 모형에서 튜터와 수련자의 역할에 대해 설명한다. • 동작분석 기록지 사용법을 튜터와 수련자에게 교육한다. • 조별로 앉아 스트레칭 한다.	7~10분	• 수련생들은 사범이 나누어 준 유인물을 가지고 2인 1조의 짝을 지어 앉는다.	• 클립보드를 두 명당 하나씩 지급하고, 기록 시 사용하도록 한다.
	2~3분	• 두 명이 마주앉아 각자 스트레칭 한다. • 서로 스트레칭을 도와준다.	• 천천히 느리게 스트레칭 한다. • 깊게 스트레칭 하도록 한다.
• 손날 안막기, 손끝 찌르기, 제비품 안치기, 안막기의 전형을 튜터에게 가르친다. • 같은 손동작을 8회 반복한다. • 네 가지 주요 손동작을 2회씩 반복한다.	7~10분	• 튜터는 파트너에게 태극 4장의 주요 기술을 가르치고, 피드백을 제공한다. • 사범의 지시에 따라 튜터와 수련자의 역할을 교환한다.	• 튜터에게 기록하며 수련자에게 피드백을 제공 한다.
• 튜터에게 정확한 앞차기와 옆차기를 시범보이면 설명한다. • 튜터와 수련자의 역할을 강조한다.	5~7분	• 튜터는 수련자에게 앞차기와 옆차기를 설명하고 피드백을 제공한다. • 튜터와 수련자가 협의하여 역할을 교환한다.	• 앞차기와 옆차기의 전형과 비교하여 긍정적·교정적 피드백을 제공하도록 한다.

과제 진행	시간	수련조직 및 활동	지도상의 유의점
• 튜터에게 태극 4장을 시범 보이며 설명한다.	7~10분	• 튜터는 태극 4장의 핵심 부분을 시범보이고, 수련자의 동작을 분석, 피드백을 제공한다. • 사범의 지시에 따라 튜터와 수련자의 역할을 교환한다.	• 튜터의 질문에 답하며 궁금증을 해소해 준다.
• 튜터에게 겨루기에서 딛기와 상대 따라잡기를 시범보이며 설명한다.	5~7분	• 튜터는 딛기의 핵심을 파악하고 상대 따라잡기 요령을 수련자에게 가르치고 피드백을 제공한다. • 튜터와 수련자가 협의하여 역할을 교환한다.	• 신속하게 역할을 교환하도록 한다.
• 튜터에게 움직이는 표적을 공격하는 법에 대해 시범보이며 설명한다.	3~5분	• 튜터는 세운손 격파와 엎은손 격파를 수련자에게 가르치고 피드백을 제공한다. • 사범의 지시에 따라 튜터와 수련자의 역할을 교환한다.	• 격파의 원리를 적용하도록 한다. • 자신감을 가지고 격파하게 한다.

3. 협동학습 모형

우리는 21세기 소통과 협력, 조화의 시대를 살아가고 있다. 그런데 교육 현실은 지나친 경쟁 중심으로 이루어지고 있다. 협동학습 모형은 경쟁 중심의 수업에 대한 대안 구조로 제안된 수업 모형이다. 즉 협동학습 모형은 대부분의 수업이 학습자간 상호작용이 거의 이루어지지 않는 가운데 경쟁적으로 이루어지고 있는데 대한 비판과 함께 그것에 대한 대안 학습 구조로 제안된 수업 모형이다. 협동학습중심 수업 모형에서는 성, 기능 수준, 사전 경험, 인지능력 등을 고려하여 4~6명의 이질 집단으로 모둠을 구성하고, 각 모두미들이 공동의 목표를 달성하기 위해 함께 협력하는 방식으로 수업이 이루어진다.

협동학습 수업모형에서는 사범이 각 모둠[소집단·팀]에게 과제를 제시하면 각 모둠의 모두미들[팀원]이 함께 노력하여 사범이 제시한 과제를 수행하고 그에 대한 평가를 받는 수업 모형이다. 협동학습 수업모형의 특징은 각 모둠의 모두미가 얻은 점수로 모둠을 평가하므로 각 모두미에게 강한 수련 책무성이 요구된다는 것이다. 협동학습 모형의 또 다른 특징은 운동 능력이 다른 이질 집단으로 모둠을 구성하여 운동 능력이 비슷한 모두미들끼리 공평하게 경쟁하고 그에 따른 평가를 받게 된다는 것이다.

협동학습 모형에서는 무엇보다 모둠의 공동 목표를 달성하기 위해 모두미 각자가 자신의 능력이나 지식 또는 경험을 모둠을 위해 헌신해야 한다. 또한, 협동학습 수업 모형에서는 모둠 활동으로 수업이 진행되므로 모두미들이 서로 도와 가며 팀처럼 활동한다. 그렇게 팀워크를 발휘해야 좋은 결과를 얻을 수 있는 수업 구조이다. 협동학습 수업 모형은 다른 수업 모형과 달리 운동능력, 지적 능력, 동기 수준이 각기 다른 모두미들과 함께 노력하므로 대인 관계 능력을 향상시키는데 매우 효과적이다.

태권도 사범이 협동학습 수업 모형으로 수업할 때에는 어떤 기술이나 전술을 어느 정도까지 성취해야 하는지 수련생에게 구체적으로 알려주어야 한다. 또한, 사범은 수업이 시작되기 전에 수련생이 수행할 과제를 어떻게 이해시킬 것인지, 각 과제에 얼마만큼의 시간을 배정할 것인지, 모둠은 어떻게 구성할 것인지, 어떤 수련 용구를 사용할 것인지 등에 대한 계획을 철저히 세워야 한다. 협동학습 모형에서 사범에게 기대되는 중요한 역할은 수련 과제를 이해시키는 일이다. 수련 과제를 전달한 다음 그것을 어떻게 수행할 것인지는 각 모둠의 모두미들이 스스로 결정한다. 각 모둠의 모두미가 주어진 과제를 수행하기 시작하면 사범은 수련생이 전달받은 과제를 협력하여 잘 수행하고 있는지 탐지한다. 이는 수련생의 수련 활동을 감시 한다기보다 주어진 과제를 협력하여 잘 수행하고 있는지 확인하고, 수련생이 협동학습 수업 모형을 통해 사회적 기술을 배울 수 있도록 지원한다는 의미이다.

협동학습 모형은 그것의 활용 목적이나 절차 또는 참여 패턴 등이 비슷한 다양한 모형들의 집합이라고 할 수 있다. 현재 체육교육계에서 자주 사용하고 있는 협동학습 모형은 팀-성취 보상모형, 팀 경기 보상모형, 팀-보조 수업모형, 과제분담 학습 모형 등이다. 이 가운데 태권도 수업에 적합한 모형은 아마 과제분담 협동학습 모형일 것이다. 과제분담 수련모형^{Jigsaw}은 "조각 그림을 짜 맞춘다."는 뜻으로 수련해야 할 전체 내용을 모둠별로 나누어 수련한 다음 다른 모둠을 가르치는 수련 구조를 말한다. 이때 각 모둠의 모두미들은 다양한 역할을 맡아 주어진 과제를 협동적으로 수련한다. 예를 들어, 겨루기 단원에서 'A'팀은 '딛기 기술'을 수련하고, 'B'팀은 '차기 기술'을, 'C'팀은 '피하기 기술'을, 'D'팀은 '경기 규칙'을 학습하도록 과제를 제시할 수 있다. 모든 모둠이 자기가 맡은 부분을 충분히 수련하면, 사범을 대신하여 수련한 내용을 다른 모둠에게 가르친다. 이처럼 각 모둠이 수련한 '딛기', '차기', '피하기', '경기 규칙'을 서로 가르치면서 겨루기 단원의 전체 내용을 수련하는 것을 직소 협동학습 수업모형이라고 한다.

직소 모형의 또 다른 수련 구조는 각 모둠의 모두미가 각기 다른 기술을 학습한 다음 자기 모둠 또는 "원 모둠"의 다른 모두미를 가르치는 방법이다. 예를 들어, 네 명으로 구성된 'A'모둠의 수련생 1은 '딛기', 수련생 2는 '차기', 수련생 3은 '피하기', 수련생 4는 '경기 규칙'을 익힌다(1단계). 'B'모둠, 'C'모둠 등도 이와 같은 방식으로 수련이 이루어진다. 각 모둠의 모두미들이 자신에게 부과된 수련 내용을 어느 정도 숙달하면, 같은 수련 내용을 부여받은 수련생들이 함께 모여 전문가 집단 또는 "전문가 모둠"을 구성한다. 즉 각 팀의 '딛기 기술'을 책임 맡은 수련생들은 그들끼리, '피하기 기술'을 책임 맡은 수련생들은 그들끼리 전문가 집단을 구성하여 자기 모둠에서 수련한 내용을 다른 모둠에서 같은 내용을 수련한 모두미들과 의견을 나누며 전문성을 향상시킨다(2단계). 각 전문가 집단전문가 모둠에서 '전문성 기르기'활동이 끝나면 각 모두미들은 자기 소속 모둠원 모둠으로 돌아가 자기 모둠의 다른 모두미들을 가르친다(3단계). 직소 모형의 특징은 어떤 시점이 되면 동료지도 모형에서처럼 각 수련생이 튜터로서 다른 수련생을 가르친다는 것이다.

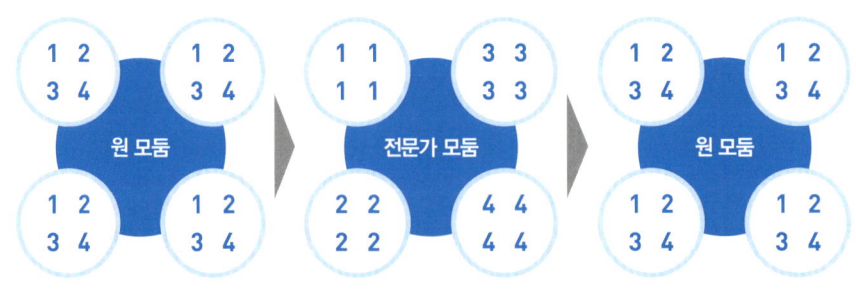

〈 변형 직소 모형 수련 구조 〉

1) 지도 방법적 특징

협동학습 모형수업에서는 사범이 수업을 주도한다. 사범이 수련 내용과 그에 필요한 팀 구성, 과제 완수에 필요한 시간 배정, 운동 수행 기준이나 사회적 행동 기준 등을 결정한다. 그러나 과제가 전달되어 수련생이 그것을 수행하는 동안에는 수업의 주도권이 수련생에게 이양된다. 하지만, 사범이 수련생에게 과제 수행에 필요한 사회적 기술을 가르칠 때에는 수업의 주도권이 다시 사범에게 이양된다.

(1) 수련 내용의 선정

협동학습 수업모형에서 내용 선정은 주로 사범이 하게 된다. 각 모둠이 수행할 일련의 수련 과제를 사범이 결정하여 수련생에게 알려준다. 협동학습 수업모형에서는 사범이 수련 내용은 선정하지만 구체적인 리스트를 만들어 수련생에게 전달하지는 않는다. 왜냐하면 수업 전에 수련생에게 요구되는 사회적 기술을 정확하게 예측하는 것이 쉽지 않기 때문이다. 과제 수련에 필요한 사회적 기술 또는 상호작용 능력은 수업이 진행되면서 점차 분명해 진다.

(2) 수업 운영 방법

각 모둠이 주어진 과제에 참여하기 전까지는 사범이 수업 운영에 대한 책임을 진다. 모둠 활동이 시작되기 전에 모둠과 모두미의 선정, 수련 용구의 결정, 과제 할당 시간의 결정, 수행 기준의 설정 등에 대한 결정을 사범이 하지만, 수련이 시작되면 수련생 끼리 협의하여 역할 분담, 과제 수행, 학습 자원의 활용 등을 결정한다.

(3) 과제 제시 방법

협동학습 수업모형에서는 사범이 과제를 제시하지 않는다. 사범은 전달할 과제와 그것의 수행 규칙을 설명하고, 수련 과제를 수행할 수 있도록 무대를 마련하는 역할을 한다. 그 후에 무엇을 어떻게 할 것인지는 각 모둠의 모두미들이 협의하여 결정한다. 협동학습 수업모형에서 과제 전달은 동료지도 모형에서 튜터가 수련자에게 과제를 전달하는 것과 같은 형태로 이루어진다.

(4) 과제 참여 형태

협동학습 수업 모형에는 두 가지 과제 참여 형태, 즉 수련생 주도 참여 형태와 사범-수련생 상호작용 참여 형태가 있다. 전자는 각 모둠별로 모두미들 간에 일어난다. 누가 수련 활동을 주도할 것인지, 주어진 과제를 완수하기 위해 어떤 참여 형태를 선택할 것인지 등을 수련생 스스로 결정한다. 후자는 사범이 수련생에게 사회적 기술을 가르칠 때 일어난다. 수업모형의 특성상 사범이 수련생에게 사회적 기술을 직접 가르치기 보다는 수련생 스스로 자신의 행동에 대해 반성하고 바람직한 행동을 보이도록 하는 것이 좋다.

(5) 상호작용 형식

상호작용도 수련생 주도 참여 형태와 사범-수련생 상호작용 형태로 이루어진다. 모둠이 과제를 수행할 때에는 수련생 주도로, 사범이 수련생에게 사회적 기술을 가르칠 때에는 사범-수련생 상호작용 형태로 이루어진다. 각 모둠의 모두미들이 과제를 수행하는 동안 사범은 촉진자, 정보 제공자의 역할을 수행한다.

(6) 수련 진도

사범이 수련 과제를 소개하고 그것의 성취 기준을 설명하면 진도는 모둠미들이 협의하여 결정한다. 각 수련 과제에 얼마나 많은 시간을 배정하여 얼마만큼의 노력을 기울일 것인지는 각 모둠의 모두미들이 협의하여 결정한다. 사범은 모둠이 수련 과제를 그가 정한 시간 내에 완수하지 못할 때에만 개입한다.

(7) 수련 과제의 진행

언제 새로운 과제를 제시할 것인지는 사범이 결정한다. 그러나 수련생이 과제 수행을 시작하면 각 모둠별로 수련 과제를 완수 하는데 필요한 단계와 각 수련 과제의 완수 시점을 결정한다.

2) 필요한 전문 지식

협동학습 모형으로 수업하는 사범은 지도 목표, 지도 내용, 수련 환경 등에 관한 지식 외에 수련생의 특성, 과제 분석 및 내용 발달, 수련 분위기 조성 등에 관한 전문 지식을 특별히 갖추어야 한다.

(1) 수련생 이해 능력

협동학습 모형의 중요한 특징 중 하나는 수련생의 다양한 기능 수준, 사전 경험, 성, 의사소통 능력, 리더십 등을 고려하여 이질 집단 또는 모둠을 구성하는 것이다. 사범은 수련생의 다양한 특성을 고려하여 모둠을 구성하되, 모둠 간의 능력을 비슷하게 하여 모든 모둠이 공정하게 경쟁할 수 있도록 집단을 구성해야 한다.

(2) 과제 분석 및 내용 전개 능력

협동학습 모형을 활용하는 사범은 가르칠 내용을 순차적으로 제시할 수 있도록 각 기술이나 전술을 분석하여 수련 과제로 제시할 수 있는 능력을 갖추어야 한다. 사범은 태권도 기술뿐만 아니라 인성과 같은 사회적 행동까지 체계적으로 분석하여 수업을 계획해야 한다. 즉 태권도 기술을 분석하여 수련 과제를 체계적으로 제시하는 것과 같이 지적, 정의적 영역도 단순한 과제에서 복잡한 과제로 수련 내용을 전개시킬 수 있는 능력을 갖추어야 한다.

(3) 발달단계에 적합한 지도 능력

협동학습 모형을 적용하는 수업에서는 수련생이 신체적, 지적으로 준비되어 있어야 할 뿐만 아니라 사회적으로도 준비되어 있어야 한다. 만약 수련생이 다른 수련생과 함께 과제를 수행할 수 있을 정도로 사회적으로 발달되어 있지 않으면 큰 효과를 기대하기 어렵다. 협동학습 모형중심 수업이 기대하는 효과를 얻기 위해서는 수련생이 자신의 사회적 역할을 성공적으로 수행할 수 있는 능력과 그에 대한 강한 책임감을 느끼고 있어야 한다.

(4) 수련 분위기 조성 능력

협동학습 수업 모형의 성공 여부는 수련생이 다른 수련생과 얼마나 자주 그리고 질 높은 상호작용을 할 수 있느냐에 의해 결정된다. 따라서 사범은 수련생이 긍정적인 상호작용 관계를 유지하는 분위기를 조성하고, 부정적인 수련 분위는 긍정적인 분위기로 전환할 수 있는 능력이 있어야 한다.

(5) 전문지식 발휘 능력

협동학습 모형과 같이 수련생 간 격려가 요구되는 수업에서는 직접 지도법과 다른 수업 전문지식이 필요하다. 직접 지도법에서는 사범의 전문성이 수련할 과제를 얼마나 효과적으로 전달하는지, 수련생이 제시된 과제를 수행하는 동안 피드백을 얼마나 효과적으로 제공하는 등과 관련된다. 그러나 협동학습 수업모형과 같은 간접적인 수업방식에서는 사범의 전문성이 얼마나 도전적인 과제를 많이 제시하는지, 수업을 얼마나 잘 구조화하는지, 얼마나 창의적인 과제를 많이 제시하는지 등에 의해 입증된다. 협동학습 수업 모형과 같은 간접적인 수업 방식일수록 가르치는 내용에 대한 전문지식을 충실히 갖추고 있어야 수업을 성공적으로 이끌 수 있다.

(6) 공평한 학습 기회 제공 능력

협동학습의 기본 원칙은 모든 수련생이 성공을 경험할 수 있도록 하는 것이다. 즉 모든 수련생이 자신의 독특한 재능을 활용하여 자기 모둠에 공헌할 수 있도록 해야 한다. 협동학습 수업모형을 활용하는 사범은 수련생이 지적, 신체적 목표는 물론 사회성 함양 이라는 목표까지 달성할 수 있도록 모둠을 구성하고 수련 과제를 설계할 수 있는 능력을 갖추어야 한다.

〈 각 수업단계의 의사결정 주체 〉

수업 시작	사범이 각 모둠에서 수련할 내용을 결정한다.
교재 준비	사범이 각 모둠에 필요한 교구교재를 준비한다.
모둠 선정	사범은 최대한 다양하고 이질적인 모둠이 구성되도록 한다.
참여 형태	사범이 제시한 과제를 어떻게 수행할 것인지 각 모둠별로 참여형태를 결정한다.
문제 해결	수업중 문제가 발생하면 모두미들이 협의하여 해결하고, 그래도 해결되지 않으면 수업 종료 시점에 사범이 조정한다.
사회성 평가	사범은 모둠의 모두미들이 어떻게 상호작용해야 하는지 기준을 설정하고, 그 기준에 따라 수련생의 사회적 행동을 평가한다.
과제 구조	사범은 모든 모두미가 함께 문제를 해결할 수업 구조에서 과제를 수행할 수 있도록 한다.
지도 방법	각 튜터는 자기 나름의 독특한 동료교수 방법으로 자신에게 부과된 수련 과제를 가르친다.

3) 필요한 지도 능력

협동학습 모형으로 수업하는 사범은 수련 환경, 수련생, 정서적 분위기, 과제의 분석, 내용의 발달 등에 대해서 잘 알고 있어야 한다. 그러한 지식을 바탕으로 협동학습 모형을 적용할 수 있는 능력을 개발해야 한다.

(1) 수업계획 능력

사범은 협동학습에 필요한 수련 과제를 계획할 때, 수련생이 이 과제를 수행하는데 문제가 없는지, 그 과제를 수행하는데 어떤 전략을 선택해야 하는지, 모둠은 어떻게 구성할 것인지, 장비나 용구는 충분히 준비되어 있는지 등을 철저히 점검할 필요가 있다. 한 시간 이상 진행되는 협동학습이라면 모둠 활동과 수련 정도를 점검하기 위해 중간 브리핑 시간을 계획할 수도 있다.

(2) 수업운영 능력

협동학습 모형에서는 사범이 모둠을 구성하여 수련 과제를 전달하고 나면 그 후의 과제 수행이나 모둠 활동에 관한 결정은 수련생 스스로 결정한다. 즉 각 모둠에 속한 모두미들이 협의하여 학습 진도나 시간 배정을 결정한다. 사범은 수련생의 수련 활동을 탐지하지만 가능하면 직접 개입을 피하고 수련생 스스로 문제를 해결하도록 격려하고 지원한다. 수업이 계속 비효율적으로 운영되면 '수업 반성' 시간에 지적하고, 잘 운영할 수 있는 방안을 수련생 스스로 찾도록 한다.

(3) 과제전달 능력

협동학습 모형에서는 사범이 수행 과제를 직접 전달하지 않는다. 사범은 모둠을 구성하고, 과제의 수행 구조를 구축하여 각 모둠이 과제를 성공적으로 수행할 수 있도록 지원하는 역할을 한다. 사범은 직접지도 모형에서처럼 과제 수행에 필요한 정보나 피드백을 직접 제공하지 않는다. 대신 과제 수행 전에 필요한 정보를 충분히 제공한다.

(4) 의사소통 능력

사범은 과제의 구조와 수업 전개 방식을 모든 모둠에게 분명하게 전달해야 한다. 수련생이 과제의 구조와 수업 전개 방식을 정확하게 파악하였는지 과제 수행 첫 몇 분 동안에 그것을 확인할 필요가 있다.

(5) 발문 능력

협동학습 수업모형에서는 '발문'을 기본적인 지도 기술로 자주 활용한다. 사범은 수련생의 수련 활동에 직접 개입하기 보다는 수련생 스스로 문제를 해결하도록 '발문 기능'을 발휘해야 한다. 모두미들이 수련 과제를 협력하여 수행하지 않으면 문제의 원인을 파악하여 '수업 반성' 시간에 모두미들 스스로 문제를 해결하도록 지원한다. 문제의 원인을 찾아 스스로 해결 방안을 모색하는 것은 수련생에게 필요한 사회적 기술인 동시에 협동학습 수업 모형이 추구하는 중요한 목표이기도 하다.

(6) 수업정리 능력

사범은 '수업 반성' 시간을 주도하여 수련생이 얼마나 협동적으로 노력하였는지 반성하며 수업이 종료될 수 있도록 하여야 한다. 이때 사범은 수련생이 수업 중 다른 모두미들과 얼마나 협동적인 노력을 하였는지 비판하기 보다는 수련생 스스로 모둠 활동을 반성적으로 평가할 수 있도록 하여야 한다.

4) 협동학습 모형의 단원 계획(예)

- **단원 내용:** 파란 띠 과정
- **수 련 생:** 노란 띠 과정을 이수하고 파란 띠로 승급한 수련생
- **수업 시수:** 40차시
- **수업 시간:** 50분
- **수련 장비:** 미트, 품새선 표식. 거울, 동영상, 보호대 등

〈 파란 띠 단원의 구간 계획 〉

~ 7차시(블록 7)	8차시(블록 8)	9차시(블록 9)

과제분담 학습모형 소개
• 직소와 변형 직소의 차이 설명
• 사범이 수련의 특성 고려해 4명씩 참여하는 6개 모둠 구성
  – 성, 연령 고려하여 구성
  – 수련 기간, 띠 등 고려해 구성
• 각 모둠에 한 과제씩 배정
  – 기본동작(태극 4, 5장 주요 동작)
  – 품새(태극 4, 5장)
  – 겨루기: 차기, 딛기, 피하기, 반격하기
  – 격파: 손날, 손끝, 주먹, 앞차기, 옆차기
• 태극 4, 5장 주요 동작 역학 원리 이해
• 준비된 유인물로 수행 과제 이해하기
	과제분담 학습모형
	• 부과된 과제의 숙달
	  – 기능은 핵심 요소 중심
	  – 품새는 연결, 전환, 흐름 중심
	  – 이론은 역학적 원리 중심
	• 기본동작 역학 원리 이해하고 가르치기(이끄미)
	  – 태극 4장 핵심 동작
	• 태극 4장 사상 이해하고 익히기
	• 태극 4장 차기 기술로 겨루기 공방 기술 익히기
		과제분담 학습모형
		• 격파 역학 원리 이해하고 가르치기(이끄미)
		  – 주먹, 손날, 손끝, 앞차기, 옆차기 격파의 역학적 원리이해
		  – 보조 송판이용 주먹, 손날, 손끝, 앞차기, 옆차기 익히기
		• 태극 5장 이해하고 익히기
		• 겨루기의 핵심 기술 이해하고 익히기

10차시(블록 10)	11차시(블록 11)	12차시(블록 12)

변형 과제분담 학습모형
• 각 모두미 겨루기 전문 영역 맡아 익히기
  – 차기 전문, 딛기 전문, 피하기 전문, 반격 전문
• 자기 전문 영역 이해하고 익히기
• 전문가 모둠으로 이동하여 전문성 향상하기
• 자기 모둠으로 돌아가 다른 모두미 가르치기
	변형 과제분담 학습모형
	• 각 모두미 격파 전문 영역 맡아 익히기
	  – 주먹 전문, 손날 전문, 앞차기 전문, 옆차기 전문
	• 자기 전문 영역 이해하고 익히기
	• 전문가 모둠으로 이동하여 전문성 향상하기
	• 자기 모둠으로 돌아가 다른 모두미 가르치기
		변형 과제분담 학습모형
		• 각 모두미 한번 겨루기 전문 영역 맡아 익히기
		  – 피하고 지르기, 파하고 차기, 막고 지르기, 막고 차기
		• 자기 전문 영역 이해하고 익히기
		• 전문가 모둠으로 이동하여 전문성 향상하기
		• 자기 모둠으로 돌아가 다른 모두미 가르치기

13차시(블록 13)	14차시(블록 14)	15차시(블록 15)
~	~	~

※ 중고교 태권도 시범학교 지원 사업으로 개발한 40차시 노란 띠 구간계획(블록타임: block time) 을 일부 수정 제시하였음(국기원, 2017).

〈 파란 띠 10차시 수업계획(안) 〉

과제 진행	시간	수련조직 및 활동	지도상의 유의점
• 사범이 겨루기의 기본 이론을 설명한다. • 사범이 20명의 수련생으로 5개 모둠을 구성한다. • 모둠별로 스트레칭을 한다. • 각 모둠의 모두미에게 차기, 딛기, 피하기, 반격 중 한 가지를 선택하게 한다. • 사범은 차기, 딛기, 피하기, 반격 등 선택한 하위기술별로 관련 자료를 제공한다.	10~12분	• 사범의 설명을 다함께 듣는다. • 성, 운동 능력 등을 고려하여 모둠을 구성하고, 각 모두미 마다 한 가지 전문 기술을 선택한다. • 모둠의 리더를 뽑아 간단한 하체 스트레칭을 한다.	• 사범이 각 수련생의 능력을 파악하여 모둠을 구성한다. • 모둠별로 자기 공간을 확보하여 전문 기술을 익힌다. • 모두미끼리 서로 소통하며 탐지한다.
• 각 모둠별로 과제를 수행한다. • 각 모둠이 주어진 과제를 협력하여 수행 하는지 탐지한다.	7~10분	• 각 모둠(모 모둠)별로 사범이 배포한 전문기술에 관한 자료를 읽으며 익힌다. • 필요한 교구교재를 활용한다.	• 직접 지도하지 않고 협동 학습 분위기를 조성한다. • 수련에 필요한 교구교재를 미리 준비한다.
	1~2분	• 전문가 모둠으로 이동한다.	
• 전문가 모둠에 모여 전문성을 향상시킨다.	7~10분	• 차기는 차기끼리, 딛기는 딛기끼리, 피하기는 피하기끼리, 반격은 반격끼리 전문가 모둠에 모여 의견을 교환하며 전문성을 향상시킨다.	• 전문가 모둠 활동을 탐지하고 기록한다.
• 자기 모둠(모 모둠)으로 돌아가 다른 모두미들을 가르친다.	15~20분	• 향상시킨 전문성을 바탕으로 다른 모두를 가르친다. • 모둠별로 한 명의 전문가가 다른 세 모두미들을 가르친다.	• 동료교수가 잘 이루어지는지 탐지한다.
• 사범이 수업을 반성하고 종료한다.	2~3분	• 사범의 발문에 대답하며 모둠 활동을 반성한다.	• 수련생의 모둠 활동에 대한 반성을 촉진하는 발문을 한다.

4. 태권도교육 모형

그동안 체육교육의 목표나 교육과정이 수차례 바뀌긴 하였지만, 스포츠는 늘 학교체육의 중심에 있었고, 또한 스포츠는 학교 체육이 추구하는 각종 목표의 달성을 위한 중요한 도구적 활동으로 인정을 받았다. 그런데 최근 건강에 대한 관심이 높아지고 생활체육이 크게 활성화되면서 학교체육에서 스포츠가 차지하는 비중이 점차 감소하고 있다. 설사가상으로 학교체육을 통해서 스포츠에 대한 긍정적인 경험을 얻거나 스포츠를 의미 있게 경험하는 사람들이 점점 줄어들고 있다. 스포츠교육 모형은 학교체육을 스포츠 리그처럼 운영하여 참가하는 사람들이 그것을 의미 있게 경험할 수 있도록 개발한 수업 모형이다. 즉, 스포츠교육 모형은 스포츠 리그에서 아이디어를 얻어 개발한 수업 모형이다. 그래서 스포츠교육 모형에서는 전통적인 수업과 전혀 다른 방식으로 스포츠를 가르친다.

그동안은 학교에서 체육수업을 할 때에는 학생들에게 기술이나 전술을 배우는 '학습자'나 게임에 참가하는 '선수'라는 역할만을 기대하고 가르쳐왔다. 체육수업을 통해서 스포츠 문화를 이해하거나 스포츠의 다양한 역할을 수행하며 그것을 깊이 이해하려는 노력은 거의 없었다. 하지만 스포츠교육 모형에서는 모든 학생이 게임에 출전하는 '선수'이기도 하지만, 선수로 출전하지 않는 학생은 감독이나 코치의 역할을 하고, 경기 운영을 위한 심판, 경기위원 등의 역할을 수행하면서 특정 스포츠 전반을 이해하고 그 스포츠에 대한 안목을 키운다. 예를 들어, 학생들은 리그 운영위원회 위원으로서 경기 규칙의 제정, 팀의 선정, 경기 스케줄 계획 등을 결정하고, 감독이나 코치의 역할을 맡아 선수의 선발, 선수 포지션의 선정, 연습 계획, 경기 전략 등을 결정한다. 이처럼 학생들은 선수로서 리그에 출전할 뿐만 아니라 리그 운영자로서 다양한 역할을 맡아 수행하면서 해당 스포츠에 대한 폭넓은 경험을 하게 된다.

태권도 수업 또한 전통적인 체육수업의 양상과 크게 다르지 않다. 수련생들은 대부분의 경우 '수련생'이라는 단일 역할의 범위에서 태권도를 수련해 오고 있다. 태권도 기술이나 전술을 익히는 가운데 그것에 내재된 다양한 가치를 실현하는 것을 수업의 중요한 목표로 설정하고 가르쳐 온 것이다. 태권도가 올림픽 핵심 종목으로 선정되고 세계적인 스포츠로 발전하고 있지만, 태권도를 오랫동안 수련하여 유단자가 된 사람도 태권도 경기에 대한 이해가 부족하여 태권도 경기를 깊이 있게 감상하지 못하는 경우가 있다. 적지 않은 태권도 수련생들이 태권도 경기에 대한 이해가 부족하며, 득점 여부를 정확하게 판단하지 못할 뿐만 아니라 심판의 판정 신호조차 제대로 이해하지 못하고 있다. 스포츠교육 모형을 태권도 교육에 적합하게 수정한 태권도교육 모형으로 수업을 하면 태권도 경기에 대한 이해의 폭을 넓힐 수 있을 뿐만 아니라 태권도 전반에 대한 안목을 키울 수 있다.

태권도교육 모형으로 수업을 하면 수련생들이 다양한 역할을 수행하면서 경기 기술과 체력의 향상은 물론 경기전략의 이해, 경기 운영 능력의 향상, 지도 능력의 배양, 태권도 의례와 관례에 대한 이해 등과 같은 성과를 얻을 수 있다. 태권도교육 모형은 그와 같은 수련 성과를 효율적으로 얻기 위해 시즌, 팀 소속, 공식 경기, 결승전 경기, 기록 보존, 축제 등과 같은 고유한 특성을 가지고 운영된다.

- **시즌**

태권도교육 모형에서는 전통적인 수련 단위인 단원 대신 '시즌'이라는 개념을 사용하여 수업을 계획하여 실행한다. 시즌이란 태권도 경기가 실제로 이루어지는 정규 시즌 뿐만 아니라 경기 전에 이루어지는 프리 시즌 활동과 포스트 시즌 활동까지 포함한다. 태권도교육 모형은 수련 단위가 시즌이므로 최소한 20차시의 시수를 확보하여 수업을 계획한다.

- **팀 소속**

태권도교육 모형에서는 수련생들이 한 시즌 동안 같은 팀에서 수련하게 된다. 팀에 소속되어 팀의 일원으로 팀의 공동 목표를 함께 추구하고, 의사 결정에 함께 참여하며, 성공과 실패를 함께 경험하는 가운데 팀의 정체성을 만들고 팀의 목표 달성을 위해 함께 노력한다.

- **공식 경기**

태권도 모형에서는 수련생들로 구성된 팀을 중심으로 시즌을 어떻게 준비하고 운영할 것인지를 결정하게 되며, 그와 같은 제반 활동은 정규 시즌의 공식 경기를 전제로 이루어진다. 각 팀은 공식 경기 일정에 따라 시즌에 대비한 계획을 세워서 연습을 하고, 태권도 경기에 참가하고, 시즌이 종료되면 축제로 끝맺음을 한다.

- **결승전 행사**

  태권도교육 모형에서는 플레이오프로 시즌을 종료한다. 결승전 행사는 축제 분위기 속에서 진행되며, 수련생들은 각자의 역할을 맡아 적극적으로 준비하고 참가한다.

- **기록 보존**

  경기를 하면 기록이 생산되게 된다. 즉 득점, 실점, 감점, 경고 등 다양한 기록이 생산되게 된다. 수련생들은 태권도 경기에 관한 자료를 수집하는 과정을 통해서 경기를 관찰하고 분석하는 능력을 키울 수 있을 뿐만 아니라 그렇게 얻은 기록은 팀의 전략을 세우거나 경기력 향상을 위한 팀원들 간의 관심이나 흥미를 유발하는데 사용할 수 있다. 또한, 경기 기록은 코치나 선수들이 상대 팀의 전력을 분석하는데 활용하기도 한다.

- **축제**

  태권도교육 모형에서는 시즌을 축제로 종료한다. 각 팀은 고유한 전통을 강조하는 팀 명칭을 갖게 되고, 플레이오프 경기를 할 때에는 도장을 각양각색의 깃발이나 현수막 등으로 장식하여 축제 분위기를 연출한다.

1) 지도 방법적 특징

태권도교육 모형에서는 사범이 수련 내용과 수업 운영 구조를 결정하지만 결정한 수련 내용을 전달하고 운영하는 것은 각 팀별로 수련생들이 협의하여 결정한다. 사범은 수련 내용을 수련생에게 직접 가르치기보다 수련에 필요한 정보를 제공하는 역할을 수행한다.

(1) 수련 내용의 선정

태권도교육 모형에서 수련내용의 선정은 태권도 경기이며, 경기를 어떤 방식으로 진행할 것인지는 사범이 직접 결정하거나 수련생과 협의하여 결정한다. 운동 능력별로 경기를 진행할 것인지, 체급과 운동 능력을 함께 고려한 경기를 진행할 것인지, 리그전이나 토너먼트 중 어떤 경기방식을 채택할 것인지 등을 결정한다.

(2) 수업 운영 방법

태권도 경기 시즌의 전체 구조는 사범이 결정한다. 팀을 어떻게 선정할 것인지, 경기에 참가하지 않은 수련생에게는 어떤 역할을 부여할 것인지, 시즌을 얼마나 오랫동안 진행할 것인지, 장비나 경기장 시설은 어떻게 준비할 것인지, 경기 규칙은 어떻게 정할 것인지 등과 같은 수업 운영에 관한 사항은 대부분 사범이 결정한다. 사범이 이와 같은 사항을 결정하여 수련생에게 전달하면 그 이후의 경기 운영에 관한 사항은 수련생 스스로 결정한다.

(3) 과제 제시 방법

수련 내용은 경기시즌 전이나 시즌 중 팀별로 결정한다. 기술이나 전술과 같은 과제는 감독이나 코치의 역할을 맡은 수련생이 '동료지도'의 형태로 전달하거나 기술이나 전술에 대해서 잘 아는 수련생이 다른 수련생들을 가르치는 '협동학습'의 형태로 이루어진다. 그 밖에 경기위원, 심판위원 등에 대한 교육은 사범이 미니워크숍 등을 통해 직접 가르친다. 대부분의 수련생은 경기위원, 심판, 코치, 감독 등의 역할을 수행한 경험이 없으므로 경기 직전에 사범이 각각의 역할을 직접 가르친다.

(4) 과제 참여 형태

수련생의 과제 참여 형태는 선수로 경기에 참가할 때와 경기에 참가하지 않고 다른 역할을 수행할 때 각기 다른 형태로 나타난다. 팀의 선수 역할을 수행할 때에는 '동료지도'나 '협동학습'에 참가하는 것처럼 참가한다. 선수 역할을 수행하지 않을 때에는 자신에게 주어진 코치, 경기위원, 경기 보조, 기록원 등 다양한 역할을 사범이 가르친 데로 맡아서 수행한다.

(5) 상호작용 형식

대부분의 상호작용은 팀에 소속되어 선수나 코치/감독의 역할을 수행하면서 수련생 간에 이루어진다. 대개 팀의 주장이 정해지면 그가 대부분의 지도 역할을 담당한다. 사범은 자료나 정보 제공자로 수업 현장에 있지만 대부분의 지도는 팀 중심으로 이루어진다.

(6) 수련 진도

수련 진도는 정규 시즌의 경기 일정에 맞춰 시즌 대비 프리시즌 연습을 하거나 정규 시즌 중 경기가 없을 때 팀별로 강화훈련을 하면서 시슨 스케줄에 따라 경기에 참가한다.

(7) 수련 과제의 진행

경기와 경기 사이에 어떤 기술이나 전술을 연습할 것인지는 팀별로 수련생 스스로 결정한다. 각 팀이 어떤 내용을 어떤 순서에 따라 연습할 것인지는 각 팀의 경기 능력이나 승패 또는 맞이할 상대 팀 등에 따라 다르게 결정된다.

2) 필요한 전문 지식

협동학습 모형으로 수업하는 사범은 지도 목표, 지도 내용, 학습 환경 등에 관한 지식 외에 수련생의 특성, 발달단계에 적합한 지도 방법, 공평한 수련기회의 제공, 수련 분위기 조성 등에 관한 전문 지식을 특별히 갖추어야 한다.

(1) 수련생에 대한 이해력

태권도교육 모형에서 수련생은 크게 선수, 팀원, 운영위원이라는 세 가지 역할을 수행하며, 주어진 역할을 잘 수행하기 위해서는 신체적인 능력뿐만 아니라 지적, 정의적 능력 또한 필요로 한다. 따라서 사범은 각 수련생이 그와 같은 역할을 얼마나 잘 수행할 수 있을지 판단해야 하며, 각자의 역할을 잘 수행할 수 있도록 교육하며 도와주어야 한다.

(2) 발달단계에 적합한 지도 능력

태권도교육 모형은 전문 태권도 선수들의 경기 방식에서 아이디어를 얻어 개발한 수업 모형이다. 그렇다고 태권도 경기 대회를 전문 태권도 선수처럼 높은 수준에서 운영할 필요는 없다. 필요에 따라 경기 운영 구조를 수련생의 경기 능력이나 지적 능력 등에 맞게 조정하여 운영할 수 있다. 사범은 수련생에게 안전하고 긍정적인 수련 환경을 조성하고, 각 수련생이 자신의 발달 수준에 맞는 선수, 팀원, 운영위원 등의 역할을 맡아 수행할 수 있도록 도와주어야 한다.

(3) 지도내용 파악 능력

태권도교육 모형 중심 수업에서 사범의 역할은 주로 수련생을 간접적으로 돕는 일이지만, 태권도 경기는 물론 태권도 전반에 대해서 잘 알고 있어야 한다. 그래야 경기 진행을 돕거나 위험 상황에 대비할 수 있기 때문이다. 사범은 또한 태권도 경기에 관련된 각종 의례나 전통에 대해서 잘 알고 있어야 하며, 태권도 경기 구조나 운영 방식에 대해서도 잘 알고 있어야 한다. 그래야 경기 시즌의 흐름을 파악하고 다양한 상황에 대비할 수 있다.

(4) 공평한 수련 기회 제공 능력

태권도교육 모형이 기대하는 성과를 거두기 위해서는 참가 선수에게 공평한 참여 기회를 제공해야 한다. 태권도교육 모형에서 발생하는 불평등은 주로 성이나 운동 능력의 차이에 기인한다. 사범은 경기에서 불평등한 상황이 발생하지 않고, 모든 수련생이 동등한 참여 기회를 가지고 겨루기를 배울 수 있도록 해야 한다. 모든 선수들이 같은 경기 시간을 갖도록 하거나, 운동 수준을 고려하여 팀을 결정하게 하거나, 팀당 한명의 선수를 교환할 수 있도록 하는 등의 규칙을 정하여 모든 수련생이 공평하게 경기에 참가하도록 할 수 있다.

(5) 수련 분위기 조성 능력

태권도교육 모형의 핵심 특징은 시즌을 축제 분위기로 종료하는 것은 물론 시즌 전체를 축제 분위기에서 경기하는 것이다. 축제 분위기에서 경기한다는 것은 모든 수련생이 경기에 즐겁게 참가하며 공평하게 경기하는 가운데 바람직한 태권도맨십을 발휘할 수 있도록 하는 것이다. 사범은 긍정적인 일은 자주 일어나고 부정적인 일은 미리 예방하는 협력자, 중재자, 코치, 부모, 스포츠 심리학자, 심지어 응원단장의 역할을 기꺼이 감당해야 한다.

⟨ 각 수업단계의 의사결정 주체 ⟩

시즌 조직	사범은 경기 운영의 기본 구조를 결정하고, 선수는 경기 운영에 필요한 규칙이나 절차 등을 결정한다. 수련생들은 태권도경기위원회를 구성하여 경기 시즌을 운영하는데 필요한 각종 규칙을 정한다.
팀과 주장의 선정	사범이 기본적인 선정 규칙을 정하고, 그에 따른 선정 규칙은 선수가 중심이 되어 태권도경기위원회를 구성하여 결정한다.
팀의 연습	수련생들이 주장이나 코치를 선정하며, 사범은 이들을 자원으로 활용하여 시즌의 흐름을 관리한다.
역할 훈련	사범은 선수, 팀원, 경기위원 등과 같은 역할을 수행하는데 필요한 기본 교육을 담당한다. 외부의 공인심판, 경기위원 등을 활용하여 역할 훈련을 시킬 수 있다.
장비 및 장소	경기 준비나 운영을 담당하는 수련생이 책임을 맡는다.
기록 및 보관	기록 역할을 맡은 수련생이 책임을 맡는다.
경기 심판	심판의 역할을 맡은 수련생이 수행한다.

3) 필요한 지도 능력

태권도교육 모형에서는 직접지도, 협동학습 지도, 동료지도 등 다양한 지도법이 활용되므로 사범은 다양한 지도법에 대해 잘 알고 있어야 한다. 사범은 경기 시즌이 시작되면서 각 팀의 리더가 단계별로 상황에 맞는 지도를 할 수 있도록 도와주어야 한다. 그래서 다양한 지도법에 대해 잘 알고 있어야 한다.

(1) 수업계획 능력

수업의 전반적인 구조는 시즌 전에 사범이 결정하지만 시즌 전 연습 계획이나 시즌 중 연습 계획은 수련생들이 팀별로 협의하여 결정한다. 시즌 전체에 대한 계획은 사범이 시즌의 길이, 필요한 장비나 시설, 경기 방식, 팀의 선정, 필요한 역할 배분, 역할 수행 대비 교육, 태권도경기위원회의 위원 선정방법, 시즌 일정, 연습 구조와 방식, 시상 체제 등을 고려하여 세운다. 태권도교육 모형에서 사범의 중요한 임무는 도움을 필요로 하는 팀을 즉각 도와주는 일이다.

(2) 수업운영 능력

사범은 시즌 전반에 대한 운영 계획을 수립하여 수련생에게 전달해야 하지만, 일단 시즌이 시작되면 대부분의 수련 활동은 각 팀의 팀원을 중심으로 이루어진다. 사범은 시즌이 당초 계획한 대로 잘 진행되는지 확인하고 그렇게 진행되도록 도와주며 이끄는 역할을 한다.

(3) 역할 교육 능력

태권도교육 모형에서는 대부분의 수련 활동이 수련생에 의해 이루어진다. 그러나 수련생에게 부여되는 심판, 경기위원, 기록원, 감독, 코치, 트레이너 등과 같은 역할에 필요한 교육은 사범이 한다. 다만, 교육 수준은 성인 엘리트 선수 수준이 아닌 도장의 일반 수련생이 이해하고 맡아 수행할 수 있는 수준으로 교육한다. 즉 너무 높은 수준의 역할을 기대하기 보다는 일반 태권도 수련생들의 발달 수준이나 운동 수준에 맞춰 운영한다.

(4) 간접적인 의사소통 능력

태권도교육 모형에서는 사범과 수련생과의 직접적인 소통은 그렇게 자주 일어나지 않는다. 시즌의 전반적인 운영이나 각 수련생의 역할에 대한 교육이나 보완 설명을 하는 경우를 제외한 대부분의 소통은 간접적으로 이루어진다. 따라서 사범은 발문 등을 통한 간접적인 의사소통에 능통해야 한다. 태권도교육 모형은 모형의 특성상 팀을 중심으로 같이 연습하거나 경기하면서 부딪치는 문제나 궁금증을 수련생 스스로 해결한다. 따라서 발문 등과 같은 간접 소통능력이 특별히 요구된다.

(5) 수업정리 능력

사범은 시즌의 진행과 팀의 훈련 등이 잘 이루어지고 있는지 점검하거나 수련생 개인이나 팀이 하는 질문에 즉각 대답할 준비가 되어 있어야 한다. 또한, 주요 경기 결과를 요약하여 좋은 경기력을 보여준 선수나 팀을 칭찬하고 격려한다. 팀이 원하는 경우 수업 외의 시간에 연습이 이루어지도록 요청할 수 있다. 용구와 장비 관리에 대한 책임을 맡은 수련생은 사용한 용구와 장비를 자진하여 반납하고 나머지 수련생은 자발적으로 해산한다.

4) 태권도교육 모형 단원 계획(예)

- **태권도 경기 시즌:** 4체급 겨루기 49kg이하, 49kg초과~57kg이하,
  57kg초과~67kg이하, 67kg이상
- **수 련 생:** 파란 띠 ~ 빨간 띠 16명
- **경 기 장:** 6m x 6m 태권도 경기장 1개
- **수업 시수:** 14차시
- **수업 시간:** 50분
- **수련 장비:** 몸통 보호대 8, 머리 보호대 8, 낭심 보호대 8, 미트 8, 점수판 2, 배심석 2

〈 태권도 경기단원의 구간계획 〉

20차시(블록 20)	21차시(블록 21)	22차시(블록 22)
태권도교육 모형의 소개 • 단원 구성의 설명: 임무, 연습, 목표, 태권도맨십 • 단원계획의 개요 **태권도 경기의 소개** • 겨루기 리그의 소개 • 겨루기 기술의 소개 **주장 및 팀 선정(노트 1)**	**차기 기술의 소개(노트 2)** • 돌려차기, 나래차기, 거듭차기 • 옆차기, 뒤차기 • 돌려차기 • 내려차기 **차기 기술의 연습** • 차기 기술 숙달하기 • 미트 차기 기술 숙달하기	**지르기 기술의 소개** • 앞 주먹 지르기 • 뒷 주먹 지르기 • 앞 주먹 막고 뒤 주먹 지르기 • 뒷 주먹 막고 앞 주먹 지르기 **차기와 자르기의 결합** • 차고 자르기 • 지르고 차기
23차시(블록 23)	**24시(블록 24)**	**25차시(블록 25)**
피하기 기술의 소개 • 딛기의 소개 • 딛기로 피하기 • 제자리 피하기 **딛기 겨루기의 소개** **미트 속임동작+피하기 소개**	**제자리 반격의 소개** • 돌려차기, 내려차기, 뒤차기 등 **스텝 피하기+반격의 소개** • 물러딛기+돌려차기 • 밀어내며+돌려차기 • 물러딛기+내려차기 • 발 빼며+몸 돌려차기 등	**태권도 경기규칙의 소개** • 득점에 대한 이해 • 감점에 대한 이해 **심판법의 소개** • 경기 시작, 재개, 종료 등 • 각종 수신호 **심판법 실습** • 경기규칙 숙지 • 수신호 숙지

26차시(블록 26)	27차시(블록 27)	28차시(블록 28)
겨루기 전술의 소개 • 단일 공방 전술 • 복합 공방 전술 • 경계선 근방 공방 전술 • 공격적인 선수에 대한 전술 • 방어적인 선수에 대한 전술 • 이기고 있을 때 전술 • 지고 있을 때 전술 **겨루기 전술의 실습** • 미트 겨루기 전술 연습 • 보호대 착용 겨루기 전술 연습	**선수 외 역할의 이해(노트 3)** • 팀 리더 및 기타 역할 • 경기진행 위원의 역할	**연습 경기** • 모든 선수가 1분 1회전 선수 역할과 경기운영 위원 역할을 맡아 훈련 겨루기 시즌에 대비한다. • 사범은 주장과 다른 역할을 맡은 수련생과 대화하며 겨루기 시즌을 대비한다.
29~32차시(블록 29~32)	**33차시(블록 33)**	**34차시(블록 34)**
경기 운영(체급 별 리그) • "49㎏이하"와 49㎏초과~57㎏이하"가 경기할 때는 57㎏초과~67㎏이하"와 67㎏초과가 경기위원의 역할을 맡는다. • "57㎏초과~67㎏이하"와 67㎏이상이 경기할 때에는 "49㎏이하"와 "49㎏초과~57㎏이하"가 경기위원의 역할을 맡는다. **각 선수의 승패와 득점의 기록**	**시즌 종료** • 다함께 참여하는 축제 • 우승자에 대한 시상 • 태권도맨십 상 시상 **질의응답** ~	~

- **[노트 1]**

    사범은 4명의 수련생을 주장으로 선정한다. 주장은 팀을 어떻게 선정할 것인지 사범과 나머지 수련생과 협의한다. 사범은 겨루기 단원의 목표와 운영에 대해서 설명하고, 평균 실력이 비슷하게 팀을 구성하도록 지시한다. 주장은 사범의 요구와 나머지 수련생의 의견을 수렴하여 팀을 선정한다. 팀이 선정되면 각 팀은 자기 팀을 상징하는 이름과 상징을 결정한다. 예를 들어, '민족 태권도', '우리 태권도', '태권도 사랑', '태권 세계'등과 같은 팀 이름을 정할 수 있다.

- **[노트 2]**

    그동안 수련한 돌려차기, 나래차기, 거듭차기 등과 같은 차기 기술을 득점 기술로 발전시키기 위해 포스트를 만들어 도장에 게시한다. 예를 들어, 돌려차기 기술의 핵심 요소를 아래와 같이 파악한 다음 유인물로 배포하거나 포스트를 제작하여 도장에 게시할 수 있다. 주먹지르기, 피하기, 제자리 반격, 태권도 경기규칙, 겨루기 전술 등도 아래의 돌려차기처럼 핵심 요소나 주요 전술을 파악한 다음 유인물을 만들어 배포하거나 포스트를 제작하여 게시할 수 있다.

앞차기 핵심 요소

- 앞축으로 중심을 잡고 대퇴 부위를 빠르게 끌어올린다.
- 하퇴는 발뒤꿈치가 엉덩이에 닿는 느낌으로 빠르고 크게 접는다.
- 앞축을 공격 부위로 회전하면서 체중을 앞쪽으로 던진다.
- 접었던 하체를 가속적으로 튀기며 목표 부위를 찬다.
- 앞축으로 중심을 잡고, 복부에 힘을 주어 찼던 발을 빠르게 접으며 뺀다.

- **노트 3**

사범은 수련생에게 겨루기 선수 외의 역할과 그에 따른 책임을 설명한다. 모든 수련생은 경기에 출전하지 않을 때, 다양한 경기 지원 임무를 수행해야 한다. 각각의 임무를 누가 맡아 수행할 것인지는 팀원끼리 협의하여 결정한다. 각각의 임무를 포스트에 간략하게 정리하여 도장에 게시할 수 있다.

선수 외의 주요 역할

- **주장**: 팀이 공정한 의사결정을 할 수 있도록 돕는다. 팀 보고서를 사범에게 제출한다.
- **부주장**: 주장이 없을 때 주장 역할을 대신한다.
- **기록원**: 각 선수의 승패를 득점과 함께 게시판에 기록한다.
- **주심**: 경기의 시작, 진행, 종료를 규칙과 절차에 따라 운영한다.
- **부심**: 공정한 득점 및 벌칙이 판정될 수 있도록 주심을 지원한다.
- **배심원**: 경기 전반이 원활히 진행되도록 감찰한다.

태권도 교육론

제4부

태권도 평가론

10 평가 이론
11 태권도 평가의 실제

제10장 평가 이론

1. 평가의 목적

태권도 수업이 목표 지향적 활동임에도 불구하고 목표의 성취 여부를 타당하게 평가하고 있는지에 대한 비판이 끊이지 않고 있다. 태권도 교육이 제대로 이루어지기 위해서는 지도와 그 결과에 대한 평가가 타당하게 이루어져야 한다. 태권도 교육에서 사범은 가르친 결과를 타당하게 평가하여 수련생이나 학부모의 특별한 요구가 없더라도 공표해야 한다. 특히, 승급·승단 심사는 더더욱 객관 타당하게 이루어져야 한다. 승급·승단 심사에 대한 객관적이고 타당한 증거를 제시하지 못해 지도자와 수련생 간의 갈등이 유발되고, 심한 경우 사회적 논란마저 불러일으키고 있다.

태권도 사범에게 교육 평가를 소홀히 하는 이유를 물으면 태권도를 가르칠 시간도 부족한데 평가할 시간이 어디 있느냐고 반문할 수 있다. 그러나 사범이 평가를 소홀히 하는 진짜 이유는 아마 성취해야할 수련 결과를 구체적으로 설정하여 제시하지 못하기 때문일 것이다. 수련생에게 어떤 수련 결과를 기대하는지 구체적으로 제시하지 않으면 태권도 수련을 통해 무엇을 배웠는지 확인하는 것이 쉽지 않다. 태권도 교육이 기대하는 성과를 내고 있는지 객관 타당하게 평가하기 위해서는 성취하고자 하는 목표를 구체적으로 설정하고 그와 관련된 객관 타당한 평가가 이루어져야 한다.

2. 평가의 기능

평가는 언제, 어떤 목적으로 실시하느냐에 따라 진단평가, 형성평가, 총괄평가로 분류할 수 있다. 과거에는 주로 교육의 결과를 종합적으로 평가하는데 치중하는 경우가 많았으나 최근에는 수업을 시작하기 전과 수업이 진행되는 동안에도 평가가 이루어지고 있다. 수업을 시작하기 전에 수련생이 갖고 있는 각종 능력의 현재 수준을 분석하기 위해 실시하는 평가를 진단평가라고 한다. 단원이나 수업이 진행되고 있는 동안 수련생이 설정한 학습 목표를 향해 어떻게 나아가고 있는지를 확인하는 평가를 형성평가라고 한다. 그리고 의도한 모든 교육이 종료된 시점에 설정한 학습 목표를 어느 정도 달성했는지를 평가하는 것을 총괄평가라고 한다.

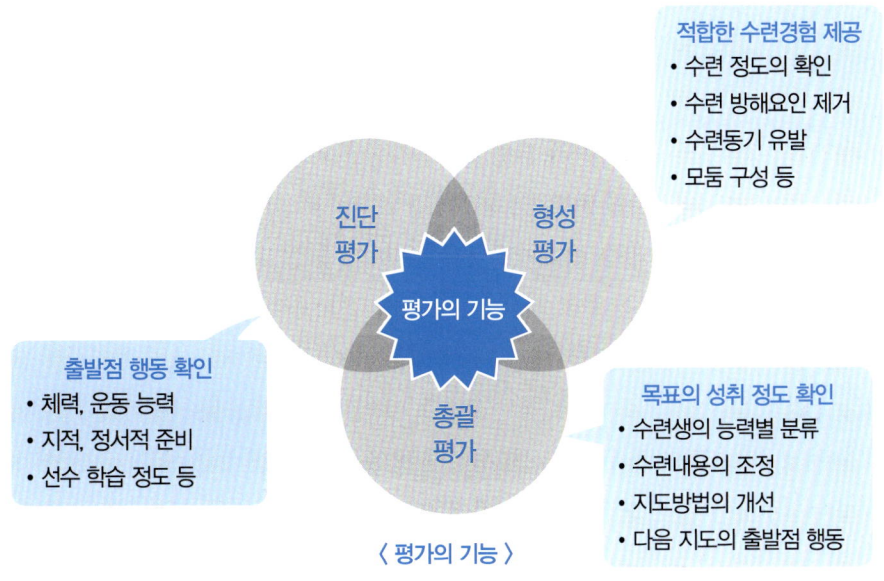

〈 평가의 기능 〉

1) 진단평가의 기능

진단평가는 지도활동을 시작하는 초기에 적합한 지도 전략이나 방법을 찾기 위해 수련생의 기술 수준이나 지적·정의적 발달 정도 등을 확인하는 평가이다. 즉 수련생이 성취하고자 하는 수련 목표를 달성하기 위해 신체적, 지적, 정서적으로 얼마나 준비되어 있는지를 확인하는 평가가 바로 진단평가이다. 진단평가는 수련 목표를 달성하는데 필요한 능력이나 기술 수준을 확인하는 과정인 동시에 지금까지 무엇을 얼마나 습득했는지 묻는 절차이기도 하다. 진단평가는 대부분의 경우 수업을 시작하기 전에 실시하지만 때로는 수업이 진행되는 동안 실시하기도 한다.

　진단평가는 수업을 시작하기 전에 수련이 보다 적합한 조건에서 이루어지도록 수련생의 체력 수준, 운동 능력, 동기 수준 등을 측정하며 세 가지 중요한 역할을 한다. 첫째, 수련을 시작하기 전 수련생의 목표관련 운동 능력이나 체력 수준을 확인한다. 둘째, 수업 중 수련생이 계속 오류를 범할 때 적절한 의사결정을 할 수 있도록 한다. 셋째, 출발점 행동을 진단하여 지도 전략이 극대화 되도록 한다. 또한, 진단평가는 세 가지 중요한 기능을 한다. 첫째, 선행 학습의 오류를 진단하고 이에 대한 교정 기능을 한다. 둘째, 수련생이 진행 중인 수련 과제와 관련된 내용을 얼마나 습득하고 있는지 확인하는 기능을 한다. 셋째, 수련생의 흥미, 성격, 적성, 성취 정도 등에 따른 지도 전략이나 방법을 구상하는 기능을 한다.

2) 형성평가의 기능

　형성평가는 수련이 목표 방향으로 진행되고 있는지 확인하거나 수련 과정을 조정하기 위하여 실시한다. 형성평가는 수업이 진행되는 동안 수련생의 수련 정도를 파악하고, 그와 관련된 문제점을 진단하고 해결하는 기능을 한다. 즉 형성평가는 수련생에게 수련 진행 상황을 알리거나, 수련 방해 요인을 제거하거나, 수련 동기를 유발하는 등의 기능을 한다. 그 밖에 지도 효과를 판단하거나, 모둠을 구성하거나, 현재의 수련 상태를 파악하기 위해서도 형성평가를 한다. 형성평가는 무엇보다 수련생에게 보다 적합한 수련 환경을 제공하기 위해 실시한다.

　형성평가는 수련 과정의 일부로 실행하기도 한다. 예를 들어 '앞차기'를 할 때 핵심 단서를 얼마나 잘 활용하고 있는지 평가하기 위해 '자기 보고서'를 개발하여 차기 능력을 스스로 평가하게 할 수 있다(11장 참조). 그렇게 하면 자신의 차기 능력이 얼마나 향상되고 있는지 쉽게 파악할 수 있을 뿐만 아니라 자신의 수련활동에 대한 반성을 통해서 바람직한 수련하는 방법을 찾기도 한다. 즉 태권도 기술을 반성적으로 사고하며 수련하는 방법을 습득하게 된다.

　태권도 수업은 태권도 수행에 관한 정보를 수집하여 수련생의 욕구나 능력에 맞게 가르치는 것을 의미한다. 그런 의미에서 누군가를 가르치는 행위 자체가 이미 형성

평가를 하고 있다는 의미가 된다. 보통 어떤 수업이 성공적인지 그렇지 않은지는 수업 목표를 얼마나 구체적으로 제시하는지, 수련 과제가 수업 목표를 달성하는데 얼마나 적합한지, 그리고 수련생의 반응을 수업 목표와 관련하여 얼마나 최적화 하는지에 의해 결정된다.

3) 총괄평가의 기능

총괄평가는 수업, 단원, 프로그램 등을 종료하는 시점에 수련생의 성취 수준을 종합적으로 판단하기 위해 실시한다. 수업이나 단원이 진행되는 동안 형성 평가를 통해 수련 진행 상황을 확인할 수 있지만 수업이나 단원이 끝나고 총괄평가를 해야 당초 계획한 수련 목표를 얼마나 달성하였는지 종합적으로 평가할 수 있다. 태권도 수업은 단원의 중요한 부분을 마칠 때마다 목표의 달성 여부를 평가하는 일반 수업과는 달리 승급·승단 기간에 수련해야할 내용을 충실히 수련하였는지 확인하기 위해 총괄평가를 한다. 즉 각 띠별로 설정한 신체적, 지적, 정서적 목표를 어느 정도 달성하였는지 실기 능력, 이론적 지식, 인성 함양 정도 등을 종합적으로 평가하여 승급·승단 여부를 결정하는 총괄 평가를 실시한다.

수련 기간이 종료되는 시점이나 승급 또는 승품·단 심사를 할 때 수련 결과를 종합적으로 평가하면 수련생이 무엇을 얼마나 잘 하는지, 제시한 목표를 어느 정도 달성하였는지 등을 쉽게 확인할 수 있다. 총괄평가로 수집한 자료는 수련 목표의 달성 정도를 확인하거나, 수련 내용을 조정하거나, 지도 방법을 개선하거나, 다음 지도 활동의 출발 행동을 결정하거나, 수련생의 상대적 위치를 확인하는 등 다양한 목적으로 활용할 수 있다. 총괄평가는 형성평가처럼 자주 할 수 없으므로 충분한 시간을 가지고 심동 영역, 인지 영역, 정의 영역 모두에 대해서 종합적으로 평가해야 한다. 총괄평가는 수련생의 성취 정도의 파악은 물론 사범의 지도 능력을 평가하여 전문성을 신장하는 자료로도 활용할 수 있다.

3. 평가의 양호도

어떤 측정이나 관찰 방법으로 수련의 과정이나 성과에 대한 정보를 얻든지 그 정보는 믿을 만해야 한다. 평가는 수련의 과정이나 결과를 타당하게 측정해야 하며, 자료 수집 절차가 믿을 만해야 한다. 즉 수련의 과정과 결과에 대한 평가는 수련 목표와 관련하여 타당하고 신뢰할 수 있어야 한다. 따라서 평가를 실시하는 사범은 측정 도구의 타당도와 신뢰도, 그것을 검증하는 방법 등을 잘 알고 있어야 한다.

1) 평가의 타당도

측정 도구의 타당도란 측정하고자 하는 것을 얼마나 정확하고 적합하게 측정하는지를 판단하는 기준이다. 타당성은 무엇에 대해 타당한지의 여부를 따져야 하므로 측정하고자 하는 것을 얼마나 정확하게 측정하는지를 묻는다. 예를 들어 앞차기, 돌려차기, 옆차기, 내려차기, 지르기 등과 같은 기본 기술로 겨루기 능력을 측정한다고 할 때, 기본 기술에 대한 평가에서 좋은 점수를 받은 수련생이 실제 겨루기에서 좋은 점수를 받지 못한다면 그 테스트는 타당한 평가라고 할 수 없다. 측정 도구의 타당성을 결정하기 위해 자주 활용하는 타당도는 내용 타당도, 준거 타당도, 구인 타당도이다.

▶ 내용 타당도

내용 타당도는 측정의 핵심 요소가 측정하려고 하는 내용을 얼마나 충실하게 반영하는지의 정도이다. 측정 도구나 검사 문항이 측정 내용과 일치하면 내용 타당도가 높은 것으로 인정한다. 예를 들어, 태권도의 기본 차기 능력을 테스트하기 위해 개발한 평정척도가 앞차기, 돌려차기, 옆차기 등과 같은 기술의 구성요인을 충실히 측정하면 내용 타당도가 있다고 할 수 있다. 태권도 수련 목표의 달성 정도를 평가하기 위한 측정 도구를 개발하였다면 그 도구가 계획한 수련 목표를 얼마나 충실하게 측정하는 도구인지를 판단하는 것이 중요한 준거가 되어야 한다.

측정 도구의 내용 타당도를 높이기 위해서는 다음과 같은 사항을 철저히 확인해야 한다. 첫째, 모든 검사 항목이나 측정 도구의 핵심 요소가 측정하고자 하는 내용 영역의 범위를 벗어나지 않도록 해야 한다. 둘째, 검사 문항이나 측정 요소가 측정하고자 하는 내용 영역의 특성을 충실히 대표해야 한다. 셋째, 검사 문항이나 측정 요소가 내용 영역의 특성을 일반화시킬 수 있을 정도로 충분히 포괄적이어야 한다. 넷째,

검사 문항이나 측정 요소가 측정 대상의 특성이나 수준에 적합해야 한다. 다섯째, 검사 문항이나 측정 요소가 측정하고자 하는 내용을 측정하는데 적합한지 전문가의 판단을 받아야 한다.

▶ 준거 타당도

준거 타당도는 한 가지 테스트에서 얻은 측정 결과가 다른 테스트에서 얻은 측정 결과와 일치하는 정도를 말한다. 준거 타당도를 인정받기 위해서는 한 가지 테스트에서 잘 하는 수련생은 같은 내용을 측정하는 다른 테스트에서도 잘해야 하며, 한 가지 테스트에서 서툰 수련생은 다른 테스트에서도 서툴러야 한다. 준거 타당도는 보통 예측 타당도와 공인 타당도로 구분한다. 예측 타당도는 측정 결과가 미래의 행동을 정확하게 예측할 수 있는 정도를 나타내는 타당 지수이다. 예측 타당도는 타당한 정도를 판단하는 준거가 미래에 있으므로 일정 시간이 지나야 예측 타당도를 측정할 수 있다. 예를 들어, 순발력과 민첩성이 좋은 선수가 태권도 선수로 성공할 가능성이 높다면 순발력과 민첩성 테스트에서 높은 점수를 받은 선수가 태권도 시합에서 우수한 성적을 보여야 예측 타당도가 높다고 할 수 있다. 즉 예측 타당도는 한 시점의 측정 점수와 일정 시간이 경과된 후의 준거 변인 간의 상관관계로 추정할 수 있으며, 상관관계가 높을수록 예측력이 커진다.

공인 타당도는 측정 결과가 이미 타당성을 인정받고 있는 다른 검사결과와 일치하는 정도로 타당도를 추정한다. 예측 타당도는 미래의 행동을 얼마나 정확하게 예측할 수 있는지를 검증하는 반면, 공인 타당도는 현재의 두 검사 결과나 측정 결과 간의 상관관계로 파악한다. 다만, 비교 대상이 되는 검사 결과나 측정 결과는 이미 타당성을 인정받고 있는 검사 결과나 측정 결과여야 한다. 즉 이미 타당성이 입증된 검사 결과와 새로 얻은 검사 결과 간에 상관관계가 얼마나 높은지를 보고 타당성의 정도를 파악한다. 예를 들어, 태권도 사범이 수련생의 인성 함양 정도를 파악하기 위해 '태권도 인성 검사지'를 개발하였다면, 그 인성검사지가 수련생의 인성을 얼마나 충실하게 검사하는지 이미 타당성을 인정받은 '미네소타 다면적 인성 검사지'등과 비교하여 새로 개발한 '태권도 인성 검사지'의 타당성을 인정받게 된다.

▶ 구인 타당도

구인 타당도는 어떤 검사 도구가 직접 관찰하거나 측정할 수 없는 특성을 얼마나 정확하게 예측할 수 있는지를 검증한다. 정확한 돌려차기의 횟수와 같은 행동은 쉽게 측정할 수 있지만 태권도 정신과 같은 개념은 직접 측정하는 것이 쉽지 않다. 이런 경우 태권도 정신을 조작적으로 정의내리고, 그 정의를 기준으로 태권도 정신을 구성하는 요인을 얼마나 정확하게 측정하는지를 밝히는 것이 구인 타당도이다. 즉 수련생의 태권도 정신을 측정할 때, 그것은 극기, 조화, 홍익이라는 요인으로 구성되어 있다는 전제하에 문항을 개발하여 태권도 정신을 측정하였다면 그 측정 도구가 태권도 정신을 구성하는 극기, 조화, 홍익이라는 요인을 얼마나 정확하게 측정하는지 확인하는 타당도 검사이다. 개발한 측정 도구가 태권도 정신의 구성 요인인 극기, 조화, 홍익을 정확하게 측정하면 그 도구는 태권도 정신을 측정하는데 적합한 도구이다.

구인 타당도를 결정하는 방법에는 '집단 간 차이검증 방법'과 '집단 간 상관관계 이용방법'이 있다. 예를 들어, 태권도 정신을 측정하기 위해 '태권도 인성 검사지'를 개발하여 품새 선수와 겨루기 선수에게 적용하여 얻는 점수를 서로 비교하여 타당성을 검사하는 것을 '집단 간 차이 검증 방법'이라고 한다. 두 선수 집단을 비교, 분석한 결과 품새 선수가 겨루기 선수보다 높은 점수를 얻었다면 그 '태권도 인성 검사지'는 품새 선수의 인성을 측정하는데 더 적합한 검사 도구라고 할 수 있다. '집단 간 상관관계 이용방법'은 '수렴 타당도'와 '판별 타당도'로 구분할 수 있다. '수렴 타당도'는 동일한 요인을 측정하는 검사도구들 간에 상관이 높을수록 검사의 타당성이 높다. 예를 들어, '자율 미트 빨리 차기' 측정 도구와 '신호 자극-반응 발차기' 측정 도구를 개발해 태권도 선수의 순발력을 측정한 결과, 태권도 선수가 두 측정 도구에서 얻은 점수의 상관관계가 높게 나타나면 그 측정 도구는 태권도 선수의 순발력을 측정하는데 적합한 측정 도구라고 할 수 있다. 그에 반해 '판별 타당도'는 서로 다른 요인을 측정하는 검사들 간에 상관이 낮을수록 검사의 타당성이 높다는 것을 확인하는 타당도 검사 방법이다. 예를 들어, 태권도 선수의 순발력을 측정하는 '신호 자극-반응 발차기' 검사와 태권도 선수의 무산소 운동 능력을 측정하는 '30초 미트 차기' 검사의 상관관계는 낮을수록 판별 타당도가 높다고 할 수 있다.

2) 평가의 신뢰도

신뢰할 수 있는 사람은 늘 일관된 태도나 행동을 보이는 예측 가능한 사람이다. 항상 일관된 측정 결과를 도출할 수 있는 측정 도구가 있다면 그것 역시 신뢰성이 있는 도구라고 할 수 있다. 다시 말해 신뢰성이 높은 측정 도구는 측정 오류 또는 관찰 값 오류가 적은 관찰 도구이다. 관찰 값 오류란 측정 대상에 대한 참 값과 관찰 값 간의 차이로 정의할 수 있다. 참 값은 측정에서 오류가 없을 때 얻을 수 있는 완전한 기댓값이고, 관찰 값은 측정 도구로 측정한 값이다. 사실, 참 값은 항상 변하지 않기 때문에 결국 어떤 측정 도구의 신뢰도는 측정 오류가 얼마 크거나 작은지에 의해 결정된다. 문제는 기댓값인 참 값은 실제로 측정 가능한 값이 아니기 때문에 현실적으로 파악할 방법이 없다는 것이다. 따라서 실용적 가치가 있는 검사-재검사, 동형 검사, 내적 일관성 등으로 신뢰도를 측정하고 있다. 신뢰도는 결국 측정상의 오차가 얼마나 적은지를 확인하는 과정이다. 신뢰도를 검증하는 방법은 '0'에서 '1'까지의 범위로 표현되는 상관계수로 산출하며, 대개 0.8 이상이면 신뢰할만한 측정 도구로 인정한다.

▶ 검사-재검사 신뢰도

'검사-재검사 신뢰도'는 일정 기간을 두고 같은 집단을 두 번 측정하여 두 측정치 간의 일치 정도로 신뢰도를 확인한다. 두 측정치가 완전히 일치하면 상관계수 '1'로 그 평가도구는 신뢰성이 매우 높은 평가도구로 인정된다. 예를 들어, 태권도 수련생의 순발력을 테스트하는 '신호 자극-반응 발차기' 측정 도구를 개발하기 위해 20명의 수련생을 2주 간격으로 측정하여 상관계수를 구한 결과 0.85로 산출되었다면 그 측정 도구는 태권도 수련생의 순발력을 측정하는데 적합한 도구로 인정할 수 있다.

이 신뢰도 추정 방법은 두 검사 시기간의 간격이 너무 클 때 학습이나 망각이 작용하여 신뢰도가 실제보다 낮게 나올 수 있는 문제점이 있다. 또한, 두 검사 시기 사이에 일어날 수 있는 학습이나 망각과 같은 간섭 변인$^{confounding\ variable}$을 최소화하기 위해 검사 직후에 재검사를 실시하면 피험자가 검사 과정에서 학습한 것을 반복할 가능성이 높으며, 그로 인해 신뢰도가 높게 나올 수 있는 문제점이 있다. 즉 '검사-재검사' 사이의 간격에 따라 신뢰도가 과대 또는 과소평가될 수 있다. 따라서 '검사-

재검사' 신뢰도 추정은 검사의 목적, 내용, 조건, 효과 등을 고려하여 1~2주 간격을 두고 실시하는 것이 좋다.

▶ 동형 검사 신뢰도

동형 검사 신뢰도는 서로 다른 두 개의 비슷한 검사 도구를 개발한 뒤 그것을 같은 피험자에게 각각 다른 시기에 실시하여 얻은 점수 간의 상관계수를 산출하여 검증하는 방법이다. 두 개의 비슷한 검사 도구를 비교하여 신뢰도를 측정하므로 '동형 검사'라 부른다. '동형 검사'이므로 두 검사 도구 간에 문항 수, 문항의 내용 및 난이 수준 등이 유사해야 한다. 이 신뢰도 추정 방법은 '검사–재검사' 사이에 일어날 수 있는 연습 효과, 기억 효과, 망각 효과 등의 영향을 최소화할 수 있지만 동질의 검사 도구를 제작하는 것이 쉽지 않은 문제점이 있다. 동형 검사 신뢰도 측정 방법의 또 다른 문제점은 측정 대상 피험자의 능력과 무관하게 어느 한 쪽의 검사에서 더 좋은 점수를 받을 가능성이 높다는 것이다.

▶ 내적 일관성 신뢰도

내적 일관성 신뢰도는 하나의 측정 도구를 구성하고 있는 문항들 간의 일관성을 측정하여 신뢰도를 추정하는 방법이다. '검사–재검사 신뢰도'가 전후 검사의 시차에 따른 안정성으로 신뢰도를 측정한다면 내적 일관성 신뢰도는 문항 간의 관련성이 얼마나 높은지를 밝힘으로써 신뢰도를 추정한다. 내적 일관성 신뢰도는 동일한 개인이나 집단에 대해 같은 검사를 두 번 실시해야 하는 번거로움을 피하고 한 번 조사한 자료로 신뢰도를 추정할 수 있다. 내적 일관성 신뢰도는 검사 도구를 구성하는 각 문항을 하나의 독립된 검사 도구로 생각하고 검사 문항들 간의 일관성 정도를 추정하는 방법이다. 이 신뢰도 추정 방법은 주로 크론바흐 알파$^{cronbach\ \alpha}$라는 통계량을 사용하며, 0.60~0.70 이상이면 문항 간 내적 일관성이 있는 것으로 판단하고 개발한 검사 도구를 사용한다. 만약 특정 문항이 다른 문항과 비교하여 연관성이 너무 낮을 경우 내적 일관성을 높이기 위해 그 문항을 제거할 수 있다.

4. 평정 체제

평정 체제는 측정하고자 하는 특성을 특정 기준에 따라 판단하거나 비교하는 방법이다. 평정은 다양한 방법으로 이루어질 수 있지만 제작의 편의성이나 결과의 통계 처리 등을 고려하여 평정 대상 행동을 숫자로 표현하는 것이 가장 일반적이다. 평정은 사용 의도나 목적에 따라 한 수련생을 다른 수련생과 비교하거나, 설정된 기준과 비교하거나, 적성과 비교하거나, 노력의 성과를 비교하거나, 향상 정도를 비교하는 등 다양한 방식으로 할 수 있다.

▶ **다른 대상과의 비교**

검사 결과를 정상분포 곡선에 따라 일정 비율은 매우 우수, 일정 비율은 매우 미흡, 일정 비율은 보통 등과 같이 평점을 부여하는 평정을 할 수 있다. 이 평정 체제는 자신의 성취도와 다른 수련생의 성취 정도를 비교하여 자신의 성취 정도를 상대적으로 파악할 수 있게 한다. 이러한 평정 체제는 정상 분포에 따라 간단하게 평점을 부여하는 장점이 있다. 예를 들어, 태권도를 시작하기 전에 각 수련생의 운동 능력을 진단 평가한 결과, 수준이 비슷하였다면 각 수련생이 받은 평점을 서로 비교함으로써 각 수련생의 향상 정도와 태권도 수련 능력을 비교 파악할 수 있다.

▶ **설정 기준과의 비교**

설정 기준과의 비교는 태권도 전문기관이나 사범이 설정한 평가 기준과 비교하여 수련생이 그 기준을 통과하거나 통과하지 못하는지를 알 수 있는 평정 체제이다. 이 평정 체제는 자신의 성취도를 다른 수련생의 성취도와 비교하여 평가하기보다 자신이 설정한 성취 기준의 여부를 따지는 것이 더 중요하다. 이러한 평정 체제에서는 다른 사람의 노력 정도와 무관하게 자신이 얼마나 열심히 노력하였는지에 따라 높은 평점을 받거나 낮은 평점을 받을 수 있다. 예를 들어, 태권도의 승급이나 승품·단 심사에서 다른 수련생의 성취 정도와 관계없이 태권도 기관이나 사범이 설정한 기준을 통과하면 승급이나 승품·단을 하고 통과하지 못하면 재심사를 치러야 한다. 즉 국기원이나 각 도장이 설정한 단급의 기준을 통과하면 모든 수련생이 승급이나 승품·단을 하지만, 그 기준을 통과하지 못하면 아무도 승급이나 승품·단을 하지 못한다. 이 평정 체제의 단점은 수련생의 신체적, 인지적, 정의적 특성을 고려하여 각 단급의 성취 기준을 설정하는 것이 쉽지 않다는 것이다. 국기원과 같은 공인 기관이 단급의 성취 기준을 개발, 보급하거나 현장 사범들이 협의체를 구성하여 성취 기준을 개발한 다음 타당성을 검증받는 노력이 필요하다.

▶ 적성과의 비교

운동 적성은 운동 능력 또는 운동 잠재력의 또 다른 이름이다. 이 평정 체제는 한 수련생을 다른 수련생과 비교하거나 설정한 목표의 성취 여부를 평가하는 것이 아니라 각 수련생의 성취 결과가 자신의 운동 능력이나 잠재력에 얼마나 접근하였는지를 평가하는 평정 체제이다. 이 평정 체제에서는 운동 적성이나 잠재력이 있는 수련생이 높은 성취도를 보이면 높은 평점을 받지만 운동 잠재력에 비해 낮은 성취도를 보이면 다른 수련생보다 성취도가 높더라도 낮은 평점을 받게 된다. 운동 적성이나 잠재력이 보통인 수련생이 자신의 운동 적성이나 잠재력에 비해 높은 성취도를 보이면 운동 적성이나 잠재력이 높은 수련생만큼의 성취도를 보이지 않더라도 높은 평점을 받을 수 있다. 이 평정 체제를 도입하면 한 수련생을 다른 수련생과 운동 잠재력을 고려하지 않고 무리하게 비교하거나 설정한 기준을 무리하게 성취하는 과정에서 파생되는 문제점을 피할 수 있다. 이와 같은 평가 체제를 도입하면 주어진 기간 내에 모든 수련생을 승급·단 시키려는 무리수를 두는 대신 수련생 각자의 운동 잠재력을 극대화하는 방향으로 지도하는 여유를 가질 수 있다.

▶ 노력과의 비교

성취 정도를 노력 정도와 비교, 평가하는 평정 체제는 '적성과의 비교' 평정 체제와 비슷하다고 할 수 있다. 이 평정 체제에서는 성취 결과 못지않게 노력 자체를 중요하게 평가한다. 이 평정 체제는 보통 정도의 성취를 했지만 많은 노력을 기울인 수련생은 높은 평가를 받는 반면, 보통 정도의 성취를 했지만 크게 노력하지 않은 수련생은 낮은 평가를 받게 된다. 이처럼 노력 정도에 따라 평가하면 수련 속도가 느리거나 동기 부여가 부족한 수련생에게 동기를 부여하고 과제 집중력을 높일 수 있다. 그러나 노력은 매우 주관적이므로 객관화 하는데 어려움이 있을 뿐만 아니라 자칫 수련 속도가 느린 수련생을 관대하게 보아야 하는 것으로 오해하여 내적 동기를 약화시킬 수 있다. 따라서 이와 같은 평정 체제를 활용할 때에는 수련생의 특성이나 성향을 잘 파악하여 사용해야 한다.

▶ **향상도와의 비교**

'향상도와의 비교'는 수련을 시작할 때보다 얼마나 향상되었는지를 비교하여 평가하는 평정 체제이다. 이 평정 체제는 수련을 시작하여 종료할 때까지 어느 정도의 향상이 있었는지를 평가하는 평정 체제로서 수련의 시작 시점과 종료 시점 사이에 가장 많은 향상을 보인 수련생을 가장 높게 평가한다. 이 평정 체제로 평가하게 되면 수련을 시작할 때 이미 운동 수준이 높은 수련생에게 수련 동기를 부여하는데 어려움이 있을 수 있다. 이 평정 체제는 운동 수행 능력이 별로 높지 않은 아동이나 여성에게 적용하기에 적합한 평정 체제이다.

5. 평가 기준

수련생을 측정하거나 검사하여 얻은 점수만으로는 의미 있는 해석을 할 수 없다. 태권도 선수가 순발력 테스트에서 30점을 얻었다는 사실 자체만으로는 아무런 의미가 없다. 그 점수가 절대적으로 높은 점수인지, 다른 수련생과 비교하여 상대적으로 높은 점수인지 알 수 없기 때문이다. 수련생 각자가 얻은 점수를 다른 무언가에 비추어 보아야 그것이 갖는 의미를 파악할 수 있다. 이때 자신의 현재 운동 수준을 다른 수련생의 운동 수준과 비교하여 그것이 갖는 의미를 파악하는 것을 '규준지향평가'라고 하며, 본래 의도했던 목표 또는 준거를 어느 정도 달성하였는지 판단하는 것을 '준거지향평가'라고 한다.

1) 규준지향평가

규준지향평가$^{norm-referenced\ evaluation}$는 수련생에 대한 평가 결과를 그가 속한 규준집단 또는 비교 집단에 비추어 상대적인 위치나 서열을 밝히는 평가방법이다. 특정 수련생의 운동 수준을 그가 속한 집단의 전형적인 운동 수준과 상대적으로 비교하여 평가하기 때문에 규준참조평가 또는 상대비교평가라고도 한다. 수련생이 설정한 수련 목표를 얼마나 달성하였는지에 대한 관심보다 함께 수련한 다른 수련생보다 얼마나 많거나 적게 성취하였는지에 더 큰 관심이 있는 평가이다. 전체 수련생의 20%는 매우 우수, 35%는 우수, 그 다음 35%는 보통, 가장 하위수준의 10%는 미흡 등으로 평가할 때 자신이 어느 범위에 속하는지를 알면 다른 수련생과 비교하여 얼마나 잘 하거나 못하는지 판단할 수 있다. 상위 20%에 속하면 80%의 다른 수련생보다 잘 한다고 판단하고, 하위 10%에 속하면 90%의 수련생이 자기보다 잘 한다고 판단할 수 있다.

규준지향평가는 가장 많은 피검자가 평균 점수에 모여 좌우대칭을 이루는 정규분포곡선일 때 주로 사용한다. 규준지향평가는 선발 교육관에 바탕을 두고 있어 개인차를 당연한 것으로 받아들이고 우수한 사람과 열등한 사람을 구분하여 경쟁을 통한 발전을 기대한다. 그러나 규준지향평가가 갖는 단점도 있다. 설정한 목표를 달성한 수련생일지라도 전체 집단의 점수 분포에 따라 열등한 수련생으로 평가될 수 있기 때문이다. 수련 능력에 따른 성패가 아닌 동료 수련생의 성취 정도에 의해 자신의 위치가 결정되기 때문에 인지적·정서적·신체적 변화라는 교육의 본질을 왜곡할 수 있다. 또한, 의도했던 목표의 달성 여부와 상관없이 상대적인 성취도만을 평가하므로 수련생 간의 경쟁심을 유발하여 인성 교육을 저해할 수 있다.

2) 준거지향평가

준거지향평가$^{criterion-referenced\ evaluation}$는 사전에 설정한 수준이나 목표를 얼마나 숙달 또는 성취하였는지를 밝히는 평가방법이다. 사전에 설정한 기준이나 성취기준에 비추어 얼마나 달성했는지를 평가하므로 준거참조평가 또는 절대비교평가라고도 한다. 준거지향평가를 '절대비교평가'라고 하는 것은 각 수련생이 얻은 점수는 다른 수련생과의 상대적 비교가 아니라 사전에 설정한 준거 또는 기준에 비추어본 '절대적' 수행 수준이기 때문이다. 태권도 도장과 같은 교육장면에서는 해석할 준거가 주로 수련 목표이기 때문에 준거지향평가를 '목표지향평가'라고도 한다. 목표지향평가에서는 수업 목표가 하나인 경우는 목표의 도달 여부를, 수업 목표가 여러 개인 경우는 분할 점수의 도달 여부를 가지고 성취 여부를 판단한다. 예를 들어, 태권도 8급 승급 심사에서 기본 동작 20점, 품새 20점, 겨루기 20점, 이론 20점, 인성 20점을 배정한 100점 만점에서 70점 이상이면 승급할 수 있도록 기준을 설정하거나 각 평가 영역별 20점 만점에서 15점 이상을 받고 총 75점 이상이면 승급하도록 '분할 점수' 기준을 설정할 수 있다. 준거지향평가 또한 단점이 없는 것은 아니다. 무엇을 얼마나 할 수 있거나 알아야 하는지에 대한 준거를 정하는 것이 쉽지 않다는 것이다. 타당한 성취 기준을 설정하기 위해서는 전문성이 요구되므로 태권도에 대한 전문성을 갖춘 사람이 신중히 결정해야 한다. 따라서 국기원과 같은 인정된 기관이 수준별 성취 기준을 설정하여 제시할 필요가 있다.

준거지향평가는 수련생을 '우수자'와 '열등자'로 분류하지 않기 때문에 다른 수련생의 수행 수준과 관계없이 각 수련생에게 적합한 지도를 할 수 있다. 이처럼 준거지향평가는 상대적으로 얼마나 잘하거나 못하였는지를 판단하는 대신 수련한 내용 중 어떤 부분을 얼마나 달성했는지 파악하는데 초점을 둔다. 준거지향평가는 각 수련생에게 적합한 수련 기회를 제공하면 모든 수련생이 주어진 수련 목표에 도달할 수 있다는 관점을 갖고 있다. 준거지향평가에서는 각자의 노력에 따라 모두가 성공할 수 있기 때문에 협동심을 기르거나, 수련생의 동기를 유발하거나, 고등정신능력을 배양하는데 적합한 평가 방식이라고 할 수 있다.

제11장 태권도 평가의 실제

 태권도 수업은 목표 지향적 활동이므로 목표의 성취 여부에 대한 타당한 평가가 이루어져야 한다. 그러나 태권도 교육 현실을 보면 목표의 성취 여부와 관련된 객관적이고 타당한 평가가 이루지지 않는 경우를 자주 발견할 수 있다. 각 띠별로 어떤 내용을 어느 수준까지 숙달하거나 익혀야 하는지에 대한 뚜렷한 기준이 없을 뿐만 아니라 성취나 숙달 여부를 확인할 수 있는 자료 수집 방법에 익숙하지 않아 평가에 주저하고 있다. 태권도 사범이 주로 사용하는 평가 기법은 운동수행능력을 평가하는 기능 테스트와 태권도에 대한 지적 능력을 판단하는 지필 테스트이다. 사범들이 자주 사용하는 기능 테스트 외에 태권도 수행 능력의 다양한 차원을 평가할 수 있고, 정의적 영역에 대한 평가도 가능한 쉬운 평가기법들이 있다. 태권도 교육에 대한 평가 기법에는 크게 두 가지, 즉 '전통적인 평가 기법'과 '체계적인 관찰 평가 기법'이 있다.

1. 전통적 평가 기법

 관찰은 교육 현장에서 자주 사용하는 평가 방법이다. 관찰은 크게 전통적 관찰과 체계적 관찰로 구분할 수 있다. 체계적 관찰은 태권도 지도나 수련 과정을 수련 결과와 관련지어 평가하는 기법이고, 전통적인 관찰은 태권도 수련 과정이나 성과 자체를 평가하며 사용의 편의성 때문에 현장에서 자주 사용하는 평가 기법이다. 이 절에서는 전통적인 평가 방법 가운데 태권도 교육을 이해하거나 평가하는데 도움이 되는 직관적 관찰, 체크리스트, 평정 척도, 루브릭, 지필 테스트 등의 특징과 장단점을 이해하고, 간단한 자료 수집 방법을 파악하게 될 것이다.

1) 직관적 판단

직관적 판단$^{intuitive\ judgement}$은 수업의 어떤 부분이나 차원을 관찰하겠다는 구체적인 준비나 계획 없이 사범의 지도 활동을 주관적으로 판단하는 평가 방법이다. 직관적 판단은 개념 자체가 의미하듯이 구체적인 자료나 정보에 근거하여 태권도 수업을 평가하는 것이 아니라 어떤 사범의 지도 활동이나 태권도 수업 전반에 대한 주관적인 느낌으로 수업을 평가하는 것을 말한다. 예를 들어, 태권도 교육 전문가나 통찰력 있는 사범이 다른 사범이 수업하는 것을 지켜보고 그의 수업 전반에 대해 "수업이 원활하게 잘 진행되는군", "수련생이 알아듣도록 설명할 필요가 있어", "사범이 열정이 있어"등과 같은 판단이나 평가를 하는 경우이다.

'직관적 판단'에 의한 평가가 구체적인 자료나 객관적 정보의 지지를 받지 않는 주관적인 판단에 의한 평가임에도 불구하고 현장에서 자주 활용되는 것은 수업의 개선점을 쉽게 파악할 수 있고, 구체적인 대상이나 상황에 얽매이지 않고 수업 전반을 편리하게 관찰할 수 있으며, 특별한 사전 훈련 없이도 쉽게 사용할 수 있는 수업 평가 방법이기 때문이다. 이 수업 평가 방법은 수업에서 일어나고 있는 모든 행동이나 사건을 아무런 제약 없이 관찰, 평가할 수 있는 장점이 있다. 즉 미리 정해진 행동이나 사건 또는 상황만을 관찰하는 체계적 관찰과는 달리 수업 전반을 아무런 제한 없이 관찰할 수 있어 예측하지 못한 소중한 지도 활동이나 수련 활동에 관한 정보를 수집할 수 있다.

2) 체크리스트

체크리스트^{checklist}는 어떤 사건이나 행동의 발생 여부를 신속하게 확인할 필요가 있을 때 자주 사용하는 평가방법이다. 체크리스트는 어떤 행동의 발생 여부에 따라 '예'또는 '아니오'로 기록하지만 '예'와 '아니오'사이에 '가끔'이나 '때때로'와 같은 반응을 할 수 있도록 개발할 수도 있다. 예를 들어, 수련생의 앞차기 능력을 평가할 때, 잘하면 '우수', 못하면 '미흡', 우수와 미흡의 중간이면 '보통'으로 기록하는 3단계 체크리스트를 개발하여 평가에 활용할 수 있다.

　체크리스트는 출석을 점검하는 것과 같이 어떤 행동의 발생 여부(출석 또는 결석)에 관한 간단한 자료를 수집하는 도구로 인식되어 활용 능력을 제대로 인정받지 못하고 있다. 체크리스트는 세부 항목을 잘 개발하여 구체적으로 정의하면 태권도 기술뿐만 아니라 태권도 인성 등에 관한 자료를 수집하여 신뢰성 있게 평가할 수 있는 도구이다. 아래 '체크리스트의 예'에서 알 수 있듯이 태권도 기본 동작에 관한 체크리스트를 핵심 요소 중심으로 개발하여 사용하면 수련생의 장단점을 쉽게 파악할 수 있다. 이 수련생의 경우 다른 동작은 대체로 잘 하고 있지만, '막는 팔', '어깨 회전', '무릎 펴기'는 수련이 더 필요하다는 것을 쉽게 알 수 있다.

　체크리스트를 사용하여 얻은 정보는 수련생의 운동 능력에 적합한 지도 계획을 세우는 데에도 유용하게 활용할 수 있다. 이 수련생의 경우 '막는 팔', '어깨 회전', '무릎 펴기'등이 잘 안 되고 있으므로 그 부분을 집중적으로 지도할 계획을 세워야 한다. 체크리스트는 도장에서 기대되는 사회적 행동에 관한 자료를 수집하는 데에도 유용하게 사용할 수 있다. 아래 '체크리스트의 예'에서 알 수 있듯이 태권도 도장에서 기대되는 사회적 행동을 세부 항목으로 개발하여 관련 행동을 할 때마다 잘 하면 'ㅇ' 잘못하면 '×'를 기록하여 인성 평가 자료로 활용할 수 있다.

〈 기본동작 및 인성 평가지 〉

- **심동 영역: 앞굽이 아래막기**
    - ㅇ　　앞뒷발의 거리는 한보 반인가?
    - ㅇ　　왼발과 오른발의 간격은 한 발인가?
    - ㅇ　　앞무릎의 각도는 160도 내외로 유지하는가?
    - ×　　뒷무릎은 곧게 펴는가?
    - ㅇ　　시선은 15도 위쪽을 보는가?
    - ㅇ　　막는 팔의 세운 주먹이 반대편 어깨 위에 위치하는가?
    - ㅇ　　두 손등이 마주 보도록 교차하는가?
    - ×　　몸통을 당기는 팔 방향으로 15도 회전하는가?
    - ㅇ　　막는 팔은 앞발의 대퇴 외측부까지 가속적으로 막는가?
    - ×　　당기는 팔의 손목관절이 장골능에 위치하도록 당기는가?

- **정의 영역: 수련 및 사회적 행동**

○	사범의 설명을 경청하는가?
○	사범의 지시에 따라 수련하는가?
×	사범의 수련 정보를 적극적으로 활용하는가?
○	다른 수련생과 협력하며 수련하는가?
×	다른 수련생을 배려하는가?
×	시간을 잘 지키는가?
○	도장 예절을 잘 지키는가?
×	도장의 루틴을 잘 따르는가?
○	도장의 규칙을 잘 지키는가?
○	태권도 장비와 용구를 잘 정리하는가?

    ※ 행동이나 반응이 일어나면 'o' 일어나지 않으면 '×'를 해당 세부 항목에 기록한다.

3) 평정 척도

평정 척도$^{rating\ scale}$는 당초 '아름다운', '좋은', '세련된' 등과 같은 미적 판단을 하기 위해 개발한 도구였으나 교육 현장에 도입되면서 행동의 적절성, 운동기능의 향상 정도, 운동 기능의 형태적 특성, 반응의 창의성 등에 관한 자료를 수집하는데 자주 활용되고 있다. 평정 척도는 수련 과정에서 발생하는 사건, 행동, 특징 등을 '항상', '가끔', '결코'등이나 '우수', '보통', '미흡'등의 질적 판단을 한 다음 각각에 대해 '3점', '2점', '1점' 등의 수치를 부여하는 평가 방법이다.

평정 척도는 '예'와 '아니오'나 '우수', '보통', '미흡'등과 같이 행동의 발생 여부나 질적 판단을 하는 체크리스트와 달리 어떤 사건이나 행동을 질적으로 판단한 다음 '3', '2', '1' 등과 같은 수치를 부여하기 때문에 수집한 자료를 다른 자료와 비교하여 추가정보를 얻을 수 있는 장점이 있다. 예를 들어, 아래 평정 척도의 예에서 '가' 수련생은 30점 만점에서 21점을 받고 '나' 수련생은 18점을 받았다면 '가' 수련생은 '나' 수련생보다 3점만큼 잘 했다고 할 수 있다. 또한, 30점 만점에서 20점 이상 받으면 '앞굽이 아래막기' 테스트를 통과한다는 수련 목표를 미리 설정하고 그 달성 여부를 평가할 수 있다. 정의적 영역의 경우 석 달 동안 수련하면서 30점 만점에서 20

점 이상 받아야 승급 심사를 신청할 수 있도록 기준을 정하고, 그에 따른 평가를 할 수 있다.

평정 척도는 선택점이 많을수록 사건이나 행동을 보다 정확하게 측정할 수 있다. 그러나 선택점이 너무 많으면 선택점간의 미묘한 차이를 변별하는 것이 쉽지 않아 자료의 신뢰성을 떨어뜨릴 수 있다. 결국, 신뢰성은 높지만 부정확한 정보를 얻을 것인지, 정확하지만 신뢰성이 낮은 정보를 선택할 것인지는 수집할 자료의 성격이나 관찰 의도에 따라 다른 결정을 내릴 수 있다. 일반적으로 교육 현장에서 자주 사용하는 평정 척도는 3단계, 5단계, 7단계 평정 척도이다.

평정 척도는 쉽게 개발하여 편리하게 사용할 수 있는 측정 도구지만 관찰자의 질적 판단을 양적 수치로 표현하므로 타당성이나 신뢰성이 높은 자료라고는 할 수 없다. 예를 들어, 수련생이 사범이 제시한 과제에 얼마나 적극적으로 참여하는지를 평가한다고 할 때, 얼마나 적극적으로 참여하는지를 정확하게 구분하여 기록하는 것이 쉽지 않다. 따라서 평정 척도를 개발할 때에는 각 단계를 구체적으로 정의하고 명확한 구분 기준을 설정하는 것이 무엇보다 중요하다.

평정 척도는 다른 관찰 도구로 수집하기 어려운 행동의 질적 차원에 관한 자료를 수집할 수 있는 유용한 도구이지만, 신중하게 사용하지 않으면 심각한 문제를 야기할 수 있다. 관찰하고자 하는 행동을 구체적으로 정의하지 않거나, 각 선택점(우수: 3점, 보통: 2점, 미흡: 1점 등)의 정의를 충분히 숙지하지 않거나, 관찰에 필요한 훈련을 받지 않고 자료를 수집하면 어떤 사건이나 행동의 질적 특징을 부정확하게 수치화시켜 의미 없는 자료를 수집할 수 있다. 따라서 평정 척도는 그에 적합한 관찰 대상 행동을 선정하여 구체적으로 정의한 다음 정확하게 숙지하고 충분히 연습한 후 신중하게 사용해야 한다.

〈 기본동작 및 인성 평가지 〉

- **심동 영역: 앞굽이 아래막기**
    - __3__ 앞뒷발의 거리는 한보 반인가?
    - __3__ 왼발과 오른발의 간격은 한 발인가?
    - __3__ 앞무릎의 각도는 160도 내외로 유지하는가?

__1__	뒷무릎은 곧게 펴는가?	
__1__	시선은 15도 위쪽을 보는가?	
__2__	막는 팔의 세운 주먹이 반대편 어깨 위에 위치하는가?	
__2__	두 손등이 마주 보도록 교차하는가?	
__3__	몸통을 당기는 팔 방향으로 15도 회전하는가?	
__1__	막는 팔은 앞발의 대퇴 외측부까지 가속적으로 막는가?	
__2__	당기는 팔의 손목관절이 장골능에 위치하도록 당기는가?	

21/30

- **정의 영역: 사회적 행동**

__2__	사범의 설명을 경청하는가?
__3__	사범의 지시에 따라 수련하는가?
__1__	사범의 수련 정보를 적극적으로 활용하는가?
__3__	다른 수련생과 협력하며 수련하는가?
__1__	다른 수련생을 배려하는가?
__1__	시간을 잘 지키는가?
__3__	도장 예절을 잘 지키는가?
__1__	도장의 루틴을 잘 따르는가?
__3__	도장의 규칙을 잘 지키는가?
__2__	태권도 장비와 용구를 잘 정리하는가?

※ 심동 영역: 우수는 3점, 보통은 2점, 미흡은 1점을 기록한다.
　정의 영역: 바람직한 행동은 3점, 바람직하지 않은 행동은 1점, 그 중간은 2점을 기록한다.

〈 2 품·단 품새 평가지 〉

핵심 평가요인	세부 평가항목	평점
시선	품새 진행선과 시선의 방향이 일치하는가?	3
	가상의 목표를 보는가?	2

핵심 평가요인	세부 평가항목	평점
기합	동작과 호흡이 일치하는가?	3
기합	기세를 유지하는가?	3
기합	공격동작과 기합이 일치하는가?	2
완급	동작의 연결이 자연스러운가?	2
완급	'품'의 인지와 기술의 발현이 기본에 충실한가?	1
강약	동작에 절도가 있는가?	3
강약	품새 수행과정을 잘 인지하고 수련하는가?	3
신축	공방의 사용부위가 가상목표에 도달하는가?	3
신축	동작 수행 시 작용, 반작용의 원리에 충실한가?	2
중심	걷기, 서기, 뛰기, 돌기 등이 안정성을 유지하는가?	2
중심	공방 기술 발휘 시 몸의 균형을 유지하는가?	1
자세	시작과 끝에서 의연한 모습을 보이는가?	1
자세	복장이나 용모가 단정한가?	3
※ 우수는 3점, 보통은 2점, 미흡은 1점을 기록한다.		34/45

※ 노형준·이영림(2015)의 연구 결과를 일부 수정하여 제시하였음.

4) 루브릭

루브릭rubric은 복잡한 행동을 다양한 차원에서 평가할 때 사용하는 일종의 평정 척도이다. 평정 척도나 체크리스트로 복잡한 행동을 다양한 차원에서 한꺼번에 평가하는 것이 불가능할 때 루브릭을 사용한다. 루브릭은 평가 기준이나 점수 규정을 미리 정해 놓고 그것의 성취 여부를 평가한다. 즉 루브릭은 사전에 3=우수, 2=보통, 1=미흡 등과 같은 수치로 정의 내린 다음 그것의 성취 여부를 평가한다. 루브릭을 사용하면 수련 목표를 구체적으로 제시하게 되므로 그것의 성취 여부를 쉽게 평가할 수 있다. 예를 들어, 겨루기 능력을 루브릭으로 평가하는 경우 수련생이 성취해야할 목표 수준을 '수준 3(우수)', '수준 2(보통)', '수준 1(미흡)' 등으로 설정한 다음 각 단계에 적합한 수련 수준을 정의한다. 어떤 수련생이 '수준 3의 '우수'평가를 받기 위해서는 다양한 기본 딛기, 이어 딛기, 연결 딛기를 능숙하게 하면서 상대의 공격을 피하거나 단발차기, 연결차기, 딛고 차기 등으로 반격 또는 선제공격을 할 수 있어야 한다. 어떤 수련생이 '수준 3'으로 평가받았다는 것은 겨루기에서 높은 성취를 이루었다는 의미가 된다.

이처럼 루브릭을 사용하면 각 수련 단계에서 달성해야할 성취 기준을 사전에 구체적으로 제시하고, 그것의 달성 여부를 평가할 수 있다. 즉 루브릭을 사용하면 사범에게는 무엇을 평가해야 하는지, 그리고 수련생에게는 현재 수준에서 원하는 목표에 도달하기 위해 어떤 노력을 해야 하는지 쉽게 파악할 수 있다. 또한, 루브릭을 사용하면 수련생을 평가에 참여시킬 수 있어 수련생이 무엇을 중점적으로 수련해야 하는

〈 겨루기 루브릭 평가지 〉

수준 3(우수)
- 다양한 기본 딛기, 이어 딛기, 연결 딛기를 능숙하게 한다.
- 피하기, 막기, 반격 등으로 능숙하게 방어한다.
- 단발차기, 연결차기, 딛고 차기를 능숙하게 한다.
- 차기와 연결하여 지르기를 어느 정도 능숙하게 한다.

수준 2(보통)
- 다양한 기본 딛기, 이어 딛기를 한다.
- 피하기, 막기 등으로 방어를 잘한다.
- 단일차기, 연결차기, 딛고 차기를 가끔 성공한다.
- 단일 지르기, 차기와 연결하여 지르기를 가끔 성공한다.

수준 1(미흡)
- 한두 가지 기본 딛기를 한다.
- '피하기'는 하지만 '막기'와 '반격'은 거의 하지 못한다.
- 단일차기, 딛고 차기를 하지만 성공하지 못한다.
- 단일 지르기를 하지만 성공하지 못한다.

지 알고 수련할 수 있는 장점이 있다. 유용한 루브릭을 개발하기 위해서는 수련생에게 기대하는 수련 역량을 전체적으로 파악한 다음 각 단계별 목표 수준을 정하고, 각 목표 수준에 부여한 점수가 타당한지 반드시 검토해야 한다.

  루브릭을 사용할 때 무엇보다 중요한 것은 수련 상황에 적합한 평가 기준을 미리 정하는 것이다. 예를 들어, 태권도 수련생의 겨루기 능력을 평가하기 위해서는 겨루기 능력을 평가할 수 있을 정도의 수련이 이루어지고, 수련생이 주저 없이 겨루기 능력을 발휘할 수 있도록 각종 보호 장비와 안전한 수련 환경이 갖추어져야 한다. 루브릭을 사용한 평가 역시 수련의 일부로 이루어지는 평가이므로 가르치는 내용과 평가하는 내용이 서로 일치해야 한다. 루브릭은 운동 수행 능력뿐만 아니라 인지능력을 사정하기 위한 지필 테스트에서도 사용할 수 있다. 평가 대상 행동이 너무 복잡한 경우에는 모든 항목을 한꺼번에 평가하는 대신 항목별로 세분하여 평가할 수도 있다. 예를 들어 위의 '겨루기 루브릭 평가'의 예에서 '딛기', '공격 기술', '방어 기술' 등으로 세분하여 각 세부 항목별로 '수준 3', '수준 2', '수준 1'등을 설정하여 평가할 수 있다.

5) 지필 테스트

  지필 테스트$^{\text{paper \& pens test}}$는 운동 기술에 관한 지적 이해나 그것에 관한 이론적 지식을 평가하는데 적합한 평가 방법이다. 수련생의 수련 행동만 보고 그가 어떤 기술을 알고 수행하는지 정확하게 평가하기 어렵다. 태권도 기술에 관한 지식과 그것을 수행하는 능력은 서로 관련성이 없다고 할 수는 없지만 서로 다른 차원의 능력이다. 어떤 기술을 지적으로 이해하면 그것을 수행하는데 도움이 되는 것은 사실이지만 그것에 대해 알고도 수행하지 못하는 경우가 있다. 지필 테스트를 하기 위해서는 테스트할 지식을 합리적으로 선택해야 한다. 어떤 주제에 대해 수련생이 알고 있는 모든 것을 테스트할 수는 없지만, 꼭 알아야할 모든 유형의 지식을 균형 있게 평가해야 한다는 것이다. 예를 들어, 노란 띠 승급을 위한 석 달 동안의 수련에서 태권도의 의미, 태권도 약사, 간단한 경기규칙, 태권도 예절, 기본 동작, 기본 겨루기, 태극 1~2장 등을 반드시 가르쳐야 하고, 지필 테스트에서 그러한 내용을 균형 있게 테스트해야 한다.

지필 테스트 중 진위형, 선다형, 단답형 등의 문항 개발은 어렵지만 채점은 쉽고, 논술 테스트는 출제는 쉽지만 채점이 어렵다. 즉 진위형, 선다형, 단답형 등은 학습한 내용을 신뢰성이 높고 타당하게 평가할 수 있는 문항의 개발이 쉽지 않다. 반면, 논술은 출제하기는 쉽지만 신뢰성 있는 채점을 하는 것이 쉽지 않다. 논술 테스트의 채점 신뢰도를 높이기 위해 '루브릭'을 사용하기도 한다. 예를 들어, "태권도의 역사를 간략하게 기술하세요."라는 제목의 출제를 하였다면, 태권도 역사를 이러이러한 내용이 포함되도록 기술하면 '3점', 이러이러한 내용이 포함되도록 기술하면 '2점', 이러이러한 내용이 포함되도록 기술하면 '1점' 등과 같은 채점 기준을 미리 설정하고, 그에 따른 채점을 하면 좀 더 신뢰성 있는 채점을 할 수 있다.

지필 테스트에서 무엇보다 중요한 것은 테스트하는 수련생의 지적 수준을 철저히 파악하여 문항을 개발하거나 논술 주제를 결정해야 한다는 것이다. 그렇다고 지필 테스트에 너무 많은 시간을 소비할 필요는 없다. 태권도 수업을 시작하거나 종료할 때 1~2분 정도 배정하여 배운 내용에 대해 한두 가지 질문을 하고 수련생의 답을 구하면 충분하다. 승급심사나 승급·단 심사 때에는 실기 심사 직전에 10~20가지 정도의 객관식 문항과 1~2가지 간단한 논술 문제를 출제하여 태권도 수련에 따른 인지능력의 향상 정도나 태권도 이론에 관한 테스트를 할 수 있다.

〈 노란 띠 승급심사 지필 테스트 〉

평가영역	평가유형	평가문항
심동 영역	진위형	1. '앞굽이'에서 앞발과 뒷발의 거리는 한걸음 반인가요? ( )
		2. '내딛기'는 앞발을 축으로 뒷발을 내디디는 딛기인가요? ( )
	단답형	3. 앞의 발과 같은 쪽의 주먹으로 지르는 것을 무슨 지르기라고 하나요? ( )
		4. '태극 1장'은 몇 동작으로 구성되어 있나요? ( )동작
	선다형	5. '돌려차기'에 대한 설명이 아닌 것을 고르세요. ① 무릎을 충분히 들어서 튀기듯이 찬다. ② 지지발의 앞 축을 차는 방향으로 돌리며 튀겨 찬다. ③ 몸통을 찰 때에는 무릎을 충분히 들지 않아도 된다. ④ 발목을 충분히 펴고, 발은 표적에 밀어 넣듯이 찬다.

평가영역	평가유형	평가문항
심동 영역	선다형	6. 품새를 수련할 때 유의해야할 사항이 아닌 것을 고르세요. ① 시선은 자기 눈높이보다 15도 위쪽을 향한다. ② 호흡은 편안하면서도 자연스럽게 한다. ③ 자세가 기울거나 치우치지 않고 고른 상태를 유지한다. ④ 완급을 잘 조절하여 동작 간 유연한 흐름을 유지한다.
인지 영역	진위형	7. 택견 역사는 태권도 역사와 연관성이 있다. ( ) 8. 태권도 수련인구는 약 7,000만 명이다. ( )
	단답형	9. 태권도 정신을 아는 대로 쓰세요. ( ) ( ) ( ) ( ) 10. 우리 도장의 수련생 수칙을 아는 대로 쓰세요. ( ) ( ) ( ) ( ) ( ) ( )
	선다형	11. 태권도를 바르게 설명한 것을 고르세요. ① 일본의 가라테를 모방한 한국 전통 무예이다. ② 올림픽 선택 종목이다. ③ 중국 우슈의 영향으로 발전한 한국 무술이다. ④ '태'는 발, '권'은 주먹, '도'는 정신 수련의 의미이다. 12. 태권도의 운동효과가 아닌 것을 고르세요. ① 스트레칭을 하면서 유연성을 기른다. ② 품새를 장시간 연습하면서 심폐 지구력을 기른다. ③ 차기를 하면서 하체 근력을 기른다. ④ 지르기를 하면서 전신의 순발력을 기른다.

6) 수련생 일지

수련생 일지는 태권도 수련 활동 자체나 태권도 수련으로 나타나는 신체적, 인지적, 인성적 특성의 변화를 기록하는데 적합한 자료수집 도구이다. 사범의 지도를 어떻게 받아들이는지, 수련을 얼마나 열심히 하였는지, 태권도 수련으로 체중이 얼마나 줄었는지, 체력은 얼마나 좋아졌는지, 성격은 얼마나 더 활달해 졌는지, 일상생활은 얼마나 변화되었는지 등을 기록하는 것을 수련생 일지라고 한다. 수련생 일지는 수련생이 자신의 수련 과정이나 결과를 스스로 평가하거나 사범이 수련생에 대해 수집한 자료를 해석하거나 양적 자료의 의미를 파악하는 데에도 유용하게 활용할 수 있다. 수련생 일지는 너무 오래 되지 않은 수련 활동이나 도장 생활에 대한 경험을 기록하여 제출하도록 하는 것이 좋다. 예를 들어, 다음과 같은 질문을 하고, 수련생에게 일지를 작성하게 할 수 있다.

Q&A 수련생 일지

Q 지난 한 달 동안 태권도를 수련한 경험을 기록하세요. 신체적 변화, 인성적 변화 등이 있으면 구체적으로 기록한 다음 자신의 목표를 세워 제출하세요.

A 처음에는 힘들었는데, 이제는 체력이 많이 좋아지는 것 같다. 다른 친구들과 보조를 맞출 수 있다. 그런데 사범님은 자꾸 더 열심히 하라고 야단을 치신다. 나로서는 최선을 다하고 있는데! 다른 애들과 나의 체력이나 정신력 등의 차이를 인정해 주었으면 좋겠다. 집에서도 형보다 공부 못한다고 야단맞는데, 도장에 나오니까 사범님까지 운동 못한다고 야단을 치니까 애들하고 함께 운동하는 건 좋은데 야단맞기 싫어 태권도를 계속해야 되나 고민 중이다. 사범님이 야단만 좀 덜 치시면 태권도를 계속해서 나도 언젠가는 유단자가 되고, 품새 대회 같은데도 출전해 보고 싶다. 그래도 사범님이 야단치는 덕에 집에 가면 행실이 전에 보다 좋아졌다고 칭찬을 받기는 했다. 어머니께서 전에 보다 인사를 더 잘하고 의젓해졌다고 한다. 그래도 사범님이 야단을 좀 적게 쳤으면 좋겠다. 집에서 야단맞는 것보다 더 화가 나지만 참을 수밖에 없어 더 힘들다. 어머니한테는 대꾸라도 하지만 왠지 사범님이 그런 걸 용납하지 않을 것 같아서다. 좀 못해도 칭찬해 주시면 태권도 도장을 재미있게 다닐 수 있을 것 같다.

6) 수련생 면접과 설문지

　수련생을 잘 가르치기 위해서는 그들이 무슨 생각을 하고 있는지, 어떤 감정으로 수련에 임하고 있는지 가능한 한 많이 알고 있어야 한다. 수련생의 생각이나 감정을 파악할 수 있는 가장 쉽고 효과적인 방법은 직간접적으로 물어보는 것이다. 즉 수련생에게 태권도 수업 등에 대해 면접이나 설문지를 통해 물어보면 그들의 생각을 쉽게 알 수 있다. 특히, 많은 수련생의 의견을 듣고 싶을 때에는 간단한 설문지를 개발하여 사용하면 쉽게 파악할 수 있다. 설문지는 수련생이 쉽게 이해하고 대답할 수 있도록 간단한 내용으로 구성하는 것이 좋다.

　태권도 수업에 대한 수련생의 반응이나 의견은 수업을 시작하거나 종료할 때 직접 간단하게 물어볼 수도 있지만, 수업 전반에 대한 수련생의 의견을 들을 필요가 있을 때가 있다. 이때 사범이 사용할 수 있는 자료 수집 도구로는 개별 또는 소집단 면접이다. 즉 태권도 수업이나 그와 관련된 내용을 좀 더 포괄적이면서도 깊이 있게 묻고 싶을 때 개별 학생이나 소수의 학생들을 대상으로 면접을 할 수 있다. 수업 전후에 수련생을 면접하면 수업을 어떻게 느끼고 있는지, 무엇을 배우고 있는지, 무엇을 중요하게 생각하는지 등에 대한 다양한 정보를 얻을 수 있다. 수련생을 면접하면서 얻은 정보는 사범이 새로운 수업을 준비하는데 좋은 참고가 되며, 다음과 같은 질문으로 수련생을 면접할 수 있다.

Q&A 면접 질문 및 설문지

면접 질문 1

Q 태권도 수업에서 어떤 부분을 좋아하세요?

- 태권도가 왜 재미있습니까?
- 수업을 어떻게 하면 더 재미있을 것 같습니까?
- 재미있는 태권도 수업을 위해 사범은 어떤 노력을 해야 한다고 생각합니까?

A

면접 질문 2

Q 태권도 수업에서 어떤 부분이 재미없습니까?

- 어떤 부분이 제일 재미없습니까? 왜 재미가 없습니까?
- 사범이 어떻게 가르칠 때 수업이 재미가 없습니까?
- 다른 수련생의 어떤 행동이 수업을 재미없게 만듭니까?

A

설문지 1

아래 문항을 읽고 태권도 도장에 만족하는 정도에 '○'표 하세요.

조사 영역	설문 내용	매우 불만족	불만족	보통	만족	매우 만족
사범	1. 사범님은 태권도에 대해서 잘 알고 계신다.	①	②	③	④	⑤
	2. 사범님은 실기 능력이 우수하시다.	①	②	③	④	⑤
	3. 사범님은 태권도를 잘 가르치신다.	①	②	③	④	⑤
	4. 사범님은 수련생을 사랑하고 존중하신다.	①	②	③	④	⑤
교육 과정	5. 다양한 실기 프로그램이 운영된다.	①	②	③	④	⑤
	6. 좋은 인성교육 프로그램이 운영된다.	①	②	③	④	⑤
	7. 좋은 학교 선행학습 프로그램이 운영된다.	①	②	③	④	⑤
	8. 좋은 야외 활동 프로그램이 운영된다.	①	②	③	④	⑤
수련 환경	9. 태권도 도장은 청결하다.	①	②	③	④	⑤
	10. 태권도 도장은 안전하게 관리된다.	①	②	③	④	⑤
	11. 도장에는 장비가 충분히 준비되어 있다.	①	②	③	④	⑤
	12. 도장에서 깨끗한 식수를 마실 수 있다.	①	②	③	④	⑤

설문지 2

아래 문항을 읽고 태권도 수련 프로그램에 만족하는 정도에 'O'표 하세요.

번호	설문 내용	불만족	보통	만족
1	나는 태권도 기술지도 프로그램에 만족한다.	①	②	③
2	나는 태권도 체력 및 건강 향상 프로그램에 만족한다.	①	②	③
3	나는 태권도 프로그램이 스트레스 해소에 도움이 된다고 생각한다.	①	②	③
4	나는 인성 교육 프로그램에 만족한다.	①	②	③
5	나는 태권도 도장에서 존중받는다고 생각한다.	①	②	③
6	나는 태권도 도장의 운영 방식에 만족한다.	①	②	③
7	나는 태권도 수련 프로그램이 공부에 도움이 된다고 생각한다.	①	②	③
8	나는 태권도 수련 프로그램이 내 수준에 적절하다고 생각한다.	①	②	③
9	나는 야외 활동 프로그램에 만족한다.	①	②	③
10	나는 학교체육 선행학습 프로그램에 만족한다.	①	②	③

2. 체계적 관찰 평가 기법

전통적인 관찰 기법이 주로 운동 수행 결과를 평가하기 위한 도구라면 체계적 관찰은 사범의 지도 활동이나 수련생의 수련 활동에 대한 직접적인 증거나 수련 성과를 대변하는 행동에 관한 자료를 수집하는데 적합한 평가도구이다. 즉 단원이 끝나기 전에 수련 성과와 관련이 있는 수련 행동에 관한 자료를 수집하여 진행 중인 지도 활동이나 수련 활동을 평가하는 도구가 바로 체계적 관찰이다. 체계적 관찰은 인간 행동을 반복성과 지속성이라는 두 가지 특성으로 이해하는 행동주의 심리학에 근거하고 있다. 즉 인간 행동은 반복적으로 일어나며 일정 시간 지속되기 때문에 그에 대한 자료를 수집하면 그 사람을 이해할 수 있다는 것이다. 예를 들어, 사범의 피드백 제공 횟수, 사범의 칭찬 횟수, 수련생의 정확한 발차기 횟수, 수련생의 규칙 준수 횟수 등과 같은 자료를 수집하면 사범이나 수련생의 지도 행동이나 수련 행동을 상당 부분 이해할 수 있다. 이처럼 어떤 행동이 반복되는 것을 측정할 때 사용하는 관찰 기법을 '사건 기록법'이라고 한다.

또한 인간 행동은 일정시간 지속되므로 그의 행동에 대한 자료를 일정 기간 수집하면 그의 행동을 이해할 수 있다. 예를 들어, 사범의 설명 시간, 사범의 출석 점검 시간, 수련생의 과제 참여 시간, 수련생의 대기 시간 등과 같은 자료를 수집하면 사범이나 수련생의 행동을 상당 부분 이해할 수 있다. 어떤 행동이 일정 기간 지속되는 것을 측정할 때 사용하는 관찰 기법을 '지속시간 기록법', '동간 기록법' 또는 '시간표집 기록법'이라고 한다. 태권도 교육 현장에서 쉽게 사용할 수 있는 관찰 기법은 '사건 기록법'과 '동간 기록법'이다. 특히, 이 두 관찰 기법은 학업 성취를 대변하는 행동으로 이해되고 있는 '실제학습시간'과 '적절한 반응 횟수'에 관한 자료를 수집하는데 자주 사용된다. '실제학습시간'은 수련생이 수련 목표에 관련된 과제에 성공을 경험하면서 소비한 시간이며, '적절한 반응 횟수'는 수련생이 수련 목표와 관련된 과제를 성공적으로 수행한 횟수이다.

1) 사건 기록

인간 행동의 중요한 특정중 하나는 그것이 반복해서 일어난다는 것이다. 사건 기록$^{event\ recording}$은 태권도 수업에서 사범이나 수련생에 의해 반복적으로 일어나는 행동에 관한 자료를 수집하는 기법이다. '사건 기록'은 행동의 시작과 끝을 명확하게 확인할 수 있는 불연속 사건이나 행동에 관한 자료를 수집하는데 적합한 자료수집 전략이다. 예를 들어, 앞차기는 발이 지면에서 떨어지는 순간부터 찬 발을 다시 지면에 내려놓은 순간까지가 한 번의 발차기이며 횟수로 셀 수 있다. 마찬가지로 사범이 수련생을 "잘 하고 있어!"라고 칭찬하였다면 '잘~'이라는 말을 시작하는 순간부터 '있어.'라는 말을 하는 순간까지가 한 번의 칭찬이며, 그것 또한 횟수로 셀 수 있다. '사건 기록법'으로 관찰할 수 있는 행동으로서는 사범이 설명하는 동안 수련생이 잡담한 횟수, 사범이 수련생을 칭찬한 횟수, 수련생이 과제를 이탈한 횟수, 수련생이 차기를 성공적으로 수행한 횟수, 사범이 수련생에게 피드백을 제공한 횟수, 수련생이 지각한 횟수 등이 있다. 전체 수련생의 수련 활동에 관한 자료를 수집할 때에는 전체 수련생 가운데 운동 능력이나 체력 수준이 중간 정도인 수련생 한 명을 집중적으로 관찰한 결과로 전체 수련생의 수련 행동을 추론한다.

대부분의 '사건 기록'은 다양한 행동 범주로 구성되어 있으며, 사용 목적에 따라 그 형식이나 형태도 조금씩 다르다. 그러나 일반적으로 관찰 상황, 행동범주의 정의, 자료 수집칸, 자료 요약 칸, 코멘트 칸 등을 기본 사항들로 포함하고 있다. 관찰자는 관찰을 하기 전에 관찰 도구 상단부의 관찰자, 피 관찰자, 관찰 시작시간, 관찰 종료 시간, 관찰 길이 등과 같은 관찰 환경에 관한 자료를 먼저 수집한다. 특히 관찰 길이를 정확하게 기록한다. 관찰 길이는 정해진 시간 동안 얼마나 많은 피드백을 제공하였는지 등을 파악하는데 필요하기 때문이다. 예를 들어, '가'사범은 수련생을 30분 동안 가르치면서 '부정적 피드백'은 15회, '긍정적 피드백'은 10회를 제공하고, '나' 사범은 수련생을 40분 동안 가르치면서 '부정적 피드백'은 17회, '긍정적 피드백'은 10회 제공하였다면 어느 사범이 주어진 시간동안 긍정적 피드백을 많이 제공하였는지 파악하기 위해서는 각 사범이 제공한 전체 피드백 횟수를 전체 관찰 시간으로 나누어봐야 알 수 있다. '가'사범과 '나'사범 모두 10회의 '긍정적 피드백'을 제공하였지만, '가'사범은 분당 0.33회, '나'사범은 분당 0.25회의 '긍정적 피드백'을 제공하였으므로 '가'사범이 '나'사범보다 더 많은 '긍정적 피드백'을 제공하였다는 것을 알 수 있다.

어떤 행동이나 사건이 너무 자주 발생하거나 너무 오래 지속되는 경우에는 '사건 기록법'으로 자료를 수집하지 않는 것이 좋다. 어떤 사건이나 행동이 너무 자주 일어나면 신뢰성 있는 자료를 수집하는 것이 어려우며, 때로는 자료 수집 자체가 불가능할 수도 있다. 예를 들어, 왼발과 오른발을 번갈아가며 빠른 돌려차기를 할 때 그 횟수를 신뢰성 있게 세는 것은 거의 불가능할 뿐만 아니라 설사 정확하게 센다고 하더라도 돌려차기 능력을 이해하는데 큰 도움이 되지 않는다. 어떤 행동이 너무 오래 지속되는 경우에는 '사건 기록법'을 피하고 '동간 기록법'을 사용하는 것이 좋다.

'사건 기록법'으로 수집한 자료는 대부분 발생 빈도로 나타내며, 관찰시간이 일정한 경우 더더욱 그러하다. '사건 기록법'으로 수집한 자료는 퍼센트로 표현하기도 한다. 예를 들어 아래 예에서 손정수 사범이 제공한 '긍정적 피드백'은 16번이며, 이를

〈 사건 기록지 〉

피드백 제공행동 관찰체계

피관찰 사범: 손정수 **차시:** 3/60 **수련 활동:** 기본동작 **관찰자:** 박영수
관찰 시작: 16:00 **관찰 종료:** 16:50 **관찰 지속시간:** 50분 **날짜:** 2018. 10. 4.

관찰대상 행동의 정의

- **긍정적 피드백** 운동수행 결과를 인정하는 정보의 제공(예: 잘 했어, 좋았어! 등)
- **부정적 피드백** 운동수행 결과를 부정하는 정보의 제공(예: 아니지, 그렇게 하면 안 되지)
- **칭찬** 사회적 행동을 격려 또는 지원하는 정보(예: 일찍 왔군, 질서정연하게 잘 이동 했어)
- **역정** 사회적 행동을 부정하고 제지시키는 정보(예: 그렇게 밖에 못해, 정말 안 되겠네)

긍정적 피드백	부정적 피드백	칭찬	역정
╫╫ ╫╫ ╫╫ /	╫╫ ╫╫ ╫╫ ╫╫ ╫╫ ╫╫ ╫╫ ╫╫ ╫╫ ╫╫ ╫╫ ///	╫╫ //	╫╫ ╫╫ ╫╫ ╫╫ ///
16	58	7	23

자료 요약

행동	빈도	분당 비율	백분율
긍정적 피드백	16	16회/35분 = 0.45	16/74 = 22%
부정적 피드백	58	58회/35분 = 1.65	58/74 = 78%
칭찬	7	7회/35분 = 0.20	7/30 = 23%
역정	23	23회/35분 = 0.65	23/30 = 77%

코멘트

- 여자 수련생에게 좀 더 많은 피드백 제공해야함.
- 좀 더 단호하게 제지할 필요가 있음.
- 가끔 피드백이 너무 구체적임.
- 부정적 언어를 너무 많이 사용함.

퍼센트로 환산하면 16/74=22로 22%가 된다. 그렇다면 손정수 사범이 제공한 '부정적 피드백'은 78%가 된다. 이는 손정수 사범이 수련생들에게 '긍정적 피드백'보다 '부정적 피드백'을 3.5배나 많이 제공하였다는 의미이다.

빈도나 퍼센트만큼 자주 사용하지는 않지만 '사건 기록법'으로 수집한 자료를 표현하는 방법으로 자주 사용되는 단위로 비^{rate}가 있다. 비는 한 가지 행동 패턴을 다른 행동 패턴과 비교할 때 자주 사용하는 측정 단위이다. 예를 들어, 어떤 사범이 태권도 수업을 하면서 부정적 피드백은 58회 제공하고, 긍정적인 피드백은 16회 제공하였다면 부정적 피드백과 긍정적 피드백은 비는 3.6:1이 될 것이다. 그 사범을 계속 관찰한 결과, 이와 비슷한 비로 수련생들에게 피드백을 제공하고 있다면 우리는 그를 수련생들과 부정적으로 상호작용 하는 경향이 있는 사범으로 생각하게 된다.

2) 동간 기록

인간 행동의 또 다른 중요한 특징은 그것이 일정 시간 지속된다는 것이다. '동간 기록$^{interval\ recording}$'은 시간을 측정하여 행동을 이해하므로 일종의 '지속시간기록'이라고 할 수 있다. '지속시간기록'은 수련생이 수련활동에 참여하는 시간, 사범이 옆차기에 관해서 시범 보이며 설명하는 시간, 사범이 수련생의 출석을 점검하는데 소비한 시간, 사범이 수련생을 감독할 목적으로 특정 위치에 머물러 있는 시간, 수련생이 미트를 차기 위해 자기 차례를 기다리는 시간, 수련생이 협동학습을 하기 위해 모둠을 구성하는 시간 등에 관한 자료를 수집하는데 유용하게 사용할 수 있는 관찰도구이다. 그런데 '지속시간기록'은 여러 가지 행동에 관한 자료를 한꺼번에 수집하는 것이 쉽지 않은데다 각각의 행동에 소비한 시간을 정확하게 측정하는 것이 쉽지 않으므로 주로 '동간 기록법'으로 지속시간에 관한 자료를 수집하고 있다.

'동간 기록법'은 전체 관찰시간을 똑같은 크기의 짧은 동간으로 분할한 다음 각 동간에 어떤 행동이 발생하였는지를 기록한다. 보통 각 동간의 길이는 관찰자의 관찰 경험이나 관찰도구의 복잡성 등을 고려하여 5~20초 크기로 분할한다. 동간이 15~20초와 같이 너무 길면 한 동간 내에 두 가지 이상의 행동이 발생할 수 있고, 동간이 5~10초 등과 같이 너무 짧으면 관찰 대상 행동을 정확하게 기록하는데 어려움이 따른다. 따라서 동간의 크기는 관찰 대상 행동의 특징, 관찰자의 관찰 경험, 관찰도구의 복잡성 등을 고려하여 신중히 결정해야 한다.

'동간 기록법'은 한 동간에 두 가지 이상의 행동이 발생하였을 때 그 동간을 어떻게 기록하느냐에 따라 '부분-동간 기록'과 '전체-동간 기록'으로 구분한다. '부분-동간기록'은 각 동간에 어떤 행동이 발생하면 먼저 발생한 행동을 그 동간의 행동으로 기록한다. 예를 들어 10초 동간 기록에서 3초 동안 이동해서 7초 동안 돌려차기 연습을 하였다면 먼저 발생한 '이동'을 그 동간의 지배적인 행동으로 기록한다. '전체-동간기록'은 한 동간에 두 가지 이상의 행동이 발생할 경우 그 동간에서 가장 오래 지속된 행동을 지배적인 행동으로 기록한다. 예를 들어 앞의 예에서 10초 동간 기록에서 3초 동안 이동하여 7초 동안 돌려차기 연습을 하였다면 그 동간에서 가장 길게 지속된 행동은 돌려차기였으므로 그 행동을 지배적인 행동으로 기록한다.

'동간 기록'으로 어떤 행동이 지속된 시간을 측정할 때에는 관찰시간과 기록시간을 별도로 정할 것인지, 아니면 관찰시간에 기록시간을 포함시킬 것인지를 미리 결정하여야 한다. 관찰과 기록을 명확히 구분하는 '관찰-기록' 관찰법에서 자주 사용하는 동간의 길이는 '10초 관찰-5초 기록', '5초 관찰-5초 기록' 등이다. 이 관찰법은 관찰 대상 행동이 많아 관찰도구가 복잡한 경우에 주로 사용한다. 관찰시간에 기록을 포함하는 '관찰-관찰' 기록법에서 자주 사용하는 동간의 길이는 5초, 10초, 15초 등이다. 예를 들어, 어떤 사범의 지도 행동을 관찰하기 위해 10초 동간 기록을 선택하였다면 10초가 되는 순간 관찰한 내용을 신속하게 기록함과 동시에 또 다른 10초에 대한 관찰을 시작한다. 사실, 이 관찰법에서 첫 1초는 기록과 관찰이 동시에 이루어진다.

'동간 기록'은 5초, 10초, 15초 등과 같은 아주 짧은 시간동안 그 동간에 일어나는 행동을 관찰해서 기록해야 하므로 시간을 확인할 여유가 없다. 그래서 보통 녹음테이프에 '관찰(10초)-기록(5초)' 단서어를 녹음한 다음 그 단서어의 지시에 따라 수업을 관찰한다. 그렇게 개발된 단서어 테이프와 이어폰을 사용하면 각 동간의 시작과 끝을 초시계로 확인하지 않고 표적 행동에 집중하여 관찰할 수 있다. '운동과제 참여시간 관찰체계'를 예로 들면, 이 관찰 도구는 '5초 관찰-5초 기록'이나 '10초 관찰·기록'을 30분 동안 할 수 있는 관찰 도구이다. 다시 말하면 30분×60초=1,800초이고, 이를 10초로 나누면 180개의 동간이 생기므로 '5초 관찰-5초 기록'이나 '10초 기록·관찰'을 180회할 수 있는 관찰 도구라는 의미이다. 여기서 '5초 관찰-5초 기록'은 관찰자가 실제로 관찰하는 시간은 5초 이지만, 기록시간 5초까지

〈 동간 기록지 〉

수련 참여시간 관찰체계

수련생: 김천석   단원: 흰 띠   수련활동: 기본동작   관찰자: 최유라
차시: 5/60   관찰시작: 10:00   관찰종료: 10:30   관찰 지속시간: 30분

관찰 행동의 정의

수련정보의 수용(정)   사범의 시범을 보거나 설명을 듣는데 소비한 시간.
수련 활동(수)   사범이 제시한 수련 과제를 수행하는데 소비한 시간.
조직 및 이동(이)   수련활동에 필요한 조직을 구성하거나 위치 이동에 소비한 시간.
운영(운)   수련 활동과 직접 관련이 없으나 수업에 필요한 출석 점검 등에 소비한 시간.
대기(대)   자기 차례를 기다리거나 한 과제를 완수하고 다음 과제의 수행을 기다리는 시간.
과제이탈(탈)   사범이 요구한 과제 외의 활동을 하거나 수련과 무관한 활동에 소비한 시간.

1분	2분	3분	4분	5분
운 - - - - 이 - - - - - - 운 - - - - 수 - - - - - - - - - - -

| 6분 | 7분 | 8분 | 9분 | 10분 |
| 수 - - 대 - - - 탈 - - - - 수 - - - - - - - - - - 대 - - - 이 - - |

| 11분 | 12분 | 13분 | 14분 | 15분 |
| 이 - - - - 정 - - - - - - 수 - - - - - - - - - - - - - - 탈 - - |

| 16분 | 17분 | 18분 | 19분 | 20분 |
| 탈 - - 수 - - - - - - - - 이 - - - - - - 대 - - - - - - - 수 - - |

| 21분 | 22분 | 23분 | 24분 | 25분 |
| 수 - - - - 정 - - 수 - - - - - - - - - - - 대 - - - 탈 - - - - |

| 26분 | 27분 | 28분 | 29분 | 30분 |
| 수 - - - - - - - - - - 정 - - - 수 - - - - - - - - - - - 이 - - |

계속

자료 요약

표적 행동별 전체 동간		표적행동에 소비한 시간	표적행동의 발생 비율
수련정보 수용시간	17	17×10초/60초=2분50초	17/180×100 = 9.4%
수련활동 시간	88	88×10초/60초=14분40초	88/180×100 = 48.9%
조직 및 이동	26	26×10초/60초=4분20초	26/180×100 = 14.4%
운영	12	12×10초/60초=2분	12/180×100 = 6.7%
대기	21	21×10초/60초=3분30초	21/180×100 = 11.7%
과제이탈	16	16×10초/60초=2분40초	16/180×100 = 8.9%

코멘트
- 대기 시간의 증가로 과제 이탈 행동이 발생함.
- 비언어적 지시나 격려를 잘 하고 있음.
- 특이하게 수업을 시작하고 종료함.
- 수업 조직 능력이 뛰어남.

포함하여 10초 동안 행동이 발생한 것으로 간주하고 기록한다. 반면 '10초 관찰·기록'은 10초 동안 관찰한 내용을 마지막 1초 동안 기록하자마자 다음 10초 '관찰·기록'을 시작한다. '동간 기록법'으로 시간에 관한 자료를 수집하는 것이 얼핏 보면 어렵게 느껴지지만 전문가의 도움을 받으면 쉽게 익혀 사용할 수 있다.

'동간 기록'은 어떤 과제나 활동에 소비한 시간을 기록하는 일종의 지속시간 기록법이므로 수집한 자료는 시간이나 시간의 비율로 보고한다. '동간 기록법'으로 수집한 자료는 측정 단위가 동간의 빈도이긴 하지만, 각 동간은 전체 관찰 시간을 일정한 크기의 동간으로 나눈 것이므로 각각의 행동을 지속된 시간으로 환산하여 표현하거나 보고한다. 예를 들어 아래 '운동과제 참여시간 관찰체계'에서 수련 활동에 소비한 시간은 88개의 '수' 동간을 10초 곱한 880초이고, 그것을 분 단위로 환산하기 위해 60초로 나누면 14분 40초가 된다. 수련생이 수련 활동에 소비한 시간을 퍼센트로 환산하면 880초/1,800초= 48.9를 얻어 수련 활동에 소비한 시간은 48.9%가 된다. 이는 김천석 수련생이 흰 띠 단원의 5차시 기본동작 익히기 수업에서 수련 활동에 소비한 시간은 14분 40초이며, 이것은 전체 수련시간의 48.9%에 해당된다는 의미이다.

참고문헌

강동화, 강철우, 홍병진(2018). 대학 태권도 지도자의 신뢰 요인과 긍정적 감정이 수련만족과 지도효율성에 미치는 영향. **국기원 태권도연구, 9**(2), 127-152.

강신복(1993). **체육교육과정이론**. 서울: 보경문화사.

강신복, 손천택(1991). **체육교수이론**. 서울: 보경문화사.

강현석, 주동범(2004). **현대교육과정과 교육평가**. 서울: 학지사.

강현석, 박영무, 박창원, 손충기, 이원희, 최호성(2006). **교육과정 개발과 설계**. 서울: 교육과학사.

고기환(2003). 체육측정평가의 응용. 서울: 보경문화사.

고문수, 손천택(2004). 초등학생의 태권도 수련 프로그램에 관한 체험과 인식. **한국체육학회지, 43**(3), 337-347.

고문수, 이지훈(2013). 창조적인 태권도인 양성을 위한 태권도교육과정의 개발. **한국체육교육학회지, 18**(2), 119-132.

고문수(2013). **태권도 교육과정의 구조 개발**. 2013 한국체육교육학회 학술발표대회, 181-203.

고문수(2014). 태권도 교육과정의 비판적 분석을 통한 교육과정 개발 방향 탐색. **교육 논총, 34**(2), 53-69.

고상수, 신정택(2016). 여가 시간을 활용한 초등학생 태권도 인성 교육 프로그램 개발 및 적용. **한국사회체육학회지, 66**, 483-495.

고영철, 정진용(2003). 태권도 도장 교육과정 운영 방향에 관한 조사연구. **세계태권도 학회지, 6**, 529-584.

곽낙현, 박지윤(2014). 태권도 인성교육을 위한 '인성' 개념 고찰. **스포츠인류학연구, 9**(1), 53-69.

곽애영, 이현정(2015). 세계태권도한마당을 통해 본 종학격파기술의 전문화 과정. **한국체육사학회지, 20**(3), 83-95.

곽정현, 조성균(2016). 태권도정신의 과거, 현재, 그리고 미래. **움직임의 철학: 한국체육철학회, 24**(4), 263-286.

곽정현, 조성균(2016). 태권도학의 발전을 위한 2세대 태권도학과의 역할. **한국체육과학회지**, 25(6), 13-24.

곽정현, 최천(2016). 미래 교육을 위한 태권도 지도자의 역할. **무예연구**, 10(1), 29-41.

권혁중(2009). **태권도장 관계마케팅 실행요인이 고객만족, 관계품질 및 고객충성도에 미치는 영향**. 박사학위논문, 단국대학교 대학원.

국기원(1992). **태권도 교본**. 서울: 오성출판사.

국기원(2005). **태권도 교본**. 서울: 오성출판사.

국기원(2012). **태권도와 사회과학**. 서울: 국기원.

국기원(2012). **태권도 기술**. 서울: 국기원.

국기원(2010). **태권도 기술용어집**. 서울: 국기원 태권도연구소.

국기원(2016). **3급 태권도 지도자 연수 교재**. 서울: 국기원.

국기원(2017). **중·고교생을 위한 태권도 교육프로그램 개발**. 서울: 국기원.

권오민, 장권, 최광근(2011). **태권도 개론**. 서울: 형설출판사.

권천달(2013). **필드 테스트를 이용한 태권도 선수들의 무산소성 파워 추정모형식 개발**. 박사학위논문, 계명대학교.

김경배, 김재건, 이홍숙(2005). **교육과정과 평가**. 서울: 학지사.

김경섭(2018). 태권도 지도자의 직업의식과 직무만족 및 역할만족의 관계. **한국스포츠학회지**, 16(4), 1173-1183.

김경지, 최영렬, 방영진, 김형돈, 전정우(1998). **태권도 겨루기 지도 및 방법론**. 서울: 대한미디어.

김경지, 김인성, 정대환, 강창모(2003). 태권도 도장 인성교육 프로그램의 해석적 분석. **세계태권도학회지**, 6, 421-480.

김경지, 곽정현(2004). 태권도학과 교육과정 탐색을 통한 표준교육과정 개발 모색. **한국스포츠리서치**, 15(6), 1663-1674.

김근영(2009). **직접교수 모형과 협동학습 모형에 따른 핸드볼 학습효과의 비교분

참고문헌

석. 미간행석사학위논문, 국민대학교 대학원.

김기진(2000). 중학교 태권도선수의 단기체중감량시 무산소성 운동능력의 변화. **운동 과학**, 9(2), 385-391.

김기학(2007). **수업연구를 위한 체육측정평가**. 서울: 형설출판사.

김기홍, 한국선, 김동규(2007). **태권도의 역사철학적 탐구**. 경북: 영남대학교출판부.

김기훈(2014). 태권도 지도자의 리더십과 선수의 몰입수준 및 자기관리 관계. **한국체육학회지**, 53(4), 191-199.

김달우, 김방출(2008). 한국 전통 무예로서의 태권도 재조명. **한국체육사학회지**, 13(3), 41-52.

김대진(2012). **스포츠교육학 총론**. 서울: 교육과학사.

김대현, 김석우(2005). **교육과정 및 교육평가**. 서울: 학지사.

김동현, 김동수(2016). 태권도 인성 구성개념의 중요도 평가. **국기원 태권도연구**, 7(4), 195-213.

김두한, 김남수, 김하영(2015). 인성 교육을 위한 초등학교 태권도 방과 후 활동 실행 전략. **한국체육과학회지**, 24(4), 999-1010.

김명수(2007). 초등학교 태권도 교육 실태 및 활성화 방안 탐색. **한국스포츠교육학회지**, 14(1), 91-109.

김문옥, 황영갑, 김용출, 허득무, 이용선, 이충환, 이수호, 이한구(2016). **태권도 호신술**. 서울: 국기원 태권도연구소.

김병준, 이세환, 최중구, 정문자(2009). **KTA 태권도 인성 교육과정 개발**. 서울: 대한태권도협회.

김병준, 김동연, 김윤희, 윤정민, 이종천, 장창용, 진재성, 최중구(2014). **태권도 인성교재 교육과정 교재**. 서울: 세계태권도연수원.

김석련(2012). **태권도 교육과정**. 서울: 서정문학.

김선경(2009). **표준보육과정과 개정유치원교육과정 비교 연구**. 석사학위논문, 명지대학교 대학원.

김수연, 이강구(2016). 태권도 품새 선수의 지도자 신뢰와 스포츠 자신감 및 품새 수행능력의 관계. **국기원 태권도연구, 7**(3), 131-147.

김재승, 정현도(2012). 태권도 가라테 시범 구성 분석 연구. **세계대학태권도학회지, 1**(1), 1-5.

김영수, 김충환(2014). **KTA 호신술**. 서울: 주식회사 애니빅.

김용옥(1990). **태권도철학의 구성원리**. 서울: 통나무.

김용호(2007). **체육과 교육학**. 서울: 도서출판 레인보우.

김재춘(2002). 국가 교육과정 연구·개발 체제의 문제점과 개선방향: 제7차 교육과정 연구·개발체제를 중심으로. **교육과정연구, 20**(3), 77-97.

김정운, 김정록(1985). **종합 태권도전서**. 서울: 서림문화사.

김주환(2010). 국어과 교육과정의 통합성 연구. **새국어교육, 85**, 71-96.

김중헌(2010). 태권도 수련생 학부모들이 인지하는 프로그램, 지도자, 환경요인에 따른 수련지원의사 분석. **용인대학교 무도연구소지, 21**(1), 91-99.

김지혁, 구강본, 남중웅(2016). 태권도, 그리고 무도스포츠. **움직임의 철학: 한국체육학회지, 24**(2), 167-185.

김충일(2013). 태권도 도장의 아동 인성교육에 대한 방법론적 고찰. **한국체육학회지, 52**(6), 155-168.

김학덕, 원형진(2018). 태권도 지도자의 셀프리더십이 직무성과에 미치는 영향. **한국무예학회, 12**(2), 85-109.

김현아(2016). 국가직무능력표준(NCS)을 활용한 사회체육과 맞춤형 교육과정 개발에 관한 연구. **한국체육과학회지, 25**(1), 197-208.

나채만(1994). **태권도 투기에서 공연예술로**. 서울: 이문출판사.

남승우(2007). 태권도 품새의 수련 가치에 대한 고찰. **한국태견학회: 무예연구(창간호), 1**(1), 121-138.

노형준, 이영림(2015). 심사위원 관점에 따른 저단자 태권도 승·품단 심사 평가기준에 관한 연구. **국기원 태권도연구, 6**(3), 187-209.

참고문헌

대한태권도협회(2012). **KTA 태권도 교육과정 개발 결과보고서**. 서울: 대한태권도협회.

대한태권도협회, 김병준, 임태희, 정문자, 최중구, 이지훈, 이종천(2013). **KTA 태권도 인성교육**. 서울: 주식회사 애니빅.

문호준(2005). **체육교육과정과 교수법**. 서울: 삼영.

박명기, 문호준, 김승재, 이병준, 박경석(2015). **체육교수론**. 서울: 레인보우북스.

박미림, 이옥선(2014). 초등학교와 중학교 체육과 교육과정 경쟁 활동영역의 연계성 탐색. **초등교육연구**, 27(1), 29-55.

박원비(2016). 태권도지도자 양성을 위한 태권도학과 교육프로그램 개발. Asian Journal of Physical Education and Sport Science, 4(1), 73-82.

박원비(2017). **국가직무능력표준(NCS)에 따른 태권도계열 학부교육과정 분석 및 개선 방향 탐색**. 석사학위논문 중앙대학교 대학원.

박원비(2017). 국가직무능력(NCS) 관점에서 바라본 태권도전공 교육과정에 대한 인식 및 개선방안 탐색. **한국여성체육학회지**, 31(3), 95-110.

박원비(2017). 사회수용맞춤형 교육과정 관점에서 바라본 태권도계열 학과(부) 교육과정 현황 분석. Asian Journal of Physical Education and Sport Science, 5(3), 1-10.

박정준(2011). **통합적 스포츠맨십 교육 프로그램의 개발과 적용**. 미간행 박사학위논문, 서울대학교 대학원.

박정준(2016). **스포츠를 통한 인성교육**. 국기원 태권도연구소 추계 학술세미나 "태권도 인성교육의 현재와 미래." 서울: 국기원.

박창언(2017). **현대 교육과정학**. 서울: 학지사.

유창완, 김기철, 최치선(2013). 태권도 표준교육과정 개발. **국기원 태권도연구**, 4(2), 51-82.

서성원, 강현욱, 류현승(2012). 대학 태권도 선수의 만족에 영향을 미치는 지도자 요인: 지도효율성과 지도자 신뢰 중심으로. **한국웰니스학회**, 7(1), 151-161.

서성원(2016). **태권도 역사와 문화의 이해**. 서울: 애니빅.

세계태권도연수원(2015). **3급 태권도지도자연수교재**. 서울: 국기원.

소건신(2018). **한·중 대학 태권도 교육과정의 비교 연구**. 박사학위논문, 용인대학교 일반대학원.

손성도(2006). 태권도학과의 문제점 고찰과 개선방안. **한국체육학회지**, 45(5), 263-272.

손제열, 손천택(2006). 태권도수련 지속요인과 수련생 학부모의 인식변화. **한국사회체육학회지**, 26, 61-70.

손제열, 장유진, 윤현수(2011). 태권도 지도자가 도장에서 추구하는 지도목표와 실행의 어려움. **코칭능력개발지**, 13(1), 125-132.

손천택, 백병주, 곽은창(1996). **체육 학습지도의 체계적 분석**. 서울: 21세기 교육사.

손천택(2009). **수련생 중심 태권도 지도자 양성과정의 탐색**. 대한무도학회, 2009년도추계 학술세미나, 71-81.

손천택(2009). **국기원 연수원 태권도 지도자 양성제도 개선(안)**. 서울: 국기원 태권도 지도자연수원.

손천택, 박상봉(2010). 국기원 태권도 지도자 교육과정의 개선 및 운영. **국기원 태권도연구**, 1(1), 31-44.

손천택, 김무영, 김선희, 홍석호, 조남용(2011). **활발한 신체활동을 위한 체육교육과정 설계**. 서울: 도서출판 레인보우북스.

손천택, 김상우, 고문수, 강명희, 김중헌, 박정호, 임태희, 정국현, 전익기(2012). 체육 지도자 양성제도 법제개편과 세계태권도아카데미 개원에 따른 태권도 지도자 교육 과정의 개발. **국기원 태권도연구**, 3(2), 1-33.

손천택(2012). **태권도 기본교재 2: 태권도와 사회과학: 태권도 교육학**. 서울: 국기원.

손천택(2013). 태권도 표준교육과정의 개발과 과제. **국기원 태권도연구**, 4(2), 1-17.

참고문헌

손천택, 이종관, 이규현, 박승용, 강익필, 한병철, 안근아, 김용중, 최치선(2014). **태권도의 기본과 품새**. 서울: 국기원.

손천택, 임태희, 최치선, 정국현, 곽택용, 엄재영, 이재돈(2014). **태권도 교본: 겨루기 편 콘텐츠 개발**. 서울: 국기원.

손천택(2015). **체육교수학습론**. 서울: 교육과학사.

손천택, 박정준, 고문수, 박정호(2015). 국가 체육지도자 자격제도 개편에 따른 WTA 태권도 사범 교육과정 개정 방안. **국기원 태권도연구**, 6(3), 31-62.

손천택(2015). **2014 WTA 태권도 지도자 교육과정 및 제도 개선 연구**. 서울: 국기원.

손천택, 장용규, 박상봉, 임태희, 김홍식(2016). 미국 태권도 저단자 수련지속 및 예비사범 교육과정 개발 및 운영. **국기원 태권도연구**, 7(4), 23-53.

손천택, 황인식, 강익필, 이미연(2016). **태권도 교본: 기본과 품새**. 서울: 국기원.

손천택, 정국현, 이재돈(2016). **태권도 겨루기 교본**. 서울: 국기원 태권도연구소.

송형석(2005). **태권도란 무엇인가?** 서울: 이문출판사.

송형석, 이규형(2005). 태권도 개념의 정의에 관한 연구. **한국체육학회지**, 44(3), 57-67.

송형석, 이규형(2015). 체육철학: 태권도 개념의 정의에 관한 연구. **한국체육학회지**, 44(3), 57-67.

송형석, 나채만(2011). **태권도의 철학적 탐구**. 서울: 한국학술정보.

신병철(2012). **태권도! 대한민국 존재의 이유**. 2012 국기원 도장활성화 희망지식 세미나, 태권도, 패러다임 변화!

신영호(2007). **한국무예 변천사 연구**. 박사학위논문, 우석대학교 대학원.

신종순, 곽은창(2002). 체육교사의 체육 수업목표 중요도 분석. **한국스포츠교육학회지**, 7(1), 99-110.

신준균(2011). **코칭 리더십**. 서울: 한국학술정보.

신창화(2005). 가라테 기원설 대두의 정치적 배경. **태권도학: 회고와 전망**. 서울: 상아 출판사.

신호철, 이숙정(2015). 태권도 격파경기규칙 분석을 통한 격파경기 활성화 방안. **국기원 태권도연구**, 6(1), 157-178.

신호철(2010). **국어과 문법 영역의 연계성 연구**. 박사학위논문, 고려대학교 대학원.

안근아(2014). 태권도장 교육환경 변화와 지도철학 탐색. **스포츠 사이언스**, 32(1), 23-30.

안양옥, 조순묵, 이기천(2004). **반성적 체육교육론**. 서울: 대한미디어.

안용규(2000). **태권도 역사, 정신, 철학**. 서울: 21세기 교육사.

안용규(2006). **태권도 탐구논리**. 서울: 대한미디어.

안용규, 안재찬, 홍영준, 임지광, 박장기, 김동석, 조성천, 최유리(2016). 태권도 시범 학교의 수업만족도와 수업효과 및 지속여부 분석. **국기원 태권도연구**, 7(1), 65-88.

안진영, 안근아, 정광채(2010). 외국선수들의 관점에서 바라본 태권도 품새경기의 가치와 발전 방향. **움직임의 철학: 한국체육철학회지**, 18(4), 75-87.

양대성, 정광채(2016). 국기원 겨루기 심사과목 승품·단 실기심사제도 개선방안. **한국체육과학회지**, 25(4), 751-762.

양진방(1999). 무술, 무예, 무도 개념에 대한 새로운 인식의 틀. **대한무도학회지**, 1(1), 27-37.

양진방(2013). 동양무예 수련의 바탕 사상. **대한무도학회지**, 15(3), 15-36.

엄재영, 안재로, 정인철(2013). **태권도 실전 손기술**. 서울: 주식회사 애니빅.

엄혁주(2012). **스포츠인성 교육 프로그램의 개발과 효과검증**. 박사학위논문, 고려대학교 대학원.

유정애(2003). 체육교과 지식의 의미 재정립에 따른 학습 영역 구조의 방향. **한국스포츠교육학회지**, 10(3), 81-96.

유정애, 이충원, 신기철, 김선희, 최희진, 김윤희, 조남용, 김종환, 문도순(2003). **체육수업모형**. 서울: 대한미디어.

참고문헌

유정애, 서지영, 조미혜, 최의창(2004). **체육과 교육과정 실태 분석 및 개선 방향 연구**. 서울: 한국교육과정평가원.

유정애(2005). 교사수준의 체육과 교육과정 개발 과정 및 내용. **한국스포츠교육학회지**, 12(1), 31-56.

유정애(2007). **체육과 교육과정총론**. 서울: 대한미디어.

유정애, 서지영, 장용규, 김기철, 권민정(2007). **초·중학교 체육과 교육과정 해설 연구 개발**. 서울: 한국교육과정평가원.

유창완, 김기철, 최치선(2013). 태권도 표준교육과정 개발. **국기원 태권도연구**, 4(2), 51-82.

유창완, 김기철, 이지훈(2013). **태권도 표준교육과정 개발 예비연구(사회과학)-태권도 표준교육과정 연구**. 서울: 국기원.

윤상화, 김갑수(2003). 태권도 격파 시범 수련이 어린이 인성에 미치는 영향. **인문사회논업**, 9, 385-402.

이경명, 정국현(1994). **태권도 겨루기**. 서울: 오성출판사.

이경명(2002). **태권도의 바른 이해**. 서울: 도서출판 상아기획.

이경명(2003). **태권도의 정신세계**. 서울: 도서출판 상아기획.

이광호, 최성배(2012). 태권도 지도자의 아동 교육에 대한 현실 인식. **움직임의 철학: 한국체육철학회지**, 20(4), 245-260.

이기봉(2004). **체육측정평가**. 서울: 무지개사.

이동호(2007). **태권도 수업을 위한 교육적 가치 탐색 및 개선방안**. 박사학위논문, 한국교원대학교 대학원.

이동호, 조순묵(2008). 국민공통기본교육과정 체육교과서에 제시된 태권도 단원 비교 분석. **한국스포츠교육학회지**, 15(2), 45-64.

이상헌(2009). **운동화 신은 뇌**. 서울: 녹색지팡이 & 프레스.

이세환, 한상윤, 노순명(2007). 효과적인 태권도 지도 계획 작성 및 활용방안. **인하대학교 스포츠과학논문집**, 19, 1-18.

이승진, 전정우(2017). 태권도 자유품새 도입에 따른 선수와 지도자의 품새 대회 인식 및 발전방향 탐색. **국기원 태권도연구**, 8(4), 357-377.

이용국, 김현식(2012). 태권도지도자의 전문지식. **한국체육학회지**, 51(5), 307-319.

이원국(1969). **태권도교본**. 서울: 진수당.

이재돈, 박정호(2013). 국기원 태권도 교본의 품새선 및 품새 설명 개선방안. **국기원 태권도연구**, 4(2), 83-104.

이재돈, 유동현, 송선영, 김동욱(2014). **태권도 수련의 정신적 가치 연구**. 서울: 국기원.

이재돈, 유동현, 송선영, 김동욱, 송정명(2015). 태권도 수련의 정신적 가치에 대한 태권도인의 인식 조사. **국기원 태권도연구**, 6(1), 43-70.

이정규(2012). **태권도의 과학**. 서울: 도서출판 상아기획.

이정학, 김욱기(2010). 태권도 지도자의 지도유형이 수련 효과성에 미치는 영향. **태권도 과학**, 3(2), 9-18.

이종관(2009). **태권도 기술 개발 연구**. 서울: 국기원.

이종천(2012). **KTA 태권도 교육과정 개발 결과보고서**. 서울: 대한태권도협회.

이정주, 김동현(2015). 태권도장 활성화를 위한 요인탐색과 상대적 중요도. **국기원 태권도연구**, 6(3), 107-127.

이지훈, 남덕현(2007). 태권도 도장 사범의 교육과정 인식과 지도 전략. **코칭능력개발지**, 9(2), 137-146.

이창수(2007). 국어과 교육과정 평가 준거 연구. 석사학위논문, 경상대학교 대학원.

이창후(2000). **태권도의 철학적 원리**. 서울: 지성사.

이창후(2003). **태권도의 삼재 강유론**. 서울: 도서출판 상아기획.

이학준(2016). **처음 읽는 태권도 인문학**. 서울: 시간의 물래.

이효현(2010). Dewey의 경험과 Whitehead의 리듬의 특성 고찰: 통합성과 그것의 교육적 의미. **교육과정연구**, 28(1), 21-46.

참고문헌

임신자, 정미미, 이정희(2011). 태권도 겨루기선수들의 전술지식에 대한 인식. **한국체육과학회지**, 20(1), 299-313.

임일혁(2009). 태권도 품새의 철학적 가치. **대한무도학회지**, 11(3), 36-46.

임일혁(2004). 태권도 겨루기의 미적 고찰. **움직임의 철학: 한국체육철학회**, 12(1), 56-70.

임태희(2013). **KTA 태권도 인성교육**. 서울: 주식회사 애니빅.

임태희(2015). 태권도인성 프로그램 적용에 따른 수련 효과. **국기원 태권도연구**, 6(1), 71-95.

임태희, 장창용, 박지원, 곽낙현(2015). 동서양 인성론에 기초한 태권도인성의 의미와 실천덕목 탐구. **대한무도학회지**, 17(2), 121-140.

임태희, 권오정, 유관희(2016). 생애주기적 관점의 성인태권도 수련에 관한 연구. **국기원 태권도연구**, 6(1), 71-99

장권(2015). 미국 내 태권도 수련생의 도장 선택요인 탐색. **국기원 태권도연구**, 6(3), 63-80.

장용규, 이정택(2011). PBL을 적용한 체육수업에서 초등학생의 경쟁가치 내면화과정 탐구. **한국초등체육학회지**, 17(2), 1-15.

장용규, 이창후(2013). 태권도인의 상 정립을 위한 연구. **국기원 태권도연구**, 4(2), 19-49.

장용규, 이창후(2013). **태권도 표준교육과정 개발 예비연구(인문과학)-태권도인의 상 정립을 위한 연구**. 서울: 국기원.

장용규, 임태희, 최치선, 이세환(2015). 국기원 교육과정 운영에 관한 개선방안. **국기원 태권도연구**, 6(2), 65-90.

전문희(2014). **태권도 선수의 셀프리더십과 심리적 임파워먼트, 조직몰입 및 조직시민행동의 관계**. 박사학위논문, 동아대학교 대학원.

전정우(2008). **태권도 경기지도법**. 서울: 대한미디어.

전정우(2014). **현대사회와 태권도**. 서울: 대한미디어.

정문성(2006). **협동학습의 이해와 실천**. 서울: 교육과학사.

정국현(2002). **정국현의 실전겨루기 노하우 DVD**. 서울: 무토.

정국현, 김하영(2017). 태권도장의 겨루기 수련 활성화 방안. **한국체육과학회지**, 26(6), 959-967.

정상원(2006). **체육지도 방법 및 교사론**. 서울: 대경북스.

정성훈(2016). 성인 태권도 수련생의 심리적 욕구가 태권도에 대한 긍정적 감정과 추천의도에 미치는 영향. **국기원 태권도연구**, 7(3), 109-129.

정영훈(1999). **홍익인간 이념 연구**. 성남: 한국정신문화연구원.

정유근, 김용한(2008). 태권도인성 실천덕목 개념화. **대한무도학회지**, 13(2), 49-63.

정재정(2005). **태권도선수들의 무산소성 운동능력 평가를 위한 필드테스트**. 박사학위논문, 계명대학교 대학원.

정재환(2008). **태권도 시범의 미적 가치 탐색**. 박사학위논문, 한국체육대학교 대학원.

정현도(2015). 태권도 수련생의 동기유발을 위한 지도방법. **세계태권도문화학회지**, 10, 91-109.

조미혜, 오수학(2004). **체육교육과정과 평가**. 서울: 무지개사.

조벽(2016). **인성이 실력이다**. 서울: 해냄 출판사.

조욱상(2017). **체육교육평가의 이론과 실제**. 서울: 한경사.

조은선, 임신자, 곽정현(2010). 태권도학과 재학생들의 교육과정에 대한 요구분석. **한국여성체육학회지**, 24(4), 27-40.

조은형, 엄한주(2014). 체계적 내용분석에 기반 한 태권도 품새기술 평가도구의 양호도 검증. **한국체육측정평가학회지**, 16(3), 31-40.

조현규(2003). **동양윤리사상의 이해**. 서울: 세문사.

주웅여, 조제식(2007). 교육과정 적용 가능성 검증을 위한 교실수업의 이해. **사회과 교육연구**, 14(1), 61-87.

주해종, 한효선, 박윤희, 김상수, 조문택(2014). **모션인식기술을 이용한 태권도 품새 평가시스템**. 2014 한국산학기술학회 추계 학술발표논문, 212-214.

참고문헌

차경동(2008). **중학교 체육수업에서 동료교수 모형의 효과**. 석사학위논문, 한국교원대학교 대학원.

최상환, 이학준, 구본호, 유동현, 이재돈(2015). **태권도 원천기술 개발 2단계 연구: 격파**. 서울: 국기원.

최성곤(2014). **태권도 지도자, 무엇을 알아야 하는가?** 경북: 계명대학교 출판부.

최성곤(2014). **태권도 교육론**. 경북: 계명대학교 출판부.

최의창(1999). **체육교육탐구**. 서울: 태근문화사.

최의창(2014). **2014 WTA 태권도전문가 교육과정(총론 및 해설서)**. 서울: 국기원.

최치선(2012). **태권도 정체성 연구(자연과학): 태권도 기술의 수행 수준별 난이도 구분**. 서울: 국기원.

최치선, 임태희(2013). Gentile의 운동학습 이론에 근거한 태권도 기술체계 분류. **국기원 태권도연구**, 4(3), 57-81.

최홍희(1983). **태권도 백과사전**. 평양: 국제태권도연맹 출판.

하소연, 곽대오(2008). Bloom의 신 교육목표 분류학에 의한 초등 고학 영재교육 자료의 수업목표 사례분석. **연재교육연구**, 18(3), 591-612.

한국교육과정평가원(2015). **2015 체육과 교육과정 2차 시안**. 서울: 한국교육과정평가원.

한국스포츠교육학회(2015). **스포츠교육학**. 서울: 대한미디어.

한영우(1997). **다시찾는 우리 역사**. 서울: 경세원.

한영우(2014). **미래와 만나는 한국의 선비문화**. 서울: 세창출판사.

한준상, 김종량, 김명희(1988). **교육과정논쟁**. 서울: 집문단.

황정규, 서민원, 최종근, 김민성, 양명희, 김재철, 강태훈, 이대식, 김준엽, 신종호, 김동일(2011). **교육평가의 이해**. 서울: 학지사.

허인욱(2015). 1960년대 이전의 태권도 정신연구. **국기원 태권도연구**, 6(1), 1-20.

홍후조(2002). **교육과정의 이해와 개발**. 서울: 문음사.

Baumann, J. F. (1988). Direct instruction reconsidered. *Journal of Reading Behavior*, 31, 714.

Bloom, B. S. (1956). Taxomomy of educational objective, Volume 1: Cognitive domain, New York: McKay.

Jewett, A. E., & Bain, L. L. (1985). *The Curriculum Process in Physical Education*. Dubuque: Wm. C. Brown Publishers.

Keele, S. W., Ivry, R., & Plkomy, R. A. (1987). Force control and its relation to timing. *Journal of Motor Behavior*, 19, 96-114.

Kukkiwon(2012). Taekwondo Master Course Textbook: 3rd Class. Seoul: Kukkiwon.

Jewett, A. E. (1985). *The curriculum process in physical education*. Dubuque: Wm. C. Brown Publishers.

MacIntyre, A. (1984). After Virtue: A study in moral theory. 이진우 역 (1997). 덕의 상실. 서울: 문예출판사.

Metzler, M. W. (2000). *Instructional Models for Physical Education*. Boston: Allyn and Bacon.

Min, K. (2009). 2009 WTA 교육과정 과목별 교육내용 수립. 전북: 태권도진흥재단.

Mager, R. F. (1962). Preparing objectives for programmed instruction. San Francisco: Feardon.

Magil, R. A. (2003). *Motor learning and control: Concepts and application*. New York: McGrow-Hill.

Nguyen, N. (2010). *The Construction of Physical Education Teachers' Knowledge*. LAMBERT Academic Publishing GmbH & Co. KG.

Rink, J. (2006). *Teaching physical education for learning(4th ed.)*. New York: McGraw-Hill Co.

참고문헌

Rosenshine, B. (1983). Teaching function in instructional programs. *Elementary School Journal*, 83, 335-350.

Shulman, L. (1987). Knowledge and teaching: Foundations of the new reform. *Harvard Educational Review*, 57, 1-21.

Siedentop, D. (1994). *Quality PE through Positive Sport Experience: Sport Education*. Human Kinetics, Champaign, IL.

Wiles, J. (2005). *Curriculum essentials: A resources for educators*. Boston, MA: Person Education Inc.

찾아보기

ㄱ

가라테   24~27
가치적 발문   156
격투 기법   13
경쟁 가치   67~72, 75, 80
경험적 교육과정   41~42
계획적 교육과정   41
고단자 과정   76, 86
공방 기술   15, 20, 70
공익조율   16
과제 간 발달   126
과제분담 수련모형   183
관계조율   16
교육과정   10, 40, 64, 122
교육과정 결정 요인   43
교육내용   40, 49~55, 61, 68, 79
교정적 피드백   146, 152
구간 계획   129, 132, 180
구인 타당도   212
구체적 피드백   151
규준지향평가   217
극기   17~20
긍정적 피드백   152, 236
기술 분석   150

ㄴ

내용의 발달적 분석   131
내용체계   79
내용 타당도   210
능동적인 사범   102

ㄷ

단원의 계획   129
대강화   68
대체 행동 강화   119
대표정신   17
대한태권도협회   12
도장 방문 지도 연습   98
도장의 규칙   113
도전 가치   67~88
도전적인 수련 환경   141
동간 기록   238
동료사범 연습법   98

ㄹ

루브릭   226

ㅁ

목표분류학   48
무도   10~14, 25
무예 스포츠   10, 13, 27

ㅂ

바람직한 훈육   106
발문   154, 155, 179
보상 손실   119
부적절한 행동   104, 118, 152
부정적 피드백   152, 236
분산적 발문   156
블록타임   132
비 양립성   117

ㅅ

사건 기록   235
사건 기록법   235
사범 양성과정   94
사실주의 사관   24
사회·문화적 가치   35
사회적 요구   44
삭제 훈련   118
상급자 과정   82
상세화   68
상황 이론   107
생산적인 수련 환경   102
성숙한 태권도인   119
성장 의지   94
세계태권도연맹   12
세련 과제   125
손천택   11
송형석·이규형   11
수련생   173
수련생의 안전   140
수련생 일지   231
수련시간   94
수련자   173
수업 계획   129, 133~136
수업 속도   158
수업 정합   123
수업 종료   159
쉐도우 지도법   143
스포츠   10
승급·단   62

찾아보기

신념체계　93
신전통주의 사관　26
실제적 이론 지식　80
실천적 교육과정　41
심동 영역　45
심동적 목표　47, 68, 130
심리적 안전　141
심미적 가치　34
심신 연마　33, 43

ㅇ
야단　107, 116
여가 스포츠　29, 44
여세 유지　158
연마 가치　67~75
영 교육과정　41
올림픽 핵심 종목　29
운동 기술적　29
운동 잠재력　29
위계적 분석　131
유능한 사범　94, 102
유도 연습　146
유연성　158
유익한 피드백　153
응용 과제　126
이원국　11
이종우　11
인성 함양　33
인지 영역　45
일반적 피드백　151

일체감　154

ㅈ
자기조율　16
잠재적 교육과정　40
저단자 과정　85
적극적 연습　118
적극적으로 관찰　148
적절한 행동　104
전달 과제　125
전통주의 사관　24
정서 발달　33
정서적 가치　32
정신 수양　15
정의 영역　45
정의적 목표　46, 68
조화　17, 20
종착 행동　48
준거지향평가　218
준거 타당도　211
중급자 과정　82
중단자 과정　86
중심 가치　123
지도 관점　96
지도 기술　94
지도기술 연습법　97
지도 의지　93
지도 책무　95
지적 가치　31
지적 목표　46, 68

지필 테스트　228
직관적 판단　221
직접지도 모형　163
진단평가　60, 207
질문　155
질책　116
집단 연습　146
집단 활동　134
집중적 발문　156

ㅊ
처벌　103
체력적 가치　30
체크리스트　221
초급자 과정　81
촉진 자극　146
총괄평가　62, 209
최홍희　11

ㅌ
타임-아웃　118
태권도　14
태권도 3대 정신　18
태권도교육 모형　194
태권도 사관　23
태권도의 가치　28
태권도의 의미　10
태권도인　66
태권도 정신　15
태권도 정의　13

태권도 표준교육과정　57, 67
택견　26
튜터　173

ㅍ

평정 척도　223
표면적 교육과정　40
표준교육과정　64
품새 경기　14
품새 경연　29, 76

ㅎ

학습자　173
행동 소멸　117
형성평가　61, 208
혼자 연습　97, 146
홍익　17, 22
홍익인간　17, 22, 35
확대 과제　126
회고적 발문　155
훈육　103, 104

저자소개

손 천 택

오하이오주립대학교(OSU)에서 체육교사교육을 전공하고 1989년부터 인천대학교에서 근무하고 있다. 한국스포츠교육학회 총무이사, 편집위원장, 학회장, 인천대학교 학생처장, 교무처장, 건설본부장, 체육진흥부장, 생활체육지도자 연수원장, 스포츠과학연구소장을 역임하였다. 한국특수올림픽 사무총장, 2014 인천아시아경기대회 경기사무차장, 대학태권도연맹 전무이사, 국기원 태권도연구소장, 인천시체육회 스포츠공정위원장으로 활동하였다. 체육훈장 거상장, 대한체육회 대한민국 체육상 최우수 공로상, 대한민국 지식경영 대상, 올림픽성화회 학술 연구상, 인천대학교 학술 연구상을 수상하였다.

약 력
- 국민대학교 사범대학 체육교육과 졸업
- 서울대학교 대학원 체육교육과 졸업(석사)
- 오하이오주립대학교(OSU) 체육교육과 졸업(박사)
- 매사추세츠대학교(UMASS) 객원교수
- 한국스포츠교육학회 회장
- 국기원 태권도연구소 소장

저서 및 역서
- 체육교수이론
- 학문적 글쓰기의 이해
- 체육교수학습론
- 신체활동·운동과 건강
- 체육교육과정설계
- 체육학습지도의 체계적 접근
- 체육교생실습핸드북
- 코칭론

박 정 호

경희대학교 태권도학과를 졸업하고 2008년부터 2018년까지 국기원 태권도연구소 연구위원으로 근무하였다. 고려대학교 대학원에서 스포츠교육학으로 박사학위를 취득하고 현재 고려대학교와 국민대학교에서 스포츠교육학, 인천대학교에서 태권도지도법을 강의하고 있다. 한국무예학회 이사, 국기원 태권도연구 편집위원, 한국체육교육학회지 심사위원으로 활동하고 있다.

약 력
- 경희대학교 체육대학 태권도학과 졸업
- 경희대학교 대학원 체육학과 졸업(석사)
- 고려대학교 대학원 체육학과 졸업(박사)
- 국기원 태권도연구소 연구위원
- 경희대학교 국제교육원 강사
- 고려대학교 체육교육과 강사
- 국민대학교 스포츠교육학과 강사

저서 및 역서
- 태권도 기술 용어집
- 태권도 용어 사전